新体制经济学泛论

XINTIZHI JINGJIXUE FANLUN

刘斌夫　著

人 民 出 版 社

目　　录

— 1 —

绪　论

全球经济一体化与新体制

——新体制经济学的催生

地球已然就像一个村庄。那一端刚发生的事情,这一端一瞬间就已知晓。信息化是一把双刃剑。全球经济一体化,是世界大同的必然趋势。地球上任何一点经济波动,都会在地球表面的各个点位掀起大波微澜。我们人类的经济神经越来越敏感。越来越强大而繁盛的世界经济,既面临越来越巨量的变革和越来越重大的机遇,更遭遇越加激烈的竞争和越加严峻的挑战。经济危机,是市场经济的必然产物。经济危机就像一种顽冥不化的瘟疫,几十年就会重病复发一次,感染各个国家强健抑或羸弱的肌体。经济危机并非不治之症,国家肌体感染之后经过疗治必然康复;康复之后,并非不再遭受感染。何以解忧,防患于未然?唯有深化改革经济体制,以增强应对危机的免疫力。无论哪个国度和地区,何种社会制度,只要选择了市场经济,就必须经风霜雪雨,难免外感风寒。必须外修内练,强健自我。而只有选择市场经济,经济才会迅捷强盛。

太平洋东岸古老的东方大国,在 20 世纪末,计划经济体制下的国民经济内忧外患,濒临崩溃边缘之际,毅然决然改弦更张,义无反顾、翻然无悔地选择了市场经济,昂首走向 21 世纪,步入世界经济大国前列。中国经济茁壮成长之同时,遭逢外来危机的侵扰,自身又潜伏着危机萌动的种子。抵御危机,维护国家经济安全,成为朝野热词。诚然,发展遭遇困窘,社会分配不公,政改呼声日隆,然而,经济体制改革难道就已大功告成? 不! 作为政治体制改革之基础和先声的经济体制改革,还面临着十分迫切而首当其冲的艰巨任务。路漫漫其修远兮,吾将上下而求索。

面对发展乱象和危机来袭,自由主义者面面相觑,无言以对,与此同时,意欲重蹈旧体制覆辙的思潮潜滋暗长。当经济体制改革步入深水区,暗礁深藏不露,再也不能如开初浅水期那样"摸着石头过河"。曾经打开"小周天",而今,陷入彷徨与苦闷的经济学,到了必须打开"大周天"的时刻。我们必须建构新经济时代的新体制经济,跨越时空,超越国界,彰显个性,寻求共同,追寻精骛八极、视通万仞的境界。敷染着后现代主义色彩的新体制经济学,将作为理想主义的思想论和现实主义的方法论,应运而生。它之于传统的古典的经济学,是一种再梳理;之于近现代的经济学,是一种再解剖。与其说新体制经济学是一匹骠骑黑马,毋宁说是一头初生牛犊。

为什么许多已司空见惯、习以为常的经济理论和经济现象,政治经济学的研究者至今已然心知肚明,而在言论与著述上泥古不化,或视为畏途,或口是心非王顾左右而言他,不越雷池一步,盖因总是站在非此即彼、非白即黑、非左即右的对立面,要么只站在资方一边,要么只站在劳方一边,一边倒的二元论或一元论,总是把理论导入歧途或僵局。本书坚持和倡议研究者的独立性,为什么不可以站在第三者的中立立场,避开纷争、纠结和扰攘,公正、客观而冷隽地解读经济现象,解析经济学原理,洞见经济运行规律和经

济社会关系本质,为经济更加繁荣和社会更趋公平而找到矛盾的
结合点和利益的共同点? 经济学者只有站在第三方的中立立场,
以多元论来认识越来越多元化的经济社会,才更能保持独立人格
和获得科学结论。也许惟其如此,才能真正把握全球经济一体化
新时代的经济学研究大方向和经济社会发展大趋势。

李约瑟难题提出多年,我们至今很难求得满意的答案。李氏
深刻研究中国千年科技史,惊异于中国上古尤其中古时期发达的
农耕文明、手工业文明和古代科技的先进性,为什么在元、明、清数
百年的近古时期坠入深渊一筹莫展? 为什么地球上的近现代工业
文明、科技文明、物质文明和政治文明理应发端于中国,却都没有
产生于中国,并且竟然曾一度封闭自守而拒绝接受西方近现代先
进文明的冲击和洗礼? 文明古中国,至近古以来数百年对人类社
会发展进程几无贡献,且有拉历史倒车之嫌。我们越研究祖先的
智慧,越觉得古人的聪明与近现当代人的愚钝形成强烈反差。要
回答李约瑟的难题,可以罗列如下因由:首先,元朝马背上的民族
开拓的日不落帝国,只善于破坏一个"旧世界"的武力或暴力征
服,而不善于建设一个"新世界"的和平建设,可见,暴力对内只能
强行改变社会形态或社会制度或执政地位,对外只能临时性取得
攻城掠地的战果,而暴力对内,是不可能完成经济繁荣和社会发
展,对外不可能真正改变别国主权地位和民族文化传统;其次,明
嘉靖以来的思想禁锢和文化封闭,更加恶劣地限制了经济发展,再
度扼杀资本主义萌芽于摇篮之中,可见,上层建筑与经济基础的反
作用既可能产生正面效应,也可能产生严重的逆向效应,成为阻滞
经济发展的巨大障碍;再则,大清帝国再度重演暴力破坏的悲剧,
尽管满族前几代统治者深知文化认同与文化融合的重要性,但至
自诩"文化皇帝"的"盛世乾隆",已把闭关锁国之丑剧演绎到极
致,对当时推动和标志人类社会进入全新时代的世界上三件大
事——英国工业革命、法国资产阶级革命和美国独立战争几乎一

无所知,麻木不仁,对以英国使团为先声的西方列强的炮舰外交信号居然无动于衷,对贪腐成性而富可敌国的和珅集团由熟视无睹、放任自流到束手无策、同流合污,潜伏了加速帝国灭亡的巨大致命危机;还有,在上述情形下,只崇尚暴力或拜金主义,丧失文化自信力和道德信仰的国度,根本不可能像西方资本主义初期那样,雨后春笋般地辈出众多的思想家,尤其是锐意求索经济社会发展规律的一大批经济学家如星汉璀璨般照临资本经济世界的分野,因而,不了解和把握经济发展科学规律,就不可能催生现代工业文明和现代科技文明。

西学东渐,推翻帝制,又恰逢两次世界大战,中国重复着以暴力推翻帝制,又以暴力重建披着新制外衣实则复辟帝制的独裁政权之悲情游戏。在这样的崇尚暴力又畏惧暴力的土壤里,东方大国近千年来,只能产生专门禁锢人们思想的所谓思想家。当今社会极速堕入唯利是图的拜金主义渊薮之际,又最易产生崇尚权力的经济政策解释专家和人云亦云事不关己的学舌者。当曾一度崇洋媚外甚嚣尘上的小资自由主义思潮自惭形秽,面对经济高速发展伴生诸多经济社会问题,因噎废食反改革的新左倾计划经济复辟思潮又沉渣泛起。这两种逆历史潮流而动的思潮,都对伟大的改革抱以失望甚至绝望。思想火花式萌动的体制经济学不能解构现实中新的困惑;激发继续改革扩大开放的智慧和勇气,坚持多元论的新体制经济学,为继续改革扩大开放开拓新的道路,当仁不让地担当着义不容辞的责任。

新体制经济学是经济学金字塔的塔尖,是继承和弘扬古典经济学、新古典经济学、历史经济学派、制度经济学、新制度经济学、政府干预市场宏观调节的现代经济学、体制经济学之思想精髓,建筑在政治经济学、宏观经济学与微观经济学和社会经济学等所有一切经济学理论的基础上,研究新经济时代一切经济新现象及其内因与本质,经济社会发展要素、发展动因与发展规律,经济体制改革与创新的综合性科学。因之,新体制经济学必须对经济历史上的一切理论进行研探、梳理、审视和检讨,洞见其高低文野得失誉毁,从而超越其历史局限与时代局限,以亚当·斯密市场经济学和政治经济学的劳动价值论与国民财富论、大卫·李嘉图市场经济学的市场自由调节论、卡尔·马克思政治经济学的劳动价值与剩余价值论等为远缘,以凯恩斯宏观经济学和金融经济学的政府干预市场经济宏观调控论、有效需求论和货币经济学论为母本,以帕累托政治经济学的多效用最优法为参照,认同和理解欧文、圣西门空想社会主义在新经济时代的现实可操作性和伯恩斯坦修正主义改良思想在某些国度新的历史阶段的合理性,以马克思哲学历史唯物主义、唯物辩证法和"社会主义市场经济之父"、制度经济学的天然创始人邓小平的闪光思想和创新精神等为依托,批判地吸收先师们的经济社会发展智慧成果,把经济学理论研究在伟大的改革开放实践中推向长足发展的久远未来。

第一章

古典与传统经济学新论

——主流经济学思想蠡测

资源与资本

一国或一特定地区内所拥有的物力、财力、人力等各种物质要素,或可供人类开发与利用的物质、能量、信息,人们总称其为资源,包括自然的诸如阳光、空气、水、土地、矿藏、动植物等,和社会的诸如人力、智力、技术、信息等两大部分,分为经济和非经济或可再生和不可再生两大类别,一言以蔽之,实即人类生产过程中所使用的一切投入——生产要素。资源乃财富之本。劳动和自然界合为资源,成为一切财富的源泉。

人类对资源的认识,经历着农业经济、工业经济和知识经济三个时期。农耕文明前夜,漫长的游牧生活历程,对资源只是简单的占有。农业经济阶段,对资源开始粗放式地开发。工业经济时期,对资源较系统加工,形成产业链,但对资源的认识依旧片面。只有在知识经济即新经济时代,人们才开始真正虑及资源天然分布、区域平衡配置和综合高效利用,逐渐形成系统的、辩证的、多层次的、开放的、动态平衡的新资源观。自然资源的不平衡性与规律性、有限性与无限性、可控性与不可控性,可再生性与不可再生性、系统性与多功能性,社会资源的社会性、传承性、主导性、流动性、不均衡性等等,同构相互联系、互相制约、性质特定、用途广泛、结构复杂的资源系统。

一向以地大物博而自得其乐的中国,与资源总量极为丰富而人均拥有资源量极度匮乏形成强烈对比,资源总体质量不高、分布不均、开发程度和利用效率低,已然地大物"薄"。资源短缺和环境污染,是先天不足与利用不当而致的双重危机。开源节流、永续利用、供给平衡、天人合一,应是颠扑不破的资源科学开发观。资源的科学开发合理利用,须有新的经济体制来规范。

资源可在生产经营过程中转化为资本。

资本是资本家或生产经营者占有并用作牟利的生产资料和货币。狭义的资本仅指经营工商业的本钱。广义的资本包含物质资本(包括土地资本)、人力资本、自然资源和技术知识。资本既是存量,更是流量,是静态的,也是动态的,或则说动静相生更为确切。

趋利性是资本的首要本质特性。资本还有其他主要特征:是能够带来剩余价值的价值,具有流动性,衍生出占有权和支配权。资本表现为物品,体现的是物权。如果说拥有资源是人们获得财富的前提,那么拥有资本是个人获得财富的主要条件。也许资本原始积累过程的确是残酷的,使得卡尔·马克思对资本有一种本能的憎恶:"资本对劳动者剥夺的历史,是人用血与火的文字载入人类编年史的","资本来到世间,从头到脚每个毛孔都滴着血和肮脏的东西。"其实,资本并非激进主义者所描述的洪水猛兽那样可怕可憎。

资本主义经济发展过程中,三大资本家集团即产业资本家、商业资本家和借贷资本家,所对应的是三种资本:产业资本、商业资本和借贷资本。有资本,才有商品交换,才有市场经济。根据资本的动静形态和功能性质,又分为可变资本与不变资本。

土地资源、圈地运动与城乡土地剪刀差

土地是自然资源中最能产生价值的物质基础和商品生产的先决条件。它是陆地表层一定深度范围内全部自然要素相互作用所形成的自然综合体。当人类社会生产、生活活动作用于陆地表层一定空间幅度的全部环境要素时,土地又成为自然要素与人为结果的自然与经济综合体。这还仅是狭义的土地概念。

广义的土地,不仅指陆地表层,还包括其上下的光、热、空气、地表植被等,甚而其特定范围内的物质及能量。

作为一种资源,中国又是人均土地拥有量最为稀缺的国度。土地成为中国市场经济最敏感的生产要素,而至关重要。因其稀缺与不可再生性,土地成为最具升值潜力和盈利空间的资源。

在新型社会里,之于每一位公民,土地天赐,人人有份。因而土地私有或公有与私有并存的制度,被认为是公平而理想的国家行为。在土地完全公有化的国家和地区,土地的综合属性殊难彰显,土地制度障碍难以逾越。这是胸怀崇高理想的激进革命者们所始料未及的。土地全然公有化,本是建立在"平均地权"基础上发生的强制性变故。以国家强制力量把平均地权的现实转化为"土地公有,依然人人有份"的虚拟值。这种改变的初衷,是为了防止土地的私有化,在平均地权之后,因为土地拥有者各自经营能力等因素的差异,而使一部分人甚至大多数人重新失去土地,另一少部分人逐渐占有大量土地,从而上演一些人因失地而赤贫,一些人因拥有过多的土地而暴富的悲剧。在以农业为主导的自然经济时代和以工业为主导的市场经济时代,由于社会矛盾日益激化,周

而复始地爆发重新平均地权的革命战争或平权运动。

然而,土地完全公有化的主张,亦并没有实现这种消除土地分化所致社会矛盾的初衷。否则,为什么土地国有或农村集体所有并存的土地公有制度下,只有土地使用权或经营权的农民,失去自己赖以生存的土地之后,尽管得到一定补偿,依旧骤然贫困。譬如享有天府之国美誉而物阜民殷的成都,在城市扩张运动"城乡一体化"试验过程中,农民原来人均拥有0.8亩集体土地承包经营权。当初被征用为城市建设公共用地、房地产开发、经营用地或工业用地之后,对农民实行一次性土地使用价值补偿约在0.45万元/亩—1.8万元/亩之间,根据土地距离中心城区远近的不同而拉开差距。这种一次性补偿,仅够失地农民在城市或农村生活1—4年;而被征用的土地,性质改变为城市建设或工业用地之后,每亩使用权售价在数万元、数十万元、数百万元甚至上千万元。土地公有前提下,开发商与地方政府,炒作升值的虽然不是土地所有权,而是土地衍生权即一定年限范围内不同性质的经营使用权。这是比新中国成立十七年及"文化大革命"十年的"城乡工农业产品价格剪刀差"还要悬殊巨大的"城乡土地价格剪刀差"。亦即,改革开放以前,农民以农产品价格剪刀差为新中国成立初期的城市化及工业化做出巨大贡献;改革开放以来,农民又以土地价格剪刀差在为现代化建设新时期的城市化与工业化做出巨大贡献。改革开放步入深水区和经济转型期的当代中国,各省区各市县尽皆炒卖从农民手中非常廉价获取的土地。京、沪、杭、深等特大城市有过之而无不及。

中国式的土地经营使用权炒卖,与美国式的房产次贷即房产衍生权虚假值溢价炒卖,其性质何其相似!所炒卖升值的不是标的物实体价值本身,而是实体价值之外的衍生权及虚拟价值,形成"中式土地泡沫"或"美式房产泡沫",概因市场交易的物权虚拟值远远超高于实体物的实际价值。中国式土地炒卖,实属土地资源的超前消费,土地拥有量与土地价值双重透支,把土地经营使用权通过"变性"(即改变土地使用性质)包装,善意或恶意转化为带有准金融属性的衍生产品,与美国式房产"次贷"一样潜伏着可能崩盘的危机。

话说回来,成都(还有中国其他大部分地方)由于土地指标紧张、土地资源奇缺等诸多因素,加之过去对失地农民住房都"先拆后建",失地农民拆迁安置往往要经历数年"游击式"的租房过渡期,虽然城市政府给了每月人均 500 元以下的过渡租房补偿费。全市历年结存至今的失地农民已逾百万人,补偿偏低,社保机制不够健全,失地农民经商无本,就业无门,再就业无技术或欠缺文化知识水平或年龄偏大,面临重重困难。至于全成都 658 万农业人口(2006 年初数据),这还只是局部问题。全国 8 亿农民,在 2020 年前后,至少约有 2 亿农民走向城市常住或定居而转变为城市居民,城市化的浪潮势不可挡。中国的城市化和美国的高科技,将成为影响 21 世纪人类社会发展进程的两大最重要的关键因素。至 2030 年中国将迎来人口新一轮高峰时,按 75% 的城市化率计算,届时,中国城市人口可能将达到 12 亿人。在未来 50—100 年间,至少有数千个城镇发展成为中小城市。现代新经济,实则是以城市经济为主导的市场经济。以城市经济为主干,以农村经济为基础,是未来中国经济结构变化的必然趋势。既然城市化是中国现当代经济发展的必由之路和世界经济发展的必然规律,转型期中国的土地尤其城市建设用地资源短缺情势就愈加严峻。中国城市化对资源的需求,远远超过资源的供给能力。全国适合城市化发展的平地面积仅占土地总量的 12%,合约 115 万平方公里。土地资源十分稀缺。由土地所派生出来的一系列问题,须由经济体制的调整与改革来解决。

土地被征用于城市公共建设、房地产开发或工业园区开发等,给予失地农民或原住居民的补偿非常少,盖因所补偿的不是土地作为长期或可称为永久性资源和物质资本的自然与经济综合体价值,而只是那层现价偏低计算的土地表面"外壳";土地征用后用以开发公共产品或商品化不动产或产业,土地售价又非常高,盖因地方政府招拍挂和投资商开发经营过程中把土地显在和潜在、现实和未来、外壳与综合体、实体值与虚拟值都计算为基本价格并溢价出售,地方政府将土地资源经营使用权公开显性地上浮溢价拍卖,获取了一次土地出让金直接收益及税收,投资开发商把出售着于或生长于土地之上的物权或产品,又通过市场调控和包装炒作手段,夹带着本属国有的土地实体价值之外的虚拟价值又变现一次,搞不清究竟是房产开发还是房地产开发?资本原始积累和经济高速增长的进程中商品属性概念往往是模糊的,商人和地方政府往往在模糊的边缘,攫取超额的剩余价值。

圈地运动,源自于 15—17 世纪的英国"羊吃人"故事。随着欧洲直达印度新航线的开通,美洲新大陆的发现和环球航行的成功,英国外贸经济迅速增长,羊毛出口及毛纺织业十分发达,养羊畜牧业超常发展,10 英亩牧场收益远高于 20 亩耕地。故而引发圈地狂潮,延续至 19 世纪。以农牧业资本家圈占农牧公共用地开始,西欧资本家和封建新贵以暴力手段强行占有大片土地,使公民利益遭受严重侵害,农牧民大批流离失所。与此同时的东方大清帝国顺治元年也惊人相似地开始了大规模圈地运动,刚入关定都北京的满人贵族在权倾朝野的多尔衮的号令下大肆掠夺土地。满清圈地运动,直到圈地急先锋鳌拜被杀,康熙下诏,才得以遏止。

其实圈地运动可以追溯到 12 世纪,延续到今天。圈地运动是社会经济发展到特定阶段——大规模资本原始积累的必然结果。当今中国,地方政府"卖地财政"的利益驱动,局部地区不惜动用暴力拆迁征占。圈地运动愈演愈烈。几年前中国大陆曾一度产生了总计 3.6 万平方公里面积的各类开发区,相当于一个台湾省的面积,其中大量开发区土地闲置荒芜而未开发,造成耕地锐减,国家粮食储备量仅相当于 20 世纪 70 年代的水平,不得不整治复耕。土地所有制局面的僵持,政府的政绩考量机制的缺陷,官员权力欲的膨胀,官商勾搭成奸,表现为政治问题,实际上深层内因在于经济体制症结。卖地财政驱使房地产业成为地方首要支柱产业和政府变相提款机,养成官员急功近利不思进取,无心于多元产业发展,造成经济结构及产业结构严重失调,潜伏下经济危机隐患。

2005 年资料统计,成都平原温江耕地面积为 1.21 万公顷,合18 万多亩,比 2004 年减少 6.5%。天府、金马、柳林、涌泉、公平、永宁、万春、踏水、寿安等 9 个乡镇的良田,通过变性和非变性手段大举开发为别墅区。计有:芙蓉古城,住宅均为二三层仿川西、苏州、云南传统民居的四合院与独立宅院,占地长约 2000 米、宽约400 米,约 80 万平方米,合计 1200 亩;国色天乡别墅群,约 900 米长、600 米宽,约 5.4 万平方米,合计 810 亩;清溪玫瑰园别墅群,长宽各约 500 米,约 25 万平方米,合计 375 亩;花乡民居住宅区,较新的楼群有 700 米长、500 米宽,合计 525 亩;月映长滩住宅区,750 米长、350 米宽,约 26 万平方米,合计 394 亩;蓝光·紫檀山别墅群,占地面积 21.3 万多平方米,约合 320 亩,总住户数仅 28 户;鹭湖宫,国色天乡别墅二期,占地 316.26 亩;"大宅门"都是中式白墙黑瓦别墅,占地约 500 米长、300 米宽,约 15 万平方米,合计225 亩;芙蓉锦绣,同样是白墙黑瓦独栋别墅群,同样占地约 500米长、300 米宽,合计 225 亩;紫霄园,有紫气凌霄牌坊,占地约 400米长、300 米宽,约 12 万平方米,合计 180 亩;大宅门·紫微园有多个明清风格大牌坊,沿街都是雕梁画栋的红柱建筑,长约 400米、宽约 200 米,约 8 万平方米,约合 120 亩;美泉纪别墅,其网站上称占地 66667 平方米,约合 100 亩。除了已售出的别墅房地产,其他开发项目圈占土地长达五六年抛荒或部分抛荒的地块屡见不鲜。2008 年签订的"成都金马国际体育城"项目,项目的核心板块是"成都国际马术体育公园",公园拟占地 1200 亩,跑道长 2200

米;2010 年 5 月批准马术公园占地 38.158 公顷,合计 572.37 亩,包含非基本农田约 31 公顷,其他农用地约两公顷,建设用地约 5 公顷;建设中的"温江金马市民健身中心"围墙长约 1100 米、宽约 700 米,批文不到 600 亩,已毁占良田达 1155 亩。2005 年将青泰村等 3 个村部分村民拆迁,开工建安置用的"青泰小区",3 个月后责令停工,约长 500 米、宽 400 米,约 20 万平方米,合计 300 亩,至 2010 年仍然抛荒。2006 年至今太子奶企业占地长 800 米、宽 500 米,约 40 万平方米,合计 600 亩依然抛荒。新大地汽车,已建厂房区长 500 米、宽 500 米,房后面栏杆内有长 500 米、宽 300 米的荒地,合计 225 亩,这片良田荒废已 5 年。南骏汽车有两个厂区,其中一个厂区长 900 米、宽 500 米,另一个厂区长 400 米、宽 200 米,两区合计共 795 亩。康师傅集团厂区,约 500 米长、400 米宽,合计 300 多亩,至今厂区内仍有约百亩闲置地。还有两块,其中之一位于温江区海峡科技园"海科名城"西北边,铁皮围墙内约有 800 米长、400 米宽,合计 480 亩。另一块位于科技园学府路南端、海科学校西对面,长宽与前者一样,也合计 480 亩。土地圈占抛荒的商业目的,在于等待将工业用地变性为商住建设用地。

农村土地产权制度改革及"三权分立"

即使农民承包的耕地不被城市建设或工业所征用,集约化农业要求经营大户或农业公司对耕地再承包,补偿给农民年均每亩 300—1200 斤大米,按 2005 年 9 月 20 日米价 1.20 元/斤计,价值 400—1400 元左右,姑且规定历年随行就市水涨船高,农民的土地权益获得,依然不能与城市居民共享同等生活水平。成都近郊有 198 平方公里基本农田保护区,即共 11 个所谓的都市生态农业"通风口",有 117 平方公里可用土地整理办法进行非农产业开发的用地。若要破解自古为天府之国农耕文明中心而今成为中国西部地缘经济地位首屈一指的特大中心城市成都,占全市人口 2/3 的农民的土地权益兑现和农村土地开发难题,必须在国家有关土地政策法规修订完善之大前提下,锐意探索公有制背景的农村土地所有权、承包权、经营权确权与处置方式,在实践中试验突破农村土地政策瓶颈,为城市扩张和都市农业产业化、规模化、集约化经营以及农业开发的投(融)资等提供相应基础条件。

将农村集体所有而已承包到户 50 年的农村土地的承包使用权权益量化,土地所有权与使用权相对分立的农村土地承包权,实则可以看做可以增值的生产要素,具有资本属性,亦即将农村土地所有权的实体价值中所附载的承包使用权作为衍生虚拟价值予以价格计算。若将这种权益量化为股份,从股本总量上看,可包括村社经济合作组织法人股和包产到户的农民个人权益股,则可让农民个体(或以户为单元)获得土地承包权所分解的使用权、收益权和利益处分权,当经过农业大户、农业开发公司流转再承包,这种特殊意义的无形权益资本,从有形的集体所有权资本中相对剥离,进入最佳配置:一次性有偿出让、分年度有偿出让、转租或入股,而获得权益出让金、租金或股份红利等等。为确保农民土地权益不受太大损失,前述的租地补偿标准,只能作为农民土地权益分红的保底值参考系数,即所谓"保底分红"。农业开发商还必须承担起给原拥有土地承包权农民所持股权进行溢价分红、赢利分红或二次分红的责任和义务。惟其如此,才能从根本上落实失地农民的长期补偿权益,促使在耕农民将所承包土地流转而积极参与到连片开发规模经营的现代大农业产业化运动中,真正使农民在土地上获得再度解放。土地是农民的旗帜,也是农民的枷锁。农村集体土地的所有权,原初承包权和转租经营权"三权分离制",和以土地承包权作为生产要素和特殊资本流转进入现代农业大开发的"股田制",将成为叩开中国农村土地改革沉重之门的两把钥匙。

城乡住宅用地私有化探讨

十分有趣的是,中国特色的国有商住建设用地在政府拍卖和商人再售的过程中,土地国有属性并未改变,地方政府和商人所售的都只是土地使用权即衍生价值或虚拟价值,而非实体价值,衍生价值和虚拟价值的价格虚化定位之所以可以信马由缰,距离实际价值甚远。土地公有制,较之土地私有制,有着巨大的优点和优势,其为求资源共享、利益均沾的公平性显而易见。但如果在一个国家或地区实行土地公有为主导,土地国有、集体所有与私有三者并存,可能使土地资源配置更趋合理。

如果中国以现行土地所有制即国有、农村集体所有两者并存为前提,将城市居民准商品化住宅用地和农村农民宅基地按人头限量于一定的最低与最高幅度之间实行私有化,物权法的房地产权实质意义才真正落板,城乡人居房产才非空中楼阁。这种宅地私有制的要件须有三:一、必须按人头限量,根据实际情况保留高限和低限的修正值;二、人头宅地可以随所在房产权转让而有偿转移,但不能清零,即宅地人均指标所对应的用地虽转换而指标不消失;三、宅地有偿转让按当地政府依照法规并根据实际情况核定价值和地差。目前肆虐于一些地方的宅产强拆、宅地强占现象,在地方政府潜意识下,反正土地是公有的,强占强拆似乎天经地义,而另一方原住市民或农民作为个体或自然人,对世代居住的宅地只有居住使用权等衍生权益而无所有权等实体权益,维权理由和力度及法律依据都显不足,设若原住民享有房产权和宅地所有权(即私有地权),谈判才有对等性。否则,公权与私权的博弈,官民争利、商民争利矛盾难以调和且日益激化,原住民往往居于弱势地位,而维权无门。

土地是地球人最稀缺而本质上最脆弱的资源。土地资本是市场经济领域最敏感最可为投机的物质资本。城乡土地权益体制深化改革,关涉经济现代化和政治文明、生态文明建设的命运。

物产与矿藏

物产是地面之上除空气、阳光、土地、水等自然资源之外,诸如森林、动植物及矿产等资源及产品。

矿藏则是地下埋藏的各种矿物资源的总称。包括石油、煤、铁矿、石棉、石膏、盐和芒硝等非金属和金属矿物。

总量地大物博,人均"地少物薄"。中国物产与矿藏资源现状堪忧。

资源枯竭危机已逼近中国。全国 660 多个城市中,原来共有煤炭、森工、石油等各类资源型城市 118 个,其中煤炭资源城市 63 座、有色金属资源城市 12 座、黑色冶金资源城市 8 座、石油资源城市 9 座。2008 年,国家公布资源枯竭城市 12 个。2009 年 3 月,又有 32 座城市被列入资源枯竭城市名录。连续 27 年创造每年产油 5000 万吨奇迹的大庆油田,至 2003 年以来已经筋疲力尽,预测到 2020 年其产油量将下降至 2000 万吨,并且,石油储量硕果仅存数亿吨的大庆油田,未来 10 年内将宣告因资源枯竭而关闭。中国第二大油田胜利油田年产量也由原来的 3300 万吨下降至 2000 多万吨。吉林油田年产量也下降至 605 万吨。这些位于渤海湾盆地和松辽盆地、占全国已探明可开采原油储量 60% 的主力油田,综合含水率已超过 85%,即 100 吨原油产量中含 85 吨水,只有 15 吨油。全国 1010 座大中型矿山,有 600 多座储量逐年萎缩,即近 63% 已陷入资源潜力枯竭危机。

中国钨、稀土等稀有金属矿藏储量原居世界第一,但因胡开滥采,把稀土当泥土贱卖,今已殆尽。甘肃白银市 80% 的银矿已开采完结而关闭。1968 年始开掘不过 40 年主供京津唐钢铁基地的河北迁安铁矿,10 亿吨储量已所剩无几。

150 年前,德国人李希霍芬随外交使团来华访问,两赴山西考察时惊呼"中国是世界第一石炭国,山西煤炭可供世界使用两千年"云云。这个短见的评断一直误导着国人,中小学课本上的"地大物博"始终不舍删去。

其实,国内现有可开采矿物及化石能源中,石油剩余可开采储量居于世界第 13 位,石油矿藏储备年限只有 14—29 年(世界平均 42 年),全国海陆石油远景资源量约 1086 亿吨,实际可开采储量仅余 100 亿吨,年开采量位列世界第五,而且,鉴于开采技术水平所限,目前国内石油实际采收率仅在 30% 左右,即 10 亿吨油田只能开采出 3—4 吨油,仅够全国一年的石油消费量;天然气矿藏储备只有 29 年(世界平均 60 年),煤炭矿藏储备亦仅能维系 80 年(世界平均 229 年)。中国人均拥有石油、煤炭、天然气资源量,分别依次为全世界人均拥有量的 6.8%、63% 和 6%。虽然新疆塔里木、准噶尔和吐哈三个盆地油气储量高达 209 亿吨,但塔里木油藏甚至深在地下近 7000 米,地质结构复杂;鄂尔多斯虽是仅次于塔里木的第二大油气储藏盆地,但因地质结构复杂而开采不便。而今全国民营石油资本已有 1000 亿元人民币,应当根据国家民营资本准入条例,鼓励民营企业开采南海石油、天然气资源。

中国自从 1993 年成为石油净进口国以来,而今石油进口依存度已近 60%,每年进口石油 7000 万吨。2009 年中国原油消费量达 3.8911 亿吨;进口量高达 2.04 亿吨,比上年增加 14%,对外依存度达 52%。到 2030 年石油对外依存度将高达 80%。

中国水资源总量占全世界水资源总量的 7%,居全球第 6 位,但人均水资源占有量仅 2400 立方米,为世界人均水量的 25%,居全球第 119 位,是 13 个"最贫水国"之一。

全球资源共享,当成为国家战略。

动产与不动产

动产,是能够移动而不损害其价值或用途的"物"。

不动产,一般指不能移动或者如果移动就可能改变其性质、损害其价值的有形资产。不动产包括土地及其定着物,物质实体以及相关权益。建筑物和生长的植物都是不动产。在实际经济生活中,把价值大的可移动的"物",亦划为不动产范畴,如飞机、船只等。

不动产还具有相对稀缺性、耐久性、不可隐匿性和特定条件下的价值依附性等特征,是重要财产的显性、特殊形态。

动产与不动产在特定条件下互换角色。采下果子,不动产变为动产;水泥浇筑成房子,动产变为不动产。

以不动产设立抵押或买卖的标的物,原则上须办理公示手续,否则不发生法律效力。

不动产的证券化,是现代经济的复杂命题。它可以将价值较高、不可移动的不动产转换成为面额较小、流通便利的证券,或者将不动产物权转化为可以流通的小额债券或股权,或者将固定资产转换为流动资本。

物权及产权

物权,是权利人依法对特定的"物"享有直接支配和排他的权利。物权包括所有权、用益物权和担保物权三个方面。亦可说是自然人或法人直接支配不动产或者动产的权利。

民法、物权法的"物",指存在于人身之外,能够满足人们的社会需要而又能为人所实际控制或支配的物质客体。从不同角度,物可分为动产与不动产、流通物与限制流通物、主物与从物、可分物与不可分物、原物与孳生物、有主物与无主物等。物权则是民事主体在法规范围内直接支配特定的物而享有其利益,并得排除他人干涉的权力。物权在本质上实则是一种财产权、支配权、绝对权,具有严格的排他性、相应的公开性和专有专享性。物权具有优先效力和物上请求权以及追及权。物权不因物的非正常移动而灭失。物权的所有权为专属权,可以由权利人有偿转让。用益物权与担保物可以并存于同一物上。两个用益物权殊难并存。两个担保物一般可以并存。同一物上先发生的抵押权优先于后发生的抵押权。限制物权优先于所有权。物权在同一标的物上优先于债权。物权人为除去对权利的妨害,享有物上请求权。这种请求权,以物为基础而又相对独立,体现物权的排他性与效用,它是附属于物权的"次权利",是对物权本身的保护措施。

产权即财产所有权,是一种特殊的物权,且作为经济所有制关系的法律表现形式而存续。产权包括对财产的所有权以及占有权、支配权、使用权、收益权、处置权。

产权具有产权主体存在的实体性、产权运行的独立性、产权权能的可分性和产权价值形式的可流动性等四大特质。产权是个多面人。原始产权、法人产权、股权和债权,是产权的主要不同表现形式。产权不同角度分类还有其他多种表现形式。按其历史发展动态不同,可分为物权、债权和股权;按其归属和占有主体不同,可分为原始产权、政府产权和法人产权;按其占有主体性质不同,可分为私有产权、国有产权和法人产权;按其客体存在与流动方式不同,可分为固定资产产权和流动资产产权;按其客体形态不同,可分为有形资产产权和无形资产产权;按其权利具体实现形式不同,可分为所有权、占有权和处置权。原始产权是资产的原初所有权,不仅指定了法律确认与保护经济利益主体对财产的排他性的归属关系,还包括依法对一己之财享有占有、使用、收益、处分的权利。法人产权不仅指定了法人财产权,还包括其自主经营权。股权和债权实则是产权的终极所有权,是原初所有权的变异形态。产权必须具有特定的客体,诸如财产、资产、资本、商品等。产权是主体对客体的权利。产权还可以不同主体针对特定客体的共同权利。产权包含两大要件,一是权能,二是权益。产权应当具备权力和收益的双重配置机制。

物权法规,尤其产权制度,皆以法权形式明确体现所有制关系。

货币与价格

据古典经济学的解释,货币是特殊的商品,是从商品中析离出来的"一般等价物",是商品交换和价值形态发展到一定阶段的必然产物,具有价值和使用价值的商品二重性。货币是价值实体作为流通符号或流通工具担负着多种职能,既作为商品的价值尺度,又作为商品流通手段,还作为商品价值交换的支付工具,并且作为财富凝聚存蓄的贮藏手段,在近现代还可充当对外贸易的世界流通货币。货币还可以作为延期支付的标准和财富流动的形式。

货币的产生,使人类超越了"以物易物"的原始商品交换方式,更便捷、更敏锐地反映商品原本价值、使用价值和交换价值以及价值增减。

货币本位,是货币发行的参照系。以黄金作为新型流通货币——纸币的发行保障,此种制度称为"金本位";以白银做本位货币的制度称为"银本位";黄金、白银同为货币单位基础的本位制度称为"复本位";不把贵金属作为货币单位基础,并规定纸币不兑换贵金属的本位制叫"不兑现本位"或"信用本位";以国家发行的纸币作为本位货币,不规定纸币的含金量,不允许纸币与金银兑换,纸币作为主币流通且具"无限法偿"能力,纸币发行量一般由国家根据经济发展需要来决定并对其严格管理,这种"有管理"

的通货制度,即是"纸币本位制"或"自由本位制",为当代世界各国普遍采用。

中国货币历史悠久,从最初的贝币,到金属币及生活物资代币,至北宋在四川成都出现世界上最早的纸币——"交子",明朝始用银两(银锭、银元宝等)与铜钱同时流通使用。当代中国有人民币、港币、澳门币和新台币4种货币同时存在。

货币大约有实物货币、代用货币、信用货币和电子货币等诸多类型。

货币政策是宏观经济调控的杠杆。调控货币供应总量以保持社会总供给与总需求量的平衡,调控利率和货币总是以控制通货膨胀从而保持物价总水平之稳定,调节国民收入中消费与储蓄的比例,引导储蓄向投资转化并实现资源合理配置。在民事法律关系中,货币具有担当物权客体和充当债权客体两大作用。

2008年,中国为应对危机,国家宏观调控才由过去所谓"稳健的财政政策和从紧的货币政策"向"积极的财政政策和适当宽松的货币政策"转变。当时这种转变,似乎还是暂时的应急,并未有以积极的财政政策和适当宽松的货币政策进行宏观调控的长期打算。国家的调控行为一直囿于"稳健"和"从紧"的计划经济思维定势,表现财政政策的惰性和货币政策的僵化。市场经济的国家宏观调控,恰恰应以长期的财政政策积极性和货币政策适当宽松性来适应经济发展需求。这考量着政府执政能力。实际上,抑制通货膨胀和防止经济过热,在国家资本原始积累已然完成,中央财政收入和资金聚集占绝对优势的市场经济新形势下,并非只靠近乎怠惰的所谓"稳健"和近乎僵化的所谓"从紧",而是要通过国家的积极干预和中央财政的倾斜注入,支持落后区域,激活潜在优势产业,更重要的是侧重矫治中国经济多年积弊,调整长期不合理的经济结构及产业结构,有机把控投资拉动与消费拉动、出口增长和内需增长之间的平衡杠杆,从而优化资源配置,转变增长方式,科学、健康、可持续发展。

但是，"积极"的财政政策和"适度宽松"的货币政策，发展中国家经济只能维持"微通胀"，并非"超常"的财政政策和"极度宽松"的货币政策和全面长期"高通胀"！2009 年中国经济增长幅度 9.1%，央行货币增发亦应在 9% 的相应范围内，然而，"超常"和"极度宽松"的政策思维，驱使该年度货币供应量急剧增长，货币供应量增长率接近 30%（根据全国人大财经委副主任吴晓灵在公开媒体透露的数据），从而成为物价全面抬升、表现为高通胀的主要因由之一，并且诱使 2010 年下半年包括再度伺机卷土重来携带 90 亿美金的索罗斯在内的约有高达 6500 亿港元的各路资金集结香港蠢蠢欲动。迫使 2010 年末，高层决定 2011 年改而恢复"稳健"的财政政策，真正落实"适度宽松"的货币政策，适当减少货币供应量。

作为世界经济大国和全球第三大经济体正向第二大经济体迈进的中国，人民币面临走向世界舞台的机遇和挑战。人民币成为"中国元"，赋予和彰显世界货币职能，势在必行。作为逐渐奠定市场经济地位的国家，人民币还可虑及由更偏重于政府对经济调节的"不兑现本位"，向世界各国通行的"纸币本位"过渡。

与货币密切相关的是价格。货币是价格的尺度，价格又是价值的尺度之一。价格是商品同货币交换比例的指数，是商品价值的货币体现，是商品的交换价值在流通过程中所取得的转化形式。

虽然，在本质上，价格是从属于价值并由价值决定的货币价值形式，在理论上说，价值的变动是价格变动的内在的支配性因素，是价格形成的基础，但是，无论是计划经济还是市场经济或其他经济制度下，价格与价值并不相一致，价格并不充分反映价值，价值变动不一定会引起价格变动，价格变动也不一定引起价值变化。在原始的商品经济情形中，商品价格随市场供求关系的变动而直接跟随其价值上下波动；在资本主义的自由商品经济条件下，因为社会化大生产中行业及部门间的竞争和利润平均化,使得商品价值转化为生产价格的形式呈现,商品价格就随市场供求关系的变动而围绕价格上下波动。

兼具标度职能、调节职能和信息职能的价格,标度着商品的原材料成本和生产者有效劳动时间等因素,是自然资源与社会劳动耗费量的表现手段,在某种程度上,反映着商品价值量的大小,同时调节着商品交换双方的利益关系,调整着社会经济关系平衡,还传达市场信息,反映供求关系变化,影响生产经营决策。价格作用正是价值规律作用的具体、显性的体现。

价格与价值的矛盾,反映出市场经济的又一条双重"二律背反"现象。"纯粹"的市场经济理应放开价格管制、取消价格补贴,因为这是提高投资效率、降低运作成本行之有效的方法与途径,然而,恰恰为了控制价格无序化和成本虚假化,实现价格平衡和公平竞争,避免经济结构及产业结构失衡,严防价格扭曲,尤其是反垄断,就必须启动市场经济条件下的政府调节力量,使价格成为市场供求平衡的杠杆,实施以公平公正为前提的价格保护和价格补贴。

价格匡正是政府调控的优势,表现为市场经济也有计划,尤其中央集权型国家卓具反垄断的实力;然而,又恰恰在政府调控优势越具备的国度,垄断问题越突出,主要体现为国企垄断、权贵垄断和行业垄断。这也是价格作用在转型期的"中国难题"。

房地产价格超常猛涨,根本原因是地方政府为政绩和短期利益而炒卖土地,加之开发商和炒房团对价格的垄断与操纵。米袋子、菜篮子里生活必需品非正常涨价,包括时下的大蒜、绿豆等的超高价炒作,同样是利益集团在背后作祟。燃油、燃气价格和通讯费额垄断问题,公路"四费"(养路费、过路费、过桥费、运管费)、"三乱"(乱设卡、乱收费、乱罚款)现象,已成为中国当代经济健康发展与社会和谐稳定的严重阻碍。

关于价格垄断、价格扭曲,仅举一两例即可窥豹一斑。美国手机拨打中国手机或固定电话,每分钟费用仅1美分(即约6分多人民币),从洛杉矶拨成都通话30分钟,该次总资费不到2元人民币;中国手机打到美国,每分钟长途加漫游加基本通话诸费平均每分钟8元人民币,从成都拨洛杉矶通话半小时,该次总资费高达240元人民币。成本几乎相等,价格差距120倍!无线通讯传播使用空中无障碍资源,为全世界公众共享,总机信号转换成本几乎为零。设置差转站,控制无线通讯信号分区域接收,无理强制收取手机"漫游费"和"长途费",是中国垄断行业的一大发明,而且以极高资费实行巨额暴敛,有时还巧立名目大量预收或变相预收资费。恶劣的收费居然堂而皇之"名正言顺"畅行无阻数十年。不能不说这是资本原始积累过程一大怪现状。中国移动通信集团成为国企垄断行业最赚钱的暴利央企,2009年利润总额1484.7亿元人民币,利润上缴国家不过10%。

2008年,中国大陆上网接入速率约为1.8Mbps,远低于日本的63Mbps和韩国的40Mbps,就是说其运行效率与服务级次或质量比日韩低得多。但同年中国大陆宽带用户83.8元的平均月资费,相当于每Mbps46.6元/月,是韩国宽带资费价格的18倍,是日本的51.5倍。

匡正价格扭曲,责任不仅在市场调节,更在于政府调控。若不消除价格垄断和价格操纵,就不可能有公平竞争的市场经济环境,必将导致产业结构紊乱、经济结构失衡和内需严重不足,并且丧失老百姓对未来的信心。

工资与福利

工资是有偿雇佣关系的产物。严格地说,工资也是商品经济的产物。封建农耕社会,工资也仅是个别现象。社会化大生产,使支付劳动报酬的工资普遍化和社会化。

用人单位(或个人)依照国家规定和劳资双方约定,以货币形式支付给雇员或职工的劳动报酬,称为工资。工资的本质是劳动力的价值或价格。工资有几个特点:一是预先核定或约定量化标准;二是一般为先劳动后支付报酬;三是为劳动力累计价格;四是阶段性标准可能有增减浮动变化;五是仅指直接反映双方预先认可或其中一方默认或与地区内行业内相应工种岗职比照的劳动力价格标准;六是理论上体现按劳分配原则。

工资等级制度,是工资公平性与差异性的表现。差异体现公平,盖因从事不同岗职,担当不同职责,反映技术复杂程度、劳动繁重程度、操作熟练程度、工作责任大小或脑力体力劳动性质不同,所创效益所做贡献不同等劳动差别和待遇区别。等级制具体有岗位技能工资制、技术等级工资制、岗位工资制、岗位等级工资制、职务等级工资制、结构工资制、薪点制、年薪制、定额工资制、计时工资制和计件工资制等多种,发放方式有时薪、日薪、周薪、月薪制等。法治国家或地区政府有法定的最低工资标准,分最低月薪、最低周薪、最低日薪或最低时薪四种。同时规定了最低小时工资或日工资以及最低月工资或最低周工资的国家有:摩纳哥 92.61 元/小时或 14046 元/月、荷兰 646 元/日或 3228 元/周或 13986 元/月、爱尔兰 86.5 元/小时或 14620 元/月、法国 88.20 元/日等等(该几项最低工资金额已换算成人民币计)。资方工资标准一旦低于国家法定最低工资底限就涉嫌违法而受到指控和追究。

中国 2009 年人均 GDP 世界排名第 99 位,中国最低工资却排在第 158 位,最低工资是人均 GDP 的 25%,而世界平均值为 58%;中国最低工资是平均工资的 21%,世界平均值是 50%;中国公务员工资是社会最低工资的 6 倍,世界平均值为 2 倍;中国国企高管工资是社会最低工资的 98 倍,世界平均值为 5 倍;中国行业工资差额高达 3000%,世界平均为 70%。

工资是社会财富的第一次分配。世界大多数国家的工资占企业成本的 50%，中国还不到 10%。

工资水平反映出一个国家和地区的经济政策的合理性和民生关怀。确保人力成本和智力成本投入，尊重劳动价值，关涉短期增长成本与长期发展效益之间的价值取向。只有逐渐提高劳动者工资水平和日常生活收入，才能更充分地发挥劳动者的生产工作积极性，增强公众的市场消费和商品购买能力，长期有力拉动内需。中国改革开放第一个 30 年，主要靠出口主导经济增长，而廉价倾销（尽管可以理解地矢口否认）于全世界的小商品，反映出内需严重不足，并且劳动力非常廉价，劳动力价格十分不合理，产（商）品成本结构不科学，以人为本的发展理念缺位。这种工资错位现象之所以长期存在，还缘于幅员辽阔的区域发展不平衡，东、西部经济收入差异，城乡二元结构弊端，中西部贫困地区广大农村大批廉价劳动力奔赴东南沿海出口企业务工，"甘愿"受到厂方对员工在有效劳动时间内所创造的大量剩余价值的另类剥削。近年来，随着中部崛起和西部大开发的深入推进，东南沿海主要因工资过低而造成的"民工荒"形势已然严峻。

周期性较大幅度提高全民工资水平和个人收入，已成为转型期中国经济社会发展的重要命题。提高工薪是内需增长的主要动力，同时也是调节财富公平度的重要手段之一。转型期的中国应当尽快告别低工资时代。

福利与工资如影随形，是社会财富的第二次分配。然而在发展中国家，福利甚而成为国民的一种奢侈的向往与空谈。欧洲资本主义发展初期的两百年间，从经济理论界到政府都较为漠视国家惠及全民的社会福利事业，基本否定社会救济制度。这大约是国家经济社会发展某一阶段的通病或不谋而合的共性。国家社会福利缺位原因至少有三：一是执政理念落后；二是国家财富积累尚不足；三是福利经济制度缺陷。

福利制度是国家或政府在立法和政策范围内为所有公民及侨

民普遍提供在一定的生活水平与尽可能提高生活质量的资金和服务的社会保障制度。

社会福利制度的内涵与外延,也至少可以在三个层次上去理解:一切改善和提高人民物质生活和精神生活的社会保障措施,是其最广泛的意义;社会福利可以理解为社会保障的同义语,乃为中层意义;狭义的福利制度概念仅将其视为社会保障的组成部分之一。发展中国家或国家经济积累初级阶段的福利概念定义实在狭隘,几乎仅限于公务员或特权阶层,最多临时惠及灾民和残疾人群。

全民福利制度恰恰是经济高度发达的国家和地区社会高度文明的充分体现。

福利经济理论是西方现代经济理论的重要内容。福利经济是由国家及各种社会团体通过各种公共福利设施、津贴、补助、社会服务以及举办各种福利事业来增进群体福利,以提高社会成员生活水平和生活质量的社会保险、社会救助和社会保障所形成的。福利经济理论论证了国家举办社会福利的必要性以及政府应该采取福利政策措施,为国家建立福利经济制度提供了理论依据,并为农业保险实施提供了理论依据。福利经济理论的形成,经历了由否定社会救济制度到主张国家福利的发展变化过程,标志着人类社会文明进入新的时期。

关于福利经济理论与实践的曲折演进历程,当17世纪中叶英国颁布《济贫法》,以法律形式将救济贫困由私人义务转变为社会公共责任并规定了救济贫民的福利措施不久,就经历了"资本主义初级阶段"资产阶级经济学家们诸如亚当·斯密、马尔萨斯、大卫·李嘉图和法国的萨伊等站在资产阶级本位主义立场给予的否定与抨击,从此进入近两百年的福利制度"严冰期"。当今的中国人并不真正了解资本主义初期残酷的现实,而在遭致过去极左理论宣传欺骗之余,一百八十度大转变,一味盲目地想象仿佛资本主义是"一以贯之地美好",其实,现代资本主义的经济繁荣和社会福利优越性,是积极调整、反复磨合和不断斗争的结果。19 世纪70 年代,社会大生产导致越来越严重的失业问题,给资本统治形成巨大威胁,工人阶级贫困化推动工人运动浪潮高涨,迫使资产阶级不得不正面思考,严肃对待社会福利问题。尤蒂斯、李斯特等学者先后提出"福利国家"思想,主张以国家干预来增进和保障国民福利。这些积极主张,逐渐发展、传播,成为西方资本主义国家初级社会福利思想基础。凯恩斯的有效需求说,指出福利制度兼具确保内需基量的功能,更为福利国家的经济社会发展提供了最强有力的理论依据。

中国正面临国家福利制度思想的启蒙。而就中国现有经济总量 GDP 超过 6 万亿美元,国家财政收入 2010 年预计 8 万亿元人民币,已经完全具备条件实现全民福利,由国家解决基本医疗保险和基本养老保险甚至包括失业救济。

剩余价值、利润及利润率与效益最大化

剩余价值论,是马克思主义政治经济学之核心概念。马克思学说尖锐指出,资本主义生产其实质就是"剩余价值的生产",剩余价值规律是资本主义的基本经济规律,它决定着资本主义社会制度下一切矛盾的主要方面和矛盾发展全部过程,决定着资本主义生产的高涨和危机,决定着资本主义的发展与灭亡。

剩余价值论既令人豁然开朗如开门见山,惊羡于理论开拓者一针见血的洒脱与酣畅,又令人感觉其含义自相矛盾,并不统一,甚至前半部分十分中肯,后半部分近乎偏激和绝对化。后来的社会发展事实证明,剩余价值论也是经济学领域又一"二律背反"的悖论。

从价值的直接创造者即劳动者而言,剩余价值与足以自用价

值相对,是劳动者创造的超过自身及家庭需要的那部分价值。其实,资本家获取剩余价值,劳动者创造剩余价值,都是天经地义的正常规律与经济循环。如果劳动者的劳动创造的价值不足或仅够满足其自身及家庭需要,或在工厂或公司里因消极怠工或监管不力或其他原因,其劳动产生的价值与其已领取的工资相当,没有丝毫剩余,那就没有创造剩余价值。其结果是老板倒贴,成为企业亏损的原因之一。

卡尔·马克思所言剩余价值是雇佣工人创造的、被资本家无偿占有的、超过自身及家庭需要的那部分价值。那么,这个剩余价值是狭义的、特定的具有集体劳动含义的价值概念。劳动力价值是由维系劳动力的生产和再生产所需要的生活资料的费用决定的,包括劳动力的培养、教育费用和维持家用,即自用价值。另一方面,资本家所获得的"剩余价值",实际上包含税费、生产设施设备及原材料等生产资料成本的投入,投资者与管理者的经营管理等智力劳动,购买技术成果,还有合理利润,以及扩大再生产的资金积累等等。剩余价值是客观存在的,事实证明这个伟大的经济学发现是难能可贵的,然而,投资管理者拥有剩余价值的合法性、合理性也是客观具备的。不赚取和占有剩余价值,就没有企业、没有工厂和公司,没有老板,就会回到原始社会状态或者至少回到封建农耕自然经济状态,社会何以发展?封建社会里,地主拥有更多的田地自己无力全部耕种时,雇佣长短工或租给佃户代耕代种,也得获取剩余价值。国家兴办国有企业,收取税费,亦为国家创收剩余价值,否则国企和国家财政无法运转。当工业现代化时期,自动生产线广泛运用,甚至出现工业机器人,代替大量的脑力、体力劳动,劳动者锐减甚至出现"无人工厂",有一种观点认为技术与科学成为"独立的剩余价值源泉",实则,大幅度提高了劳动生产率的自动化生产线和机器人,本质上是机械而不是劳动者,是智力劳动者的智力物化或不变资本的实物形式,机器背后是人——高素质劳动者的间接劳动,仍然是劳动者在创造比以前简单劳动更多的剩余价值。只要有雇佣,有劳动与交换,有市场经济,剩余价值就永远不灭。剩余价值的取得,随着社会进步、工人福利待遇和生活质量提高,社会财富再分配调整等而越加合法化、合理化。

利润,是剩余价值的转化形式。剩余价值是利润的本质。从定性分析,利润与剩余价值同一。剩余价值是针对可变资本的劳动力成本或人力(含智力)成本而言;利润是针对全部预付成本甚至包含不变资本和可变资本的总成本而言。

如果以 W 代表商品价值,K 代表成本价格,P 代表利润,C 代表不变资本,V 代表可变资本,M 代表劳动者为社会创造的剩余产品,那么,产(商)品与成本及利润的关系就发生微妙地变化。$W = C + V + M = K + M \rightarrow W = K + P$。

利润率是剩余价值与预总成本的比率。利润率总是小于剩余价值率。有时候利润只是剩余价值的一部分。

利润,从根本上说,是商品生产的推动力。资本家或投资管理者从事生产经营的首要追逐目标,就是最大限度的利润或经济效益。资本是趋利的和势利的,哪里利润(效益)最高就流向哪里。

这是在产业资本框架下,利润及利润率的原始定义。

没有资本就没有利润。资本(广义的综合概念)是利润之母,为利润(本质是剩余价值)提供了相对可能性和先决条件。

产业资本对应产业利润,商业资本对应商业利润,借贷资本产生借贷利息,各自有相应的规律,更有突出的共性。无论产业资本、商业资本和借贷资本等,所包含都有不变资本和可变资本。不变资本是资本家或资方购买生产资料(进货或贷款发放)所预付的资本,生产资料通过劳动而转化产生剩余价值,生产资料本身价值量不变,变化的可能是性质或形态。可变资本是资方雇佣劳动力或购买智力劳动而付出的那部分,在劳动过程中劳动力创造了大于自身价值的价值,使预付资本价值量发生了变化(增长)。

在产业资本发生的产业利润中,社会各部门之间竞争与资本流动可能使利润趋向平均化,形成平均利润率。产(商)品价值转化生产价格。剩余价值转化为社会平均利润后,商品就不再简单地按其价值出售,而是以成本价格加上平均利润构成的"生产价格"出售。"生产价格"形成以平均利润率形成为前提而成为商品价值的转化形式。此后,市场价格就不再简单地围绕商品价值上下浮动,而是伴随着生产价格上下波动。当商品按照生产价格出售,剩余价值规律由之转化为平均利润规律,价值规律随之转化为生产价格规律。生产价格规律作用,可以自发调节资本与劳动力之间在社会各部门之间的分配,调节剩余价值在各资本家之间的传递与分配,刺激资本主义企业或主张市场经济的社会主义企业不断改进生产技术和强化经营管理,这一切都是在社会化大生产和以货币作为商品交换的一般等价物与流通工具之后才形成的市场化局面。

商业资本是从产业资本的商品资本职能中析离出来而独立发挥市场作用的资本新形式,表现出商品资本职能独立化形态,在商品销售过程与结果中实现预付资本的价值及剩余价值。商业利润是来自商品售价高于进价的差额假象,和商品生产的产业工人(包括技术管理人员等劳动者)在生产过程中创造的剩余价值在流通领域的传导与递延的真相。这一部分剩余价值是产业资本家"过渡"给商业资本家的。商业资本独立化之后同样在社会各部门运行中产生与获得平均利润。商品资本职能独立化前提下的商品出售价格,已包含商品进货价款和预付给营业人员的报酬、流通利润以及店铺租金、物流成本等各项流通费用的叠加和补偿在内。一定限度的生产性流通费用全部加入商品价值中使其价值增大,通过商品价值实现而得以补偿。纯粹流通费用的补偿以及商业利润,是通过商品价格提高之途径予以实现。

借贷资本是只为获取利息而暂时放贷给工商业资本家使用的

货币资本。可以看做借贷资本家（银行主、银团方或钱庄老板）通过货币借贷关系的发生来瓜分剩余价值。借贷资本在各部门运行下也产生平均利润率。利息率最高限不能超过平均利润率。货币本身就是一种特殊商品。借贷资本家（银行主）就是"以钱卖钱而生钱"，似乎可以说是商品流通增值的特殊表现。银行利润来源于利息即放款利息和存款利息之间的差额。银行利润同银行自有资本的比率就是银行利润率。银行资本利润率亦须相当于一般工商业的平均利润率。银行利润最终来源于实体经济即产业劳动者所创造的剩余价值。

效益的本义是效果与利益。利润及利润率合为经济效益。与其说资本家（此处毫无贬义，为中性词）为追寻效益最大化，毋宁说是追求利润及利润率的最大化。广义的效益还包括社会效益、生态效益等，或直接效益与间接效益，以直接的经济效益为中心和前提，以社会、生态综合效益为品质保障。

既然效益的内核首先是利润，利润的本质是剩余价值，那么，在任何有商品交换和雇佣关系的经济社会里，剩余价值居于十分重要的地位，起着非常重要的作用，是国家、政府、企业和老板永不止息的追求目标。剩余价值是曾经蒙尘的珍宝。劳动者创造剩余价值的多少，是衡量社会生产力水平高低、人生价值能力大小和国家财力实力强弱的重要标尺。剩余价值与社会生产力水平和人生贡献价值成正比。劳动者创造剩余价值的总量大小与国家财力强弱亦成正比。市场经济的生产过程既是劳动过程也更是价值增值过程。

超越了资本主义初级阶段的剩余价值新理论，适用于各种社会制度和社会形态，具有最广泛的社会现实意义和经济发展意义。

税费、税制与税费征免

税费是税收与费的合称。税收简称税，是国家为满足国家机器运转与政府职能发挥以及社会公共需要,而依照法律规定,强制且无偿地参与社会产品分配的一种形式。费是国家机关向有关单位及当事人提供某种特定服务或特别劳务,按规定收取的一种税外费用。税与费区别在于征收主体不同,无偿与特定有偿、专款专用于何处。

税分为流转税类、所得税类和行为与资源税类三大类别。流转税包括:增值税、消费税、营业税和关税;所得税包括:企业所得税和个人所得税;行为、资源税包括:房产税、印花税、车船税、土地使用税、矿产与水资源开掘使用税及土地增值税等,此外,还有教育附加税、城建附加税等附类税。

税制即税收制度,是税收征纳双方所应遵守的行为规范之总和。

合一税制与国税、地税分流制各有优长之处和弊端。

国税又称中央税,由国税系统征收,是中央政府收入的固定来源,归中央财政所有。地税,又称地方税,是由地方政府征收、管理和支配的一部分税收,是依据税收征收管理权以及收入支配权进行的分类。地方税即属于地方政府固定财政收入,由地方政府管理和使用的税种。

中国于 1994 年实行国地税分流。分税制为壮大中央财政贡献很大。以山东为例,年税收总额上缴中央财政 60%,省级政府留用 8%,市、县两级政府留用 32%。

中国政府财政收入的 90% 来自税收。

对赋税减免的政策是对产业保护与产业结构调节的手段。中国于 2006 年开始全免农业税。

政府赤字与国家负债

赤字是因为政府支出大于收入的超限数额,入账记录时用红色数表示,故名。

政府负债重要的形式就是公债。

公债是各级政府借债的统称。中央政府债务称为国债,又称中央债;地方政府债务则称为地方公债。公债相对具有有偿性和自愿性,是政府收入的特殊形式和政府信用、财政信用的主要形式,遵循有借有还原则,以债务人身份取得收入,以债权人身份安排支出。国债可以向国内公民发放,也可以向国外政府发放,是国家重要的宏观调控手段,可以弥补赤字,解决财政困难,同时也是国家负债经营的一种手段。

经济史上有一种说法是,美国国家财政自其成立始实际即已倒闭,首任财长汉密尔顿启用国债魔法使美国成为最富国家的最穷政府而维系至今。

作为一种虚拟借贷资本,公债体现了债权人(公债认购者)和债务人(发放公债券以借款的政府方)之间的债权债务关系,政府以税收还本付息。公债用于非生产性开支即不能转换为现实资本,仅以虚拟资本而存在;用于生产性开支的公债即可转换为现实资本。公债可以调节积累与消费、调节投资结构、调节金融市场、调节社会总需求。

剪刀差与反哺

"剪刀差"的原始定义,是工农业产品交换时,工业品价格高于价值,农产品价格低于价值所产生的差额。剪刀差本是计划经济体制的"专利发明",是一种工农业产品非等价交换的国家行为。剪刀差是城乡二元结构和城乡收入差别的产物。剪刀差的形成,有主观性与客观性的差别。

苏联在 20 世纪 20 年代,为加快积累工业化资金,人为压低农产品收购价格,使得农村、农业、农民收入的相当一部分在工农业产品的交换过程中转入政府支持发展的工业部门。随之,政府多次提高工业品价格,使本来已被政府压低的农产品价格相对再度下降,再次扩大了剪刀差。10 年间农民需要相当于原来 2.8 倍的农产品才能换取等量的工业品。其结果是引起农民普遍不满和纷纷抵制政府这一行为,造成工业品市场萧条,工厂发不起工资,而又引起工人的不满与怨愤。主观性剪刀差的人为制造,是计划经济体制和国家专制行为导致经济最终萧条的重要原因。这种以牺牲农村、农业、农民利益为代价的行为是很不足取的。

1949 年至"文化大革命"前的 17 年间,苏联的剪刀差手段被引入百废待兴的新中国。由于二十余年的战争,使城市、工业所遭受的破坏程度远大于农村,城市与工业恢复速度也不及农村农业,加之恢复和发展城市工业所需资金和人力资源短缺,主客观因素的作用,政府以极低的农产品价格实行统购,致使工农业产品的价差很大。这种"半人为"地扩大工农业产品比价差额来积累城市工业化资金的政策措施,表现出不得已而为之的尴尬与不合理情状。当时农产品价格极低,而农业总产值较城市工业总产值要高。17 年间全国城市工业国有资产累计 9000 余亿元,其中农业总产值累计就超过 8000 亿元,是农民以最廉价最微薄的收入和巨大的牺牲,支撑起新生的共和国,支持了城市工业化。

直至改革开放之初,国家城市工业体系已然形成,试图缩小剪刀差的 1982 年,该年度全国农业税收入总额为 29.4 亿元,仅占当年全国财政总收入的 2.4%,表面上看农业对国家财政的贡献似乎十分微小。其实,该年度农产品价格转移总额为 740 亿元,农业总产值为 2785 亿元,农副产品收购总额为 1083 亿元,据此计算:(740÷2785)×1083≈288(亿元)。即 1982 年国家通过价格渠道从农业部门创造的国民收入中转移给城市及工业部门的价值约为 288 亿元。288÷29.4≈9.8,即该年度农民的剪刀差绝对量负担是当年农业税收的 9.8 倍。1982 年国家直接财政收入为 1212.3 亿元,288÷1212.3≈0.238,即剪刀差与财政收入比率为23.8%。该年度农业、农民对国家的实际贡献为农业各项税收与剪刀差绝对量之和,即:29.4+288＝317.4(亿元),占年度财政收入的26.2%。这些数据足以说明农民"无名英雄式"的经济贡献很大,而承受剪刀差的隐性负担很重。多年差异积累,使得三农问题日益突出,城乡差别越来越大。又因工农业劳动生产率的差距不断增大,工业劳动生产率增长很快,而农业劳动生产率增长缓慢,较先进的工业生产力和较落后的农业生产力之间的差距,在工农业产品价格之外再度扩大工农—城乡剪刀差。

缩小剪刀差的有效办法,主要是大力发展现代大农业,同时通过价格杠杆提高农产品价格和逐年降低工业品价格,使农产品价格上涨趋近于价值,而工业品价格下调趋近于价值,达到工农业产品价格与价值相对平衡,另外就是减免农业税赋,给农业以政策性补贴予以扶持。

这种支持、补偿农业的做法,称之为"反哺"。

收入分配与国民收入倍增计划

分配有两个层次。初级层次意义上的分配,是把生产资料分发给生产单位或把消费品分配给消费者。中高层次意义的分配,是指社会再生产过程的一个重要环节,即一定时期内所创造的产品或价值在社会上不同阶级、阶层或社会集团的分配。分配的方式取决于经济体制和社会制度。

分配的原则至少有两大系统。一是按劳分配,二是按生产要素分配。按劳分配不仅是公有制经济前提下国家对全体劳动者的分配原则,同时也是私有制经济为主导的资本主义高级阶段资本家或企业主对雇佣员工的分配原则,而且还是社会主义市场经济条件下的分配原则之一。按劳分配遵循多劳多得、少劳少得、不劳不得的原则。需要特别纠错和正本清源的关键是非问题是：无论何种经济体制和社会制度下，管理、研发、经营等也是劳动，而且是比体力劳动更为复杂更智力化技术化的高级劳动。按劳动分配实际上应该升级为按劳动价值进行分配。

按生产要素分配，是资本主义高级阶段和社会主义市场经济情势下极为重要的分配原则。生产要素（劳动、技术、资本、管理等）所有者，凭借要素所有权，从生产要素使用者手中获得报酬与利益的经济行为，称之为按要素分配。其要旨是：参加分配的主体是要素所有者，依据是要素所有权；分配客体是各种要素共同作用创造的价值；生产要素的质量、数量和贡献大小是分配的标准。

分配是国民收入的主要取得形式。

分配仅是手段，而增加国民收入才是目的。

战后恢复期社会矛盾冲突尖锐背景下的日本 20 世纪 60 年代出台的"国民收入倍增计划"，颇值改革开放 30 年至今的"后改革时代"中国所借鉴。1960 年，自民党早期政治家池田勇人当选日本第 58 届首相，上任伊始即推出 10 年内实现国民收入倍增的积极财政政策和经济方略，以消除城乡差别、缩小贫富差距、减小大企业与中小企业差异和国民收入翻番、扩大内需为目标。次年，日本政府公布了大规模宏大空前的财政经济预算案，总额 1 兆 9527 亿日元，比上一年增长 24.4%。推行减税、下调利率和贸易自由化，促进家电产业革命，增加农行补贴，刺激增长，优化产业结构，推进产业升级，提高劳动生产率，增提工资，鼓励消费，拉动内需，一系列卓具成效的战略举措，使新政实施第 1 年国内经济增长率即达 9%。7 年实现国民收入翻番，提前完成倍增目标。1968 年，奠定了日本作为仅次于美国的世界第二大经济强国的地位。

尤值提醒的是，日本的倍增计划实施背景，是激活与充实社会资本，强化公共基础设施建设，扩充公共服务体系，倡导产业多元化，依靠市场经济活力，配以政府激励手段来完成国民收入倍增的。

中国大陆如今已跃居仅次于美国和日本的世界第三大经济体,并于2010年第二季度以GDP1.33万亿美元宣称已超过日本1.28万亿美元而成为世界第二大经济体。但是,2009年中国大陆人均GDP3677.86美元,仅为同年美国人均GDP46380.91美元的7.9%或1/12,仅为同年日本人均GDP39731.04美元的9.3%或1/11。中国大陆人均GDP世界排名低居2007年的105位、2008年的104位和2009年的第99位,而且国民收入普遍偏低,工资增长幅度连续多年远低于GDP增长速率。现今还有1.5亿人未能达到联合国规定1天1美元收入的国际最低标准。中国自己规定的贫困标准为每年收入不足1196元人民币,只相当于每天0.5美元。而10%的极少数人群占有41.4%的社会财富。贫富悬殊,价格扭曲,内需不足。

有专家指出:如果年均工资增加15%,5年即可实现国民收入翻一番。

中国必须实施公共基础设施布局相对均衡化和公共服务体系相对均等化,调整、优化经济结构和产业结构,推进产业多元化,实现产业转移升级,降低税率,促进贸易与国际合作,较大幅度提高国民工资等收入,实行财富再分配即"削富济贫"等一系列政策措施。

第 二 章

制度与新制度经济学雏论

——非主流经济学探幽

主流与非主流

近现代西方经济学大体可划分为主流经济学与非主流经济学两大营垒。主流与非主流的价值取向与思维方式及研究角度泾渭分明。主流经济学主要针对经济发展本体的市场因素和经济基础予以深入研究而形成了波谲云诡、浩若星汉、丰富庞大的理论价值系统;非主流经济学则往往注重非市场因素及上层建筑相关视角诸如制度、法律、历史、社会及伦理等方面探讨经济生活的特征与规律。

主流经济学以亚当·斯密为发端,继之有大卫·李嘉图、西斯蒙第、穆勒、萨伊等,形成主流经济学的古典经济学体系。20世纪以来,主流经济学又历经"张伯伦革命"、"凯恩斯革命"和"预期革命"的多重洗礼,逐步形成以微观经济学和宏观经济学为基本理论框架的"新古典经济学"体系。

非主流经济学在抗争中创新求变,与主流经济学求异存同,逐渐引人刮目以待。历史学派和制度学派是非主流经济学的重要派别。

从"历史"到"制度"的演变

乍看题目,对政治术语比对经济概念更敏感的国内读者对"制度经济学"可能有些望文生义的误解。制度经济学并非主要谈及社会政治制度;而只谈经济制度甚或侧重企业经营管理制度的研磨,强调人与人之间的关系主导和影响经济活动,创立了经济学的中观研究全新的方法论。制度经济学由起源于 19 世纪 40 年代以 F. 李斯特为先驱的德国历史学派。历史经济学派反对英国古典经济学派以人与物的关系为起点,运用抽象、演绎的自然主义方法,而主张运用具体实证的历史主义方法,从历史实际出发,强调经济生活的国民性和历史发展阶段特征。19 世纪末—20 世纪初,以美国的 J. R. 康芒斯、凡勃伦和 W. C. 米切尔等人为代表,创立制度经济学派。历史经济学和制度经济学研究视角的改变,推动了产业组织、劳动经济学、经济史、产权分析和比较体制等领域中实证与理论研究相结合,带来了制度主义复兴。

制度经济学虽然以反对主流经济学为旗帜,但距离主流经济学——古典经济学的开山鼻祖亚当·斯密的思想并不遥远,并且很可能深受亚当·斯密《国民财富的性质与成因研究》(《国富论》)之前的另一部侧重于社会学研究的《道德情操论》的启迪。《道德情操论》重点研究人与人之间的关系,从而揭示市场是人的情感不确性的集合与体现等本质意义。制度经济学派反对主流古典经济学派所惯常使用的抽象演绎法和数量分析法,反对把资本主义社会看成抽象的"经济人"组合,反对以一个确定的、总量的标准对整个经济活动做出安排的抽象研究思路,而着力强调制度分析与结构分析,认为只有把对经济制度、经济结构、社会结构分析放在首位，尊重"社会人"的特征与秉性，才能廓清人在经济活动中的"人—人关系"而非"人—物关系"，破解资本主义经济中的弊端，预示社会演进的趋向。

制度经济学派一开始就以批判资本主义制度本身缺陷与局限性为己任，主张调整资本主义的各种经济关系，指出美国资本主义唯一出路是社会改良。

20世纪60年代，制度学派又以历史分析法探讨产权制度变迁理论，其代表人物有加尔布雷恩、包尔丁、海尔布罗纳、华尔德等。并以制度分析法、结构分析法提出经济结构调整与改革的设想与方案。制度学派推出"整体制度分析"方法和"整体制度目标"概念，尖锐指出国民生产总值（GNP）作为经济价值，不是社会价值的全部，把整体制度目标划分为经济价值目标和社会文化价值目标，两个目标包含经济繁荣、财富聚集、社会平等、生态平衡、生活休闲等多元化追求，综合起来就是"生活质量"。

新制度经济学

制度学派另类学者科斯在制度分析中引入边际分析法，建立"边际交易成本"概念，找到制度存在及变迁和经济在体制上的变化的解释方式，弥补了主流经济学中古典经济学和新古典经济学共同存在的重大理论缺陷即专门的制度理论缺位。科斯的出现标志着"新制度经济学"的诞生。

所谓新制度经济学，区别于同为非主流的旧制度经济学，就是借用主流经济学的抽象演绎与数据分析结合的方法来进行制度分析的学说。交易费用理论、产权理论、委托—代理理论、公共选择理论、新经济史学等都是新制度经济学的支脉。以D.诺思和T.W.舒尔茨为代表的制度变迁理论，是新制度经济学的最新发展。新制度经济学的命名者是后来在企业经营管理研究领域提出"边界理论"获得 2009 年度诺贝尔经济学奖的威廉姆森。

制度与价格,企业性质与交易成本,发现价格交易的成本、产权、社会契约等研究,都是新制度经济学的热门话题。

非主流新制度经济学的方法是对主流的古典经济学的螺旋式回归,把旧制度经济学的中观研究方向再度引向现实性、针对性和微观化、具体化。

交易费用理论与"企业边界"理论

交易费用是新制度经济学最基本的概念,最早在 1937 年科斯的《企业的性质》一文中提出。交易费用,应包括:①度量、界定和保障产权的费用;②发现交易对象和交易价格的费用;③讨价还价、订立合同的费用;④督促契约条款严格履行的费用等等。交易费用是原来的古典经济学及旧制度经济学多年研究的盲区。

新制度经济学的交易费用研究,由威廉姆森推至更新高峰。威氏认为:企业在交易中产生交易费用,因企业的横向或纵向扩张而大大降低,但同时管理费用增加,管理费用超出交易费用的那个点,就是企业发展的临界点。这个临界点理论标志着新制度经济学研究者们试图回到当年主流经济学家们逐渐把市场描述为一架精巧的可预测的机器一样,为企业管理、公司治理制造一个具有实际应用价值、可以度量的分析工具。威氏理论确乎为企业的交易边际成本和交易效率与企业规模化并购、一体化扩张和跨国化之间,提供了必然联系的注脚。

交易费用概念从提出到提升,进一步丰富和发展了新制度经济学。交易费用理论证实了交易活动的稀缺性,以及市场的不确定性所导致交易的风险,之所以交易也有代价,应当如何配置交易这个稀缺资源,提升经济效率。如果制度不能担当提高经济效率的责任,就会被视作旧的制度而被新的制度所取代。自此,经济制度和企业经营管理制度分析才似乎真正纳入经济学分析的视野。

产权理论

新制度经济学认为产权是一种权利和社会关系,是规定人们相互行为关系的一种规则,且是社会的基础性规则。产权是一个社会所强制实施的选择一种经济物品的使用的权利。

产权是一个权利束,是复数概念。当一种交易在市场内发生,两束权利包括所有权、使用权、收益权、处置权同时发生了交换。交易中的产权束所包含的内容影响到物品的交换价值。

在作为产权主义者的新制度学派眼里,产权实质上具备了一整套激励与约束机制。产权的基本功能是影响与激励行为。产权制度安排直接影响资源配置效率。社会的经济绩效,最终取决于产权安排对个人行为所提供的激励。这种观念似乎又更高层次的回到"高级经济人假定"的位置。

企业与市场理论

首创交易费用分析工具,强调企业与市场并存的客观事实,将新古典经济学的单一生产制度体系——市场机制,拓展为彼此可以替代,包括企业与市场的二重生产制度体系。

市场机制和企业分别都是配置资源的手段。新制度学派始作俑者科斯认为,市场机制运行既然有成本,何尝不可以通过形成允许有某个权威企业家来支配资源的组织,就能节约某些市场运行成本。交易费用的节省,是企业产生、存在以及替代市场机制的唯一动力。

企业与市场是有一个边界的。为节省交易费用的企业管理本身既然也有费用,企业的规模也就不能无限扩大,其限度在于:利用企业方式组织交易的成本,等于通过市场交易的成本。

按本书的初步理解,如果一家建筑工程公司、一家房地产开发公司、一家水泥厂、一家钢铁建材厂、一家建筑施工机具租赁公司和一家大酒楼各不相干。要在某地开发一处楼盘,这众多的公司之间发生交易都分别两两依靠市场机制来实现资源配置,每个两两交易的环节都产生交易成本费用。假如组建一个综合性的大型建设集团,旗下创立或并购建筑公司、开发公司、水泥厂、钢铁厂、机具租赁公司及大酒楼,由总裁宏观管理操盘配置资源,开发一个楼盘,集团在同一企业自身体系内,协调管理完成开发项目,其间的交易不是通过市场机制而是通过企业管理来完成的,虽然有二级核算,有各级管理成本费用产生,但省去了价格效益法,但肯定费用比各自以市场机制束分别完成各个环节的交易要节省得多,企业管理总成本低于如第一种情形的市场交易配置方式。这无疑客观上成为企业横向或纵向并购扩张的规模化、集约化攻略的理由。

企业契约安排与企业契约理论发展

新制度经济学也可以看做是新规则新经济学,在某些特定的假设条件下,探究经济学研究的盲区甚至潜意识下可能特定存在的现象与规律。科斯在早期论企业的性质时就发现,有时候企业作为一个契约,可以代替市场的一系列契约。东方唯一真正意义上的新制度经济学者张五常(中国香港)考察计件契约时发觉要素市场与产品市场不能完全可分。企业主要对应要素契约,次要对应产品契约;市场重点对应产品契约,兼及对应一部分要素契约。因此,要素契约完全替代产品契约是不可能的。但特定的情形下,可能只有超约没有企业,交易已然完成,张五常特地例举街头擦皮鞋。而科斯亦曾看见企业代替契约的越来越多的实例,譬如前述的多元化建设集团开发楼盘项目。

制度变迁理论与制度学派的制度分析系统流派

　　制度变迁理论的代表人物诺思分析到,技术革新为经济增长注入了活力,但人们必须激发出与之相应的制度创新与制度变迁的冲动,通过产权制度、法律制度等一系列制度构建,把技术创新成果巩固下来,巩固的关键是技术知识产权保护和技术专利有偿使用或转让,长期经营增长和社会长足发展才有保障。制度的起源或原因、动力、过程、形式及制度移植、路径依赖等,是制度变迁理论所涉及的内容。制度变迁原因之一就是相对节约交易费用,降低制度成本,提高制度效益。产权理论、国家理论和意识形态理论可以说是制度变迁理论的三柱基石。交易费用研究是新制度经济学及其创始人科斯的最大亮点。

　　制度分析有 5 条理论系统,包括凡勃伦、科斯、威克塞尔、奥地利、马克思等几大传统支脉。

　　凡勃伦——演化经济学:博尔丁、霍奇逊、尼尔森、温特、塞缪尔等代表人物,继承了凡勃伦的演化经济思想以及对新古典主义的批判精神,强调经济的整体、演化观点,倡导结构分析。

　　科斯——新制度:从科斯到威廉姆森,以交易费用入手,涉及产权、契约等关键理论,活跃于当代经济学舞台。

　　威克塞尔——公共选择学派:布坎南、塔洛克等代表人物将政治过程纳入经济分析中,注意到利益集团斗争在经济决策、政策决策中的重要性。

　　奥地利——新奥地利学派:最重要的代表人物哈耶克,遵循奥地利经济学家门格尔·米塞斯的个人主义和主观主义方法论传统,主张将研究的焦点指向,从古典经济学强调的被定价客体,转移到从事定价的主体。

　　马克思——左翼制度主义:代表人物布罗姆利在其《经济利益和经济制度——公共政策的理论基础》一书中,称其承继了马克思主义并包容了亚当·斯密和卡尔·马克思双方的观点,力图在马克思制度分析和主流制度主义之间寻找某种平衡。

　　此外,法国调节学派也对西方后现代生产方式和制度结构进行了深入研究。

第 三 章

体制与新体制经济学宏论

——社会制度流变和经济体制转轨

体制经济学与新体制经济学

主流的古典及新古典经济学是政治经济学,是对市场与体制双重关注的。非主流的制度及新制度经济学,只关注非市场因素的中观、微观制度或规则,不关注经济体制与社会制度。

体制经济学是中国改革开放初期,针对经济体制的不同性质、共同属性及一般规律和粗放式改革方向,急促而朦胧诞生的一门新的分支学科。

面对经济体制的困惑,在计划经济的社会主义经济濒临崩溃的边缘之际,市场经济导入社会主义初级阶段并创造性地运用,体制经济学应运而生。由思想火花蔚成理论研究体系,仓促中感性与理性在现实与未来的碰撞中试图找到从现象到本质的一系列注脚,其探索的难能可贵与思想理论基础的相对缺失,都标志着敢为天下先而欲越雷池一步的体制经济学作为一门独立学科正在创立。不同的经济体制,既有本质的区别,又有现象和局部的偶同,既有各自的特征,又有内容与形式相互的兼容。不同的社会制度,可以采取大致相同的经济体制;相同的社会制度,可以选择不同的经济体制。社会政治制度与经济体制不一定一一对应,不具有唯一性,亦不具有排他性,可以互动共生,共存共荣。这是改革开放的开明政治家极具前瞻性的一个理论假设。改革开放 30 年来,体制经济学研究得到高度重视。市场经济之门一旦打开,高速发展的迫切愿望和动人现实,许多始料未及的现象与问题令人猝不及防地纷至沓来。作为雏形的体制经济学,像一个早产的婴儿,因为创立伊始而没有更多的实践分析和发展预测能力,所以难以建构系统的研究模型和研究方法,因而还缺少对现实的较长期的实际指导意义和可操作性。

当摸着石头过河的改革开放进入深水区,体制经济学若不变革,就很难解析和调整改革道路上的诸多错位。诸如:"让一部分人先富起来"的一个阶段之后如何改变收入分配不公而贫富愈加悬殊的现状? 国企改革与股份化或私有化有可能增强市场活力,但如何防止国有资产的巨量流失和权力寻租? 医疗改革试验的结果全然违背了全民健康的初衷,如何让老百姓看得起病就得了医? 教育改革使从幼儿园到大学都成了吸钱数钱的机器,如何遏止教育全盘产业化的黑潮,拯救危在旦夕的教育事业于倒悬? 房产改革使地方政府沦陷于炒地财政怪圈无力自拔,中低收入阶层居无定所望房兴叹,所有制发生混乱,经济泡沫泛起危及国家经济安全,严重扭曲着人们的经济、社会价值观,如何让广大公民安居乐业,居者有其屋和国民经济健康运行? 城市化及城镇化成了圈地运动和造城运动,在城乡发展进程中城乡差别甚至还在拉大,一系列"城市病"日益严重,土地资源越来越稀缺,如何破解城乡二元结构,缩小城乡差别和提升城市化水平与城市区域综合竞争力,发展城市群,构筑增长极? GDP 情绪与霍夫曼情结使政绩政府急功近利,恶意透支资源,使生态环境遭受重创,如何建构科学的政绩考评机制及奖惩机制,既谋求经济快速增长,又充分保护人类赖以生存的环境与家园? 出口主导型和资源透支型的经济增长模式使经济结构偏废,产业结构不合理,东、中、西部发展极不平衡,如何调整、优化经济结构及产业结构,转变经济增长方式和区域发展方式,促使中国经济转型而步入良性有序的可持续发展轨道……

难道市场经济错了吗? 改革错了吗? 不该搞改革和搞市场经济吗? 不! 改革本身没有错,关键是如何把握改革的方向和发展的模式。市场经济本身也没有错,关键是如何遵循市场规律,深化改革旧有体制以与市场经济发展尽快相适应。体制经济学只强调了人类社会不同的经济形态和社会形态的经济运行有其共同规律,社会主义和资本主义虽然社会制度性质不同,但经济体制却可以兼容,社会制度不同,但其市场经济运行机制和经济体制有着一般规律,仅有这些,还不能解决不同社会制度如果选择相同经济体制将需寻求和遵循不同的运行规律,社会主义市场经济与资本主义市场经济相互兼容的不确定性与变量,资本主义市场经济与社会主义市场经济的性质区别与不同模式,不同的社会制度因选择了相同的经济体制而如何取长补短走向大同等等问题。这一系列全新命题需要在体制经济学初浅架构的基础上脱胎换骨而发生一门新的学派——新体制经济学,进一步深化与完善经济体制研究。

原初的体制经济学强调社会主义也可以引入市场经济体制;新体制经济学强调市场经济也需有计划,社会主义市场经济不仅是单纯的市场行为而同时也是国家行为及政府作为。原初的体制经济学在承认古典经济学认为生产力是生产资料、劳动对象和劳动力的基础上,强调科学技术是第一生产力,社会关系也有生产力;新体制经济学不仅承认生产资料、劳动力、科学技术及社会关系都是生产力,而且强调科学的经济发展战略规划和优秀的战略决策更是最重要的生产力。原初的体制经济学强调发展才是硬道理,主张超常发展和非均续发展,新体制经济学强调科学发展、平衡发展与可持续发展。原初的体制经济学主张国家富强主义、经济自由主义和让一部分人先富起来，偏重追求单边发展效率；新体制经济学反对经济自由主义，而主张国家对市场经济有机调控，发展与稳定并举，效率与公平并重，全民收入分配公平、平等竞争和民生第一，民富国强两者兼顾不可偏废。原初的体制经济学强调经济体制改革先行，以经济建设为中心的 GDP 主义，推行全民皆商、全社会各领域全盘产业化的"新重商主义"；新体制经济学倡导经济多元化，反对全民从商和社会事业全盘产业化，主张和强调经济体制改革与政治体制改革在条件成熟时应当同步，推进经济体制改革必须不断深化并确保其长期性、梯度性和不间断性，以适应和调整经济快速发展的复杂性、多变性、不确定性、不对称性与不平衡性，政治体制改革必须为顺应经济体制改革的要求而适时启动，物质文明、精神文明、政治文明和生态文明建设"四位一体"同为中心。

新体制经济学是调整经济发展与社会发展的矛盾关系，解析不同社会制度运用相同经济体制的不同运行规律，探求不同社会制度下的市场经济发展模式、危机发生几率和应对、规避与化解危机的方式方法，以宏观、中观和微观角度全方位研究市场经济体制建设与国计民生并举发展的综合科学。一言以蔽之，新体制经济学既是深化体制改革的政治经济学，也是调整社会矛盾的社会经济学。将经济学研究融入了政治学、社会学、文化学、生态环境学等成分。新体制经济学在中观上尤为注重对结构与模式、价值与竞争的实证研究，在宏观上注重国家经济社会发展大战略与国民经济运行大趋势以及国家宏观调控、积极干预市场调节方法研究，在微观上注重物权、产权、生产资料所有制变迁与民生福利的关系，企业经营管理效益最大化与项目开发风险性投融资的路径等研究。

因其崇高使命、现实价值与理想追求，新体制经济学将成为一门显学。

社会制度先天优越性与后天缺憾

任何社会制度设计当初,都有其存在即合理的优越性,因为社会制度的设计者融入了远大的理想与充分的激情,制度设计者嵌入了自身及其所处阶层的广大公众的利益诉求,并且要具备足够的推翻或者取代旧的社会制度的理由。任何社会制度当建立之后,制度设计者的政治经济地位必然发生前所未有的变化,产生了新特权阶层并且身在其中,制度的维系与逆向"改良"总是围绕制度设计服务而逐渐背离利益已分化的广大公众,社会制度就必然产生后天缺陷,制度设计者也逐渐背叛自己的初衷和理想。这是一种可怕的规律或者趋势。如何规避这个社会制度更替的先天优越性与后天缺憾的周期率,需要回溯和梳理人类社会演进史、经济发展史及其结构与模式,寻求利益博弈、价值与竞争的本质、运行·规律及规避社会蜕变风险和消解经济危机的良策良方。

原始社会,生产力征服自然的能力低下,只有以群体利益为目标,初级按需分配为利益简单获得形式,以集体无意识完成人与自然的对抗,地球人的远祖度过并非今人想象得那么美妙的田园牧歌时代。

奴隶社会,少数人以暴力胁迫手段强行榨取作为多数人的奴隶的劳动成果而简单获利,早期游牧生产生活方式的游牧文化、城堡文化及后期海盗文化背景下的西方社会特定历史阶段曾是奴隶社会典型特征,局部的游牧经济区才有农奴社会。奴隶社会初期的奴隶主多为原始社会的部落首领演化而来。奴隶社会虽然残酷,但确是比原始社会要先进一些的制度模式。

封建社会,少数人占有大量土地,盘剥失地农民的劳动成果而简单获利。中国的封建社会最具典型意义。封建社会初、中期在某种意义上是农耕文明社会最佳社会制度选择与社会形态表现。而在以游牧文化为主体的西方社会,并没有典型意义的封建社会,就像中国从未有过典型意义的奴隶社会一样,欧洲大陆的封建势力从来就比较薄弱,为资本主义的顺利萌芽准备了先决条件。

直接脱胎于封建社会或农奴社会的资本主义社会初级阶段即资本的原始积累阶段,是少数人拥有大量资本,占有大量资源,牟取雇佣劳动者的剩余价值而获得巨额利润回报的新型社会制度形态。资本主义社会从初级到中级再到高级阶段,经历了从简单获利到复杂获利及完成资本原始积累之后进行财富再分配的过程,逐渐调整着社会矛盾和资本权属关系。不同的资本主义国家在同一制度下其经济社会发展过程及表现形态也千差万别,大方向有二,其一是从自由资本主义到垄断资本主义,其二是经典资本主义到福利资本主义。资本主义社会在其先天优越性逐渐丧失之后,开始规避和弥补后天缺陷,缘于自身的延续、自我优化与相互妥协,和公众的合法斗争外力刺激与民主敦促。

社会主义社会可以从资本主义社会脱胎,亦可从半封建半殖民地社会或半封建半资本主义社会脱胎。从群体利益出发,按劳分配,是社会主义社会的理想获利模式。社会主义社会制度设计的先天优越性,在实际制定运行中,亦会出现后天缺憾。如果按计划经济体制运行,生产力得不到真正解放,经济发展缺乏市场活力,全民"公平的贫困"结局不堪回首;如果按市场经济运行,经济高速发展,但权利腐败、行业垄断和不公平竞争,造成资源配置失调、经济结构失衡和社会财富分配不公,导致贫富悬殊,社会矛盾加剧。两者都还没有真正实现"从群体利益出发而按劳分配"的理想,处于两难的尴尬境地。社会主义的制度设计者、理想追求者和理论践行者必须在市场经济的选择中坚持不断改革和自我完善,任重而道远。

资本主义

资本主义从产生至今,理论界莫衷一是,至今没有统一的确切定义。况且资本主义制度本身也在数百年间经历着始料未及的变化,在不同时期和不同国家及地区其表现形态也复杂多样。

资本主义是资本主导社会经济和政治,大部分甚至绝大部分生产资料归私人所有,借助雇佣劳动手段以生产工具创造价值及利润,商品与服务凭借货币在自由市场里流通与交换,投资决定主要由私人进行,生产与销售主要由公司、工商业控制并相互竞争,依照各自的利益追求去行动,这样一种政治经济学、体制经济学或经济社会学意义上的经济形态、经济制度和社会制度。资本主义社会制度必然选择市场经济体制。

连公认的西方经济学的开山鼻祖,生于 18 世纪资本主义初兴时期的亚当·斯密,也未直接对资本主义概念予以详尽诠释。

其实,资本主义作为一种经济形态,在世界上最早萌芽于中国。公元前 140 年的汉武帝时期,中原和蜀地已然分别同时出现资本主义的萌芽。当时正值封建社会的初盛辉煌期,北方私人资产和资本被朝廷强行收归国有而被封建集权国家垄断化;蜀地以铁业制造、蜀绣、蜀锦等手工业为代表而闻名于世,通过古老的南方丝绸之路辗转运销到欧洲大陆地中海沿岸,幸有汉武帝所派钦差、大文豪司马相如的保护与开发,而使蜀中初具资本主义色彩及雏形的民营经济得到阶段性存续。实行商品交换和市场流通,雇佣大量劳动力创造剩余价值,实施初级的社会化大生产,产品行销全国各地,甚至远销欧洲。这些经济形态特征皆属于资本主义的原始雏形的标本模式。西汉局部的资本主义萌芽像一个早产儿最终萎缩或夭折于强大的封建农耕经济环境里。

后来,公元 14 世纪的明朝,中国再度出现局部的资本主义萌芽,尤其郑和"下西洋"的远洋航行成功,为衰微沉落已久的陆上国际贸易通道继南、北丝绸之路之后打开了海上丝绸之路新通道,但此刻梅开二度的资本主义萌芽依然遭遇与西汉时同样被扼杀的命运。

西方资本主义萌芽于 14—15 世纪地中海沿岸的水城威尼斯。与此同时,14—17 世纪的文艺复兴运动,缘起于黑暗的欧洲中世纪晚期的佛罗伦萨,以绘画等艺术为发端的文化复兴,实质上伴随并标志着资产阶级先进文化思想的兴起,为资本主义社会创立做了意识形态上的充分准备。资本主义作为一种社会制度和一个时代,于 16 世纪在欧洲大陆正式确立。资本主义先进的生产方式彻底打破了西方封建制度的地方割据特权、腐朽等级制度和人身依附桎梏。荷兰、英国、法国、德国等西方国家先后在 16 世纪末、17 世纪中叶、18 世纪末和 19 世纪中叶相继爆发了资产阶级革命,变革或摧毁了封建制度,实现了生产力的大解放。

而 16 世纪东方大国正处于明嘉靖闭关自守的黑冰期,封建社会经济结构垂死挣扎而不解体,资本主义的生产要素不能得以解放,使经典意义的资本主义作为比封建社会要美好数倍的先进制度与中国擦肩而过没有缘分,使中国的社会主义与苏联的社会主义一样脱胎于资本主义最薄弱而封建专制主义最沉重浓厚的社会情态,因市场化经济基础发育不健全,走了许多弯路,而付出过多的代价。欧美资本主义幸运地产生于封建链条较为脆弱的西方社会土壤。

15 世纪末到 16 世纪的地理大发现和环球航行的成功,欧洲与印度、与北美的联系骤然拉近,随之而来的殖民地大开拓,不仅占有新大陆广阔的土地,成功实现资源大移民,而且使销售市场扩大许多倍,加速了作坊手工业向工场手工业的转化,社会分工越来越细,劳动生产率大大提高。商品经济的快速发展,社会财富大量增加,促进封建自然经济尽快解体,小商品生产者两极分化,产生了大批因在竞争中失去生产资料而不得不出卖劳动力的无产者——产业工人,巨额货币及生产资料越加集中在少数人手里转化为巨额资本。资本的原始积累过程,在国内是对农民的土地实行廉价剥夺,强迫劳动者同其原本拥有的生产资料分离,使失去生产资料的手工业者和失地农民大量破产而成为雇工,形成大规模的劳动力市场和商品市场,劳动力和生产资料及另一种商品形式即货币一齐转化为资本家的资本,向国外是对殖民地一切资源的侵占与掠夺。由于国内市场和世界市场的迅猛扩大,工场手工业狭隘薄弱的技术支撑已殊难适应生产力的进一步解放。资本家为获取更大利润、更加提高劳动生产力而迫切要求改进生产技术,由初级社会大生产向中级社会化大生产抬升与过渡,加之资本家已拥有巨量财富聚集和资本积累,为工业革命于 18 世纪在先进的英国率先爆发成熟了一切条件。英国工业革命爆发时,正当中国封建社会最腐朽最封闭潜伏巨大危机的所谓"乾隆盛世"。西方工业革命诞生的机器大工业,为资本主义社会化大生产奠定了雄厚的物质技术基础,同时也标志着某种意义上"人"的初步解放,科学技术逐步成为第一生产力。

资本主义的生产过程既是劳动过程,同时也是价值增值的过程。剩余价值生产的两种基本形式,一是缩短必要劳动时间,二是绝对延长有效劳动时间。前者相对改变工作目的两个组成部分的量的比例而生产的剩余价值,称作"相对剩余价值";后者因延长有效的剩余劳动时间而获取的剩余价值,叫做"绝对剩余价值"。技术进步和加强管理,既在一定的工作时间内降低劳动力的价值而缩短必要劳动时间,又相对延长剩余劳动时间,同时增获相对和绝对两种剩余价值使资本家财富倍增。

资本主义社会的基本特征,分别表现在:所有制以私有为主,推行资本主义民主政治,建立和形成与资本主义生产关系和经济基础相适应的资产阶级国家政权、法律制度和思想体系等上层建筑。政府对市场经济很少干预,鼓励自由的市场经济,生产力充分解放,商品经济发达,劳动力成为越来越有价值的商品,资本家占有生产资料而雇佣劳动者创造剩余价值,使用机器进行社会化大生产,生产社会化同财富为私人占有之间构成贯穿始终的社会基本矛盾之一,在自由竞争的资本主义初级阶段,表现为经济上企业里有严密组织而整个社会生产无政府状态,政治上资产阶级和无产阶级两大营垒的矛盾。

社会主义

社会主义一词,就像中国曹雪芹的小说《红楼梦》和英国莎士比亚的《哈姆雷特》一样有着多种理解。许多经济社会学和政治经济学的经典作家们都对同一词汇给予不同的定义。有人考证,社会主义概念最早出现于德国神学家、天主教本笃派传教士塞尔姆·德辛之口;他在1753年与人论战时,把遵循自然规律的人称为"社会主义者"。也有人考证,这个意义非凡的词藻——社会主义,最先使用的是意大利传教士,表示一种由上帝安排的传说制度。总之,这两种说法莫衷一是,都一开始就敷染上了神学色彩与宗教化的伏笔。

19世纪20—30年代欧文主义刊物《合作》杂志和圣西门主义刊物《环球》杂志,从书面出版物上正式出现"社会主义"一词。社会主义成为书面语,一开始就宿命般地寄寓了空想色彩。空想社会主义者欧文、傅立叶和圣西门源于对资本主义初级阶段现实的不满和对当时盛行的个人主义的批判而产生了对集体主义的未来理想社会的设想。

其实,上述考证都还不足以全然证实社会主义的最早根源,社会主义思想更早产生于16世纪资本主义社会制度初创的英国,1516年英国人托马斯·莫尔的奇书《关于最完美的国家制度——

乌托邦新岛既有益又有趣的金书》。具有划时代意义的莫尔,因其专著《乌托邦》而成为社会主义思想的鼻祖。

社会主义与资本主义是不折不扣的一对欢喜冤家。资本主义一诞生,就处于被批判地位而遭到社会主义者的抨击,两种社会制度思想和经济体制并驾齐驱地竞争于人类社会舞台。"社""资"两者之间,先因对立而共存,后因统一而互补。

值得注意的是,起初的被当时激进者和反对者视为空想的社会主义原始寓意,而今看来是最科学与中肯了:社会主义为提高劳动群众的福利和保障社会和谐而改造社会制度,主张人人平等幸福,但容许财产不平等和差异化竞争的存在。这恰恰与当代中国市场经济条件下的社会主义初级形态惊人相同,却被人指责为"空想社会主义",其实并不空想,而很现实,切实可行。莫尔、欧文、圣西门、傅立叶作为伟大的社会主义者,深刻揭露资本主义原始积累初级阶段的罪恶,对未来社会提出了许多美妙的天才设想。

激进的社会主义与共产主义者马克思和恩格斯先后在 1842 年 10 月 15 日所写的《共产主义和奥格斯堡〈总汇报〉》一文和 1843 年写的《大陆上社会改革运动的进展》一文中,分别首次使用了社会主义一词,几乎把社会主义当成共产主义的同义语。但是,同一个人在不同时期,对社会主义的理解和诠释也不尽相同,恩格斯曾说:"1847 年,社会主义是资产阶级运动,而共产主义则是工人阶级运动。"并且,马克思把除了他们自己称为"科学社会主义"之外的 19 世纪中叶在欧陆流行的各种社会主义思潮,归纳为"反动的社会主义"(包括"封建社会主义"、"小资产阶级社会主义")、"真正社会主义"、"资产阶级社会主义"和"空想社会主义"。

逐渐形成并对世界构成深远影响的社会主义三大流派是:"科学社会主义"——马克思主义,"民主社会主义"——社会民主主义,"国家社会主义"——拉萨尔主义。科学社会主义又称为共产主义,主张以暴力推翻资产阶级政权,从而取消财产不平等和实现生产资料(亦可包括生活资料)公有制。随着西方资本主义历经波折而走向繁荣,以苏联为代表的社会主义国家纷纷解体或变性,暴力革命越加受到质疑,"科学"社会主义理论究竟科学与否,理想能否真正成为现实,需要"实践"这个检验真理的唯一标准反复测量。中国社会主义经济在改革开放中崛起,又为科学社会主义理想传播增强了信念。"为提高劳动群众的福利和保障社会和谐而改造社会制度,主张人人平等幸福,但容许财产不平等和差异化竞争的存在"的"空想"社会主义并不空想,中国改革开放和市场经济的伟大实践正在洗出她蒙尘的光辉,证实其伟大的先见。民主社会主义的"非暴力主义"作为一种思想追求亦渐为现当代广大公众所接受与认同。国家社会主义作为一种社会制度形态,一方面堕落为法西斯的民族社会主义或纳粹主义,另一方面蜕变为社会帝国主义,还有一方面演化为集权社会主义。

科学社会主义作为一种崇高理想,在《共产党宣言》里,它将"代替那存在阶级和阶级对立的资产阶级旧社会的,将是一个联合体,在那里,每个人的自由发展是一切人的自由发展的条件"。在《哥达纲领批判》里,"自由就在于把国家由一个高踞社会之上的机关,变成完全服从这个社会的机关。"其由普选权和委员会制度、公社议会制度、改造专政机关、废除官僚制度等组成的政治制度,由工人合作性、劳动保障、减免债务等构成的经济制度,由教育改革、女权运动、非政府组织等构成的文化和社会制度,以巴黎公社为昙花一现的"分权、自治、人民监督、思想自由"的示范试验模型,充满着天真的幻想和淳朴的愿望。这是一个遥远而浪漫的梦境。

19世纪70年代,社会主义一词传入日本,再传入中国。日本作为坚持东方文化传统又竭尽全力引进西方先进文化的典型东方岛国,对任何西方思潮都抱有"睁开眼睛看世界"的浓厚兴趣。

1870 年日本学者加藤弘之在《真政大意》中用日文片假名音译西方"社会主义",次年西周在《百学连环》中意译社会主义为"会社之说"。中国的《西洋杂志》于 1878 年首度将社会主义音译为"索昔阿利司",自此 21 年后,《万国公报》又将社会主义意译为"安民新学"、"养民学",1901—1902 年康有为、梁启超将社会主义意译为"人群之说"、"人群主义",梁启超从 1902 年 9 月 25 日出版的《新民丛报》第 18 期开始,把当时日本人已通用的"社会主义"一词正式移植。封建王朝暮期的改良主义者梁启超最先正式把社会主义学说介绍到中国。中国共产党的创始人之一李大钊教授是进行社会主义学说中国化传播的第一人。

对社会主义的理解,绝不能一成不变。社会主义学说诞生于西方圣哲们颇有时代局限的思维定势中,传播到封建势力最为顽强的两个农业国家苏俄和中国后,再次被多年误读,而成为僵死的教条、极左的护身符和专制的障眼法,以致国民经济濒临崩溃之边缘,有的甚而怀疑、动摇甚而放弃对社会主义的信仰和理想。社会主义只有在中国绝处逢生,幸而进入改革新时期和市场经济新阶段。

自由资本主义

自由资本主义是以自由竞争为特征的资本主义。

有人认为自由资本主义是资本主义社会的初级阶段,可能发展成为"垄断资本主义",但尽管以自由经济著称于世的美国过去至今屡屡出现过寡头经济的垄断现象,进步的法规又反垄断,所以依然可以称今天美国资本主义为"具有垄断资本主义成分"的"自由资本主义"或"新自由资本主义"。

而作为初级阶段的自由资本主义,在北欧、西欧及北美等地,大多数资本主义国家并没有走向垄断,而是兼顾内部均衡,成功实现自我优先,而发展成为"福利资本主义"。这是现当代资本主义社会已经脱离早期资本主义形式的主流走向,也是其以民主的制度、法治的社会环境和开放的人文心态,在社会主义者、非主流制度与新制度经济学者的猛烈批判声中,有则改之,无则加勉,自我调整,自觉完善,走向现代文明(包括物质文明和政治文明)的谜底所在。

资本主义的标志之一就是经济自由度。经济自由度指数的高低,借以测量每个国家的经济自由度。其宗旨最高境界就是"人民对于产品和服务的生产、销售和消费不受政府的强迫与约束。"美国华尔街日报、美国传统基金会和加拿大弗雷泽研究所,三家分别发布经济自由度指数考评结果,分项指标有法规、政府干预程度、私人财产权利和贸易自由等,政府规模及财政花费、税负比率、财产权利及安全性、市场管制程度等都作为考核的目标。

自由竞争需要资产阶级革命为其创造条件。资产阶段革命在各国相继成功,使自由的资本主义制度从欧洲扩展到世界各地,而形成了资本主义世界体系。

同一部门内的效率竞争和不同部门之间的投资竞争,都是自由竞争的方式。

18 世纪以来,资本主义国家先后向中级阶段的"资本主义混合经济"过渡,政府对生产资料和产品销售的一定程度上的管制,给予农业以补贴。19 世纪的资本主义社会,大多数国家对国民经济的政府干预开始持续化,进入"非完全自由化"阶段。故而在理论上产生了诸多纷争,自由意志主义与古典自由主义一致强调,资本主义市场经济应将"国家干预最小化",倡导"小政府,大经济"。客观主义者艾茵、兰德主张资本主义是"唯一道德的经济体制",资本主义之所以存在,是因为有着不可剥夺的理性的自由人。重商主义赞同国内建立几乎完全自由的市场,但希望国家介入保护国内工商以遏止外国竞争,实际上是对内的自由主义和对外的保守主义及贸易保护主义。社会民主主义和社会自由主义支持广泛的政府法规和部分政府介入。无政府主义要求推翻一切国家组织，直接由群众自治组织代替国家，以求得绝对自由。

实则，自由资本主义的自由是相对的，竞争是必然的。

福利资本主义

福利资本主义是资本主义发展的中高级阶段。

英国最早以政府干预手段保障福利事业，早在 1601 年就颁布了《济贫法》，以立法形式确定政府救济贫困的社会公共责任及救济贫民的福利措施。但济贫法甫一出台，就遭致古典经济学派及新古典经济学派长期的反对，令人费解的是，亚当·斯密、马尔萨斯、李嘉图、萨伊等大师们居然都加入了反对国家福利制度的行列。建立在个人功利主义基础上的福利经济反对论，使主流经济学派的大师们因思想局限而黯然失色。反对者们以极端褊狭的眼光，严重低估了人性的优点，竟然猜想"福利必然导致人们懒惰"。结果被后来的实践证明古典主义经济学大师们这些褊狭认识是多么地愚昧无知。国家福利主义是社会发展锐不可当的总体和必然趋势。1843 年英国将《济贫法》修订得更为苛严，有一个回旋往复、不断完善的过程。

19 世纪 70 年代，因社会大生产和机器生产技术不断提高，而大量出现失业，给资本统治带来了威胁，工人阶级贫困化引发工人运动普遍高涨，迫使资产阶级开始重新审视福利问题。此时，非主流经济学各分支学派的开创者或代表人物纷纷提出国家举办社会福利的主张。

德国官房学派财政学者尤斯蒂最早提出"福利国家"理论，主要通过国家行政权力手段来实现福利制度安排，认为国家财政支出是社会福利的基础。历史学派先驱者李斯特从民族利益出发，力主由政府采取保护主义政策来促进国民财富增长,增加国民福利。李斯特的国家干预主义思想成为德国建立福利保障制度的理论基础,并成为"现代福利国家"的理论根源。新历史学派主要代表施穆勒、桑巴特、瓦格纳、布歇、布伦坦诺等强调发挥国家职能作用,通过赋税政策实行财富再分配,通过国家法令和建立国营企业等措施来实施自上而下的社会改良,使国家为整个社会谋利益,担负起文明与福利的职责。新历史学派的资本主义经济体制和社会福利制度改革主张,认为依法干预和宏观调控经济生活应成为国家职能,应当制定工厂立法、劳动保护、工厂监督、孤寡老人救济等法令,同时推行河流、森林、矿产等资源性企事业和铁路等公共基础设施、银行等公共服务体系国有化,限制土地私有制,改善公共卫生等,以缓和社会矛盾,促进经济持续发展。脱胎于历史学派的制度学派,将福利社会思想吸收继承和推广,使福利制度由社会救济扩展到国家举办并由国家财政为全体公民及侨民支付的社会保险。第二次世界大战后,实行部分资源及生产资料的国家垄断,使西方各国的社会福利体系不断完备,逐步形成比较完整的福利经济制度,西方理论界形成福利经济学和福利国家论。

新的历史阶段的经济学家们,以庇古的古典福利经济理论、帕累托的新福利经济论、凯恩斯的有效需求论等为代表,对于如何推行社会保障制度革新,建立公平、有效、可持续的国家社会保障机制,在方案设计和实际操作层面都付出了巨大的努力。庇古认为社会经济福利很大程度上受国民收入总量和国民收入在社会成员之间的分配状况的影响,因而:国民收入总量越大,或国民收入分配越平等化,社会经济福利也就越大。另外,资源最优配置和收入最优分配是福利最大化的必要条件,而且,收入均等化政策诸如征收累进所得税、遗产税及扩大失业救济和社会救济等积极措施,可以在国民收入总量不增加的情况下,同样使社会福利得以改进。庇古 1912 年在其专著《财富与福利》中将福利划分为一般福利和经济福利,还启用基数效用函数来计算福利经济的内部效用和外在效应。帕累托则认为福利的核心是经济效率而非公平,以序数效用和无差异曲线分析包括交换最优状态、生产最优状态以及交换与生产同时最优状态三方面内容的"全社会多效用最大化"的"帕累托最优状态",得到如下结果:若收入分配既定,则生产资源在各部门之间的分配和使用必须并且已经达到如此最优化状态;以至于假如生产资源的任何重新配置,都会使任何人的福利增加而引起其他人的福利减少为代价。帕累托在1960年完成了他伟大的新福利经济学理论代表作《政治经济学教程》。凯恩斯的有效需求论,为了消除生产与消费之间的矛盾,必须通过国家财政促进总需求,并借助国家支出增加需求,包括增加福利保障开支以扩大政府支出,进一步使需求与生产相适应,是其核心内容。凯恩斯强调国家经济干预和调节范围扩大到再生产的许多领域,包括国民收入再分配,进一步指出,把扩大社会保障规模作为增加需求的重要途径,把社会保障制度作为政府宏观调控的重要经济工具之一,调节社会需求和消费结构,促进经济社会长足发展。凯恩斯主义评判福利国家的标准,主要就是:充分就业和财富再分配。

福利经济思想可以带来"三个效应",即:经济稳定效应、收入分配公平效应和经济增长效应,已被东西方各国的福利制度多年实践和成功经验所证明。

福利经济制度包括国家福利和企业福利两部分。目前世界上福利最好的国家是以加拿大为代表的英联邦国家序列。加拿大等英联邦福利国家以国家福利为主。加拿大公民(入籍或降生)及侨民(绿卡持有者),从摇篮到坟墓一生拥有最平等最优厚的国家福利待遇,终生报销一切医疗费用和教育费用,从出生那天起到18岁享有每月600加元的"牛奶费"(已可保障基本生活支出),成年公民或侨民一旦失业,无论暂居哪个国度,即享有每月每人相当于3000美元的"高保"救济福利补贴。地广人稀、发达宜居的加拿大又作为政治中立国,是全世界公认的地球上环境最生态、生活最美好、制度最优越、国家管理最科学和服务最人性化的国度。福利国家不仅在高科技现代化的高效率中反而提高劳动力价值和价格,以国家法令规定最低工资底限,如美国的雇工工资最底线为每小时 8—10 美元(各州不尽相同),资方要么不聘用员工,只要雇佣人,低于此底线工资就是违法,必遭处罚并要求补足。北欧的福利资本主义经典社会瑞典和挪威,首先从工资法定公平角度调节国民收入分配,并给予国民以优厚的全方位福利待遇。2008年,瑞典全国月均工资相当于29100元人民币,其中月最高工资相当于35200元人民币,最低月工资相当于22000元人民币。享有最高工资待遇的科技人员工资只比最低工资待遇的医疗保健人员高20%,国企总裁工资比门卫仅高出135%,而且政府公务员工资低于建筑工人。挪威2008年全国平均月工资相当于人民币40047元,其中国家公务员月工资相当于38577元人民币,私营企业月均工资相当于40589元人民币,企业老总的工资是年轻徒工的2倍而已。请注意,挪威的私营企业员工工资略高于政府公务员。在北欧国家,经济人人平等,职业没有高低贵贱。在美国,失业人员"中保"救济金每月每人1800美元。除了国家福利外,美国还鼓励企业为员工安排福利。美国的企业老总工资一般在50万美元年薪,而美国总统前几任年薪为20万美元,现任总统年薪30万美元。最近,美国总统召集全国大企业总裁开会再次特别强调:在追求利润的同时,必须履行保障员工福利等社会责任。

东西合璧式的资本主义

东西合璧式的资本主义国家和制度以及思想体系显然诞生在东方。"亚洲五小龙"日本、韩国、新加坡、台湾和香港等国家和地区,皆推行东西合璧式的资本主义,其中以日、韩、新、台尤为典型。

其主要特征和指导思想是:在经济上、科技上、法治上的开放主义,全盘引进西方先进的资本主义制度体系、思想价值体系、科学技术体系、经济体制和法治体系;在文化上、社会上、政治上的保护主义,坚持继承与弘扬儒、道等东方文化思想、社会道德准则和独立自主的国家政治原则。

以中国为精神故乡、以西方为经济宗师的日本,为研究荷兰国情和经济制度及发展状况,竟创立了一门新学科——"兰学"。实行君主立宪制的日本以永远君主世袭来表明文化的东方依托,而以更迭首相内阁选举制来确保引进西方先进文明的制度基础,为经济上、科技上的全盘西化做足了充分准备。文化的坚守也许更考虑地缘政治关系的一致认同性。经济的开拓亦因地缘经济地位的特殊性,小小岛国,陆地资源严重不足,人口密度很大,要在弹丸之地于国际经济竞争中立于不败之地,必须以先进的生产方式获取巨大的社会财富;同时一度也学习西方列强的殖民化攻略,诉诸武力抢掠资源与扩张市场,最终堕入战争罪恶的末路穷途。战后日本又因摒弃西方列强的殖民化路线,继续但有选择地学习西方的先进科技、发展城市群经济,使其战后又跃居而今的世界第二经济强国。

新加坡更是比日本版图还小的南洋岛国,坚守儒家文化精神,努力学习借鉴西方资本主义先进制度、体制和生产方式,倾力发展岛国旅游、电子科技工业和国际贸易,推行开放开拓的内外经济政策,同时又强调政治、经济与法制上的中央集权,以强有力的国家干预手段推进经济社会迅猛发展,使新加坡成为国强民富的花园国家。不过,与其说新加坡是资本主义,不如说更像实行市场经济体制的社会主义。新加坡前总理李光耀资政坚持认为自己是社会主义国家。

韩国在民族工业崛起、新农村建设和城市化运动中兼学西方和中国,并保存着对东方文化本位的极度痴迷。中国曾于本世纪伊始纷纷派代表团赴韩国学习新农村建设先进经验,韩方大不以为然;因为韩国早就向中国学习 20 世纪 20 年代即开始的由各民主党派领袖和海归知识精英所倡导和主持的乡村建设运动,并且深得其中心法与奥妙。总之,韩国在东、西方之间找到迅速发展的良策良方。

国家资本主义与权贵资本主义

国家资本主义是一种经济性质、经济形态和经济手段,而不一定成为一种社会制度。

国家资本主义指由国家掌控的资本主义经济,其性质和作用取决于国家的性质。在资本主义国家、半封建半殖民地或半封建半资本主义国家和社会主义国家都有国家资本主义存在。

国家资本主义,表现在资本主义社会,是一种国家垄断的资本主义经济,资本主义国资国营或国资民营企业,控制着一部分垄断行业或垄断产业。凡采取国有资本模式的任何国家,都有产生国家资本主义的可能。由于资本、生产高度集中,产生了在主要产业部门甚或整个经济生活中处于支配地位的垄断组织,使自由竞争阶段的单一企业分散竞争变革为寡头垄断。进一步,工业垄断资本与银行垄断资本日渐融合为金融资本,金融资本再集中又形成金融寡头,使银行从过去的借贷中介人变成万能垄断者,支配工商企业生产经营活动并以放贷多少予以控制,促进和加速垄断组织的更多形式,以投资银行形式参股控股工商业以形成控制银行又控制工商业的银团垄断资本家。资本输出以借贷方式或直接方式,转移向资本构成低下而劳动力价格低廉的落后国家,以使其落后国家形成对资本输出国的依赖。资本输出国为获取国际垄断利润,争夺原材料基地、商品市场和投资场所,而组成跨国垄断同盟,一边利用国家手段设立关税壁垒,限制国外商品输入,以维持垄断价格,一边绕过关税壁垒实施产品倾销与外国资本较量,在生产流通或金融领域,缔结价格与销售垄断条约"国际卡特尔"、"国际辛迪加"或"国际托拉斯",共同瓜分世界市场利益。

较发达资本主义国家形成垄断资本后,都为过剩资本在发展中国家或落后的殖民地寻求廉价原材料产地、产品销售市场和投资场所。第一次世界大战、第二次世界大战结束后,西方国家资本主义在调整中减缓了进程。

半封建半殖民地的中华民国时期,蒋、宋、孔、陈四大家族官僚资本与当时的国家政权紧密结合,是带有半封建半买办色彩的国家资本主义。中华人民共和国刚成立时实行"一化三改造"运动,即在国家文件中明确规定了"把资本家的私有资产收归国有而改造为国家资本主义"的任务。后来的国有大企业,其经济形态实际上就具有国家资本主义性质;其管理形态,先期是经典的社会主义计划经济性质,以后又是典型的社会主义市场经济性质。

2008 年由美国肇始的世界经济危机爆发,使西方自由资本主义彻底终结而中国国家资本主义再度兴起。国家掌控了巨额财政收入和土地、矿产、国企和国有资产,成为世界上拥有财富最多的政府,雄厚的国家资本左右着市场经济的晴雨。国有经济体对市场的控制能力强大,对金融、石油、电信、钢铁、航空、铁路、矿山及房地产等多个领域实行国家垄断及国企垄断,通过市场准入优先、资产并购和国企与国有金融机构结盟抢占市场高地。国有经济体金融资本和实业资本进入国际市场,参与国际竞争,在一些领域已处于主导地位。国家资本主义崛起,已致世界自由经济市场出现倾斜拐点,可能将促进国家资本主义全球化趋势的形成。正因为社会主义市场经济的中国拥有强大的国家资本主义成分,才使 60 年前三年国内革命战争结束时,只有社会主义能够救中国,才使两年前世界经济危机来临之际,只有社会主义能够救资本主义。

权贵资本主义是一种经济现象而非经济制度。权力垄断进入经济垄断领域。拥有特权者或特权阶层倚重权力资源掌握自然资源和市场资源，优先获得利润空间最大的生产、经营或开发项目，在融资、价格等要素上享有特权和垄断地位，迅速积聚大量财富，就是权贵资本主义的典型表现。权贵资本主义利用特权经商，是一种与权力腐败密切相关的市场行为。这在计划经济向市场经济转型期的社会主义国家并不鲜见，在社会主义解体向自由资本主义转变的苏联也曾长期出现。

权贵资本主义是对平等竞争的自由市场经济的一种反动，也是引发社会矛盾和造成贫富分化的重要因素。普通工商业的利益在潜规则下被隐性剥夺，使良性的自由经济发生微妙逆转，形成拜金主义和拜权主义杂糅的变态市场价值观，使商人丧失或丢弃社会道德和经济公理，成为权力和利益的俘虏。社会资源配置和公民收入分配的不公平，是权贵资本主义屡遭诟病的主要因由。

民主社会主义与国家社会主义

民主社会主义作为社会主义阵营中对资本主义的一种积极的改良思潮，早在19世纪中叶就在国际工人运动中产生。民主社会主义代表着工人阶级合法斗争，争取基本权益，在不破坏资本关系的前提下，让劳动者获得趋近公平的经济实惠、较高收入和较好福利的温和的非暴力主张。

随着二次工业革命再度促进经济繁荣，已经初步完成资本原始积累的资本主义制度在自我调整中告别残酷剥削而趋近竞争公平，普选权得以推广，工会力量壮大，人民获得更多的民主权利，欧洲政治形势变化，布朗基主义的突击式暴力革命显然已无成功之可能，恩格斯开始提出适应社会发展的新策略，在不完全放弃暴力革命的最后选择的基础上，有效利用普选制度优势，进行议会合法斗争。继而与恩格斯后期不谋而合或承前继后的伯恩斯坦等人，以民主社会主义修正马克思主义,钝化革命性质,融入现实制度,以非暴力合法斗争为核心的社会改良主义,成为资本主义社会制度进步的主导思想。第一次世界大战前夕,民主社会主义作为社会主义的另一种理解而固化或常态化,存续至今。北欧社会主义即是福利资本主义的翻版,在社会公平和经济繁荣的道路上,取得了瞩目的成就。北欧社会主义——福利资本主义所践行的民主的社会改良主义思想,以高效的行政权力、优越的社会福利、宽松的政治环境、富足的经济生活、公平的收入分配,证实了制度改良的可贵成功和先进性。

民主社会主义社会改良运动,承认私有制和市场经济的合法地位和体制优势,并没有限制资本的自由竞争,而是以制度优化和体制改良来消除垄断,促进公平竞争,捍卫劳动者权益,发展福利经济。民主社会主义虽与过去的中国革命理论与实践背道而驰或另拓新途,但它在和平年代建设时期合乎中国现实国情,对于今天的中国特色社会主义市场经济的转型和继续深化经济体制改革,有着十分重要的启示与借鉴意义。

国家社会主义的理论创始人是拉萨尔。在拉萨尔看来,旧的国家可能是某一个阶级的代表,新的国家也可以是代表一切阶级共同利益的"超阶级"的存在。

实现社会主义,可以如在沙俄和中国,在封建制度半殖民地社会或半封建半资本主义制度下,在专制势力极为腐朽而十分顽固的国度开展暴力革命;但革命成功后,应须立即着手还权于民,还利于民。实现社会主义,条条道路通罗马,在封建主义势力较薄弱的封建国家或尚未发达的资本主义社会正在进行改良的国家,不寄希望于革命暴力,而借助于民主的普选制度的优势,要求国家扶持建立工人合作社,实行国有化,另辟蹊径完成新型国家的理想。

法西斯主义利用国家社会主义的元素,并异化为"民族社会主义"或纳粹主义,认为国家是绝对物,任何个人和集团都是相对的,国家是个人真正的理性和自由意志的体现,个人绝对服从国家。法西斯主义不仅打着民族主义旗号,推行种族主义,疯狂反对国际主义和人道主义。在民族主义利益幌子的包裹下遮掩着最卑劣最阴暗的功利欲求,即表面上为民族生存争取生存空间,实际上为掌控国家的暴力统治者集团利益而争夺国家资本生存空间,以专政和军事恶行抢掠国际国内人民财富。颇具讽刺意义的是,由国家社会主义变种为民族社会主义即法西斯主义,个人基本权利无法保障,人的尊严遭到无情摧残,人的生命遭到残忍杀戮的国度,国家统治者却大言不惭地声称代表一切人的利益。

　　另一种形式的国家社会主义是苏联,以暴力革命从封建沙皇手里夺得国家政权,实施绝对国有化的经济体制和绝对计划经济,将国家利益绝对化,并实行政治专制化,个人意志、个人权益和公众利益皆被国家剥夺,推行国家政治经济社会全然宗教化,形成社会帝国主义。还有一种有点类似的国家社会主义,是改革开放前历时 27 年计划经济的中国"准苏式"社会主义,只强调国家利益和公权以及绝对化的公有制,禁止私有制,忽视甚至剥夺劳动者的经济利益和财富诉求,把工人当成会说话的机器,把农民的副业当成"资本主义尾巴"割掉,宗教式的变态狂热,摧毁了经济规律,致使国民经济濒临崩溃边缘,一度形成了封建专制社会主义。苏联社会帝国主义式的国家社会主义彻底瓦解,蜕变为自由资本主义;中国封建专制社会主义式的国家社会主义一面痴心不改情有独钟地坚持社会主义旗帜,保持社会主义国体的政治制度和意识形态,同资本主义市场经济体制相嫁接,一面则破釜沉舟,慨然实行社会主义初级阶段的改革开放,开创了中国特色的社会主义市场经济全新制度模式,迅速解放了生产力,跃居世界经济大国行列,伟大的实践,成功的尝试,为坚定社会主义信念,实现社会主义理想树立了榜样,赢得了地位和荣誉。

特色社会主义

第二次世界大战前,苏联率先走上社会主义道路。在十月革命成功而国民经济一度陷入困窘混乱僵局的前后,伟大的导师列宁更倾向于把苏联建成多党制的民主型的社会主义国家。可惜他生前未能实现这一愿望。多党制的政治制度和意识形态,是否适合以国家机器对社会经济进行全面计划和绝对调控的国家社会主义,尚有争议,因为列宁的继任者们也实质上是他的反对者和背叛者,担心多党制将破坏国家的统一权威,进而对国家全面控制经济造成干扰,所以斯大林主义的苏式社会主义,是从根本上排斥民主制度而崇尚专制、暴力与强权的。在列宁逝世前夜,苏维埃机关已经蜕化变质为带有封建色彩但标识社会主义符号的官僚极权机构。斯大林在第二次世界大战前后把苏联建成了与绝对计划经济相匹配的一党制国家政权。并将这一制度推及所有新生的社会主义国家。事实证明了计划经济在所有社会主义国家的相继失败。

第二次世界大战后民族独立大潮席卷世界,许多国家从殖民地或半封建半殖民地获得解放,部分国家包括中国在内纷纷走上苏式社会主义即国家社会主义道路;另外还有相当数量的新独立国家亦曾宣布自己是某种特殊类型的社会主义国家,总共有五十多个这样的社会主义国家。这些国家的社会主义具有民族主义或较浓厚的宗教色彩,如国大党社会主义、纲领党社会主义、复兴党社会主义、佛教社会主义、伊斯兰社会主义、阿拉伯社会主义、乌贾马(村社)社会主义、非洲社会主义、桑地诺社会主义等等。社会主义阵营从此林林总总,形形色色,鱼龙混杂,面目全非,莫衷一是,只有一点令人痛心的共同,那就是落后的生产力和专制的国家经济控制体制。这与社会主义的初衷和理想相去甚远,实际是各种形式的制度异化。

社会主义要延续并旺盛制度生命力,必须毅然决然地放弃绝对计划经济和苏式的国家社会主义意识形态和社会制度模式,义无反顾地彻底改革旧体制以消除积弊。

1989 年到 1991 年间,苏联及由苏联控制之下的东欧社会主义阵营发生剧烈的政治地震,共产党或共产主义政党纷纷放弃斯大林主义而失去政权。苏联解体,东欧剧变,社会主义国家急剧减少,使其余社会主义国家产生了空前的政治危机,并且开始分化。除了只有朝鲜仍然顽固地坚持苏式或者斯大林式的国家专制社会主义僵化制度体制并有过之而无不及地推向个人极权化而堕落为世界上经济倒数第一最落后最贫困国家以外;以中国为代表的社会主义国家开始进行改革,既坚持社会主义国家政治制度和社会主义意识形态,又果断导入充满活力的市场经济体制,对内搞活,对外开放,以经济建设为中心取代以政治斗争为中心,走上具有鲜明特色而又独立自主的以市场经济体制为无悔选择的新型社会主义道路。

中国特色社会主义是中国共产党对现阶段纲领的概括,是继战争年代毛泽东等人倡导外来真理与本国实际相结合而成功取得政权之后,马克思主义普遍真理同本国具体实际在和平建设时期再度相结合的创造性实践,是对马克思主义的继承、化用和发展,是对马克思、列宁及斯大林的地域阻隔与时代局限的再度大胆超越,从而走上适合中国国情实际并卓具鲜明特点的社会主义道路,逐步实现工业、农业、国防和科学技术现代化,建设富强、民主、文明、和谐的社会主义国家。坚持大师们提出的基本原理,又从中国实际出发,不照搬硬套别国经验与模式,而独具中国特色。解放思想,实事求是,以实践作为检验真理的唯一标准,深刻认识到社会主义建设时期的基本矛盾和主要矛盾,与革命战争时期迥乎不同,已转化为人民日益增长的物质文化需求同落后的生产力之间的矛盾;建设社会主义有一个很长的初级阶段,根本任务是解放和发展生产力,集中力量实现现代化,实行社会主义市场经济;改革是社会主义社会发展和经济发展的重要动力,对外开放是实现社会主义现代化的必要条件;社会主义民主制度化、法制化、依法治国,彻底摒弃专政意志、人治情结和运动情结,改革和完善政治体制和提高执政能力,是改革开放的迫切任务和经济社会繁荣昌盛的重要保障;用"一国两制"来解决国家统一问题,充分反映改革开放的社会主义新时期对各种制度优势的包容、借鉴和首肯。制度创新、体制创新、模式创新在于思想解放和灵魂变革,是一个艰辛孕育、痛苦分娩与幸福获得的过程。

中国特色社会主义的伟大创举,真正打破了资本主义一统天下经济的大格局,为全球经济一体化奠立了重要基础。

全球经济一体化——社会制度趋同化

全球经济一体化,广义概念又称为"世界经济一体化",泛指世界各国经济彼此互相开放,形成相互联系、相互依存的有机体。

狭义的全球经济一体化,又称为"地区经济一体化",指两个或两个以上的国家或地区,由各国政府分别或共同授权组成的超国家共同机构,通过制定统一的对内对外经济政策、财政金融政策等,消除国别之间阻碍经济贸易发展障碍,实现区域内互利互惠、协调发展和资源优化配置,最终形成一个政治经济高度协调统一的有机体。

实质上,全球经济一体化,是由各国政府间通过两两协商,缔结长期较紧密经济合作条约,建立多国经济联盟。联盟内商品、资本、劳务自由流动,没有任何贸易壁垒,并共同拥有一个跨国组织及常设机构,来监督联盟条约执行,落实共同的经济政策及措施。

全球经济一体化的形式有多种:自由贸易区、关税同盟、共同市场和经济联盟。经济联盟是全球经济一体化的最高形式。

附表　经济一体化的基本形式及其特征

	相互给予的贸易优惠	成员国之间的自由贸易	共同的对外关税	生产要素的自由流动	经济政策的协调	统一的经济政策
特惠关税区	☆					
自由贸易区	☆	☆				
关税同盟	☆	☆	☆			
共同市场	☆	☆	☆	☆		
经济同盟	☆	☆	☆	☆	☆	
完全经济一体化	☆	☆	☆	☆	☆	☆

　　没有哪一个国家拥有本国经济发展的全部资源、资金和技术，也没有任何国家能够生产出本国所需要的一切产品。信息时代加快了经济国际化进程，使世界变得空前开放，全球经济一体化成为新时代多国经济长期联动发展的必然要求和总体趋向，使原先的"一国经济"变成"世界经济"，从而形成了全球相互依存的国际经济新格局。全球经济一体化可以缓解和逐渐消除全球经济发展状况的不平衡和各国经济发展要素的不平衡。

　　欧洲经济一体化经历了漫长的岁月，自1950年开始，通过近50年努力，以成立欧洲中央银行和正式发行统一货币欧元标志着经济共同体的初步成熟，又用了13年左右的时间分三阶段完成欧盟东扩。

附表　欧洲经济一体化大事记

时间	事件
1950年5月9日	提出欧洲国家煤和钢的资源供应共同规划；确立了创立"欧洲联邦"的战略目标。
1951年5月	欧洲煤钢共同体（ECSC）成立。
1952年5月27日	签署《欧洲防御联盟条约》，该条约在法国未得到通过。

续表

时间	事件
1957 年 3 月 25 日	签订了《欧洲经济共同体条约》和《欧洲原子能共同体条约》,统称为《罗马条约》。
1958 年 1 月 1 日	欧洲经济共同体正式成立。
1959 年 1 月 1 日	首次降低关税 10%。
1962 年 1 月 30 日	共同农业政策生效。
1967 年 7 月 1 日	欧洲煤钢联营、欧洲经济共同体和欧洲原子能委员会合为一体。
1968 年 7 月 1 日	关税同盟生效,取消了欧盟内部工业产品流通关税,制定了共同对外关税税则。
1968 年 7 月 29 日	欧盟内部劳务自由流通。
1972 年 3 月	创立"洞中之蛇"汇率制度,使各国货币浮动幅度降至 2.25%。
1973 年 1 月	丹麦、英国和爱尔兰加入欧洲经济共同体,使共同体扩为 9 国。
1975 年 2 月 28 日	签署洛美公约,同 44 个非洲、加勒比和太平洋国家建立联系。
1978 年 4 月 3 日	同中国签署《贸易协定》。
1978 年	欧洲煤钢联营、欧洲经济共同体和欧洲原子能委员会合为欧洲共体(EC)。
1979 年 3 月 13 日	埃居体系取代货币蛇型浮动体系;欧洲货币单位(埃居)成为欧洲记账单位。
1981 年 1 月 1 日	希腊加入欧共体。
1986 年 1 月 1 日	西班牙和葡萄牙加入欧共体。
1986 年 2 月	签署《单一欧洲法案》。
1987 年 7 月 1 日	《单一欧洲法案》生效,规定在欧洲委员会中实行投票加权的表决规则,不再实行全体一致原则。
1990 年 7 月 1 日	资本流动自由化,经济货币联盟第一阶段开始实施。
1992 年 2 月 7 日	签订《马斯特里赫特条约》。
1993 年 1 月 1 日	欧共体实现单一大市场。
1993 年 11 月 1 日	《马约》正式生效,欧共体改称欧洲联盟(EU)。
1994 年 1 月 1 日	经济货币联盟第二阶段开始实施,欧洲货币局建立。
1995 年 1 月 1 日	奥地利、瑞典和芬兰加入欧盟。

续表

时间	事件
1995 年 12 月	确定欧洲单一货币第三阶段于 1999 年 1 月 1 日开始启动。货币的名称为"欧元"(EURO)。
1997 年 6 月	签署稳定与增长公约、第二汇率机制。
1998 年 6 月	欧洲中央银行成立。
1999 年 1 月	欧元诞生。
2000 年 1 月 15 日	准备接受保加利亚、罗马尼亚、斯洛文尼亚、拉脱维亚、立陶宛和马耳他等国加入欧盟。
2001 年 1 月 2 日	希腊成为欧元区的第 12 个成员国。
2002 年 1 月 1 日	欧元开始流通。
2002 年 12 月 13 日	欧盟哥本哈根会议决定在 2004 年 5 月 1 日前,接受波兰、匈牙利、捷克、斯洛伐克、拉脱维亚、斯洛文尼亚、爱沙尼亚、塞浦路斯、立陶宛和马耳他等十国为欧盟的正式成员国。

欧盟的东扩计划大体上经历了 3 个阶段:

先期准备阶段(90 年代上半期)。主要是与中东欧国家签署联系国协定(也称欧洲协定),制定入盟标准和实行先期准备战略。波兰和匈牙利于 1991 年,捷克、斯洛伐克、罗马尼亚、保加利亚于 1993 年,波罗的海三国于 1995 年,斯洛文尼亚于 1996 年分别与欧盟签署了联系国协定。联系国协定以法律形式确定了欧盟与联系国的政治经济关系,目的是使联系国逐步融入共同体中。联系国协定的目标是在 2002 年前实现工业品的自由贸易并为其他部门的经济合作奠定基础。

制定入盟谈判时间表阶段。1995 年,马德里首脑会议提出入盟谈判应在政府间会议结束半年后开始。1996 年,佛罗伦萨首脑会议认可了上述提议。在 1997 年 6 月的阿姆斯特丹会议上,首脑们指示理事会审查即将于 7 月推出的欧盟委员会对各申请国的意见。1997 年 7 月欧盟委员会发表《2000 年议程》。该议程分为三个部分,即共同体政策的前景、欧盟 2000—2006 年的财政框架以及欧盟东扩问题。在《2000 年议程》中,欧盟委员会认为,依据哥本哈根标准,欧盟应首先接纳波兰、匈牙利、捷克、斯洛文尼亚、爱沙尼亚和塞浦路斯六国为成员国。1997 年 12 月,欧盟卢森堡首脑会议批准了欧盟委员会的建议,决定首先同上述 6 国进行入盟谈判,而对剩下的 5 个国家即斯洛伐克、罗马尼亚、保加利亚、立陶宛、拉脱维亚则视其进展而定。会议还拒绝了土耳其的候选国资格。

正式入盟谈判阶段。1998 年 3 月 12 日,在伦敦召开了欧洲大会,欧盟成员国以及申请加入欧盟国家的政府首脑参加了会议,土耳其拒绝与会。欧洲大会是与会者讨论共同外交和安全政策、司法和内政事务以及经济合作的一个论坛,旨在配合欧盟东扩进程。3 月 30 日,欧盟各国外交部长和中东欧首批 6 国外交部长聚会布鲁塞尔,正式开始了入盟谈判进程。科索沃战争后,欧盟明显加快了东扩步伐,同时决定对东扩战略进行调整。1999 年 12 月,在欧盟赫尔辛基首脑会议上,欧盟宣布将于 2000 年同 6 个新候选国,即斯洛伐克、罗马尼亚、保加利亚、立陶宛、拉脱维亚和马耳他开始入盟谈判,同时宣布给予土耳其入盟候选国资格,但暂不与之谈判。2000 年 2 月 14 日,欧盟外长理事会正式开始了同新 6 国的入盟谈判。2002 年 12 月中旬,欧盟哥本哈根首脑会议决定2004 年 5 月 1 日将正式接纳波兰、匈牙利、捷克、斯洛文尼亚、爱沙尼亚、塞浦路斯、斯洛伐克、立陶宛、拉脱维亚和马耳他等 10 个国家加入欧盟,会议还对罗马尼亚、保加利亚的入盟时间及土耳其的入盟谈判问题作了较为明确的规定。2003 年 4 月 16 日欧盟雅典非正式首脑会议期间,欧盟 15 国与上述 10 个申请国签订了加入条约。

东扩是欧盟世纪之交的重大事件之一,它不仅对欧盟未来的发展将产生深远影响,也将对整个全球的政治与经济格局产生重大影响。但是,在欧盟内部,民族、国家的边界在相当长的时期内是不可能消失的;在欧盟统一体外,还有其他利益集团的存在,外部的不平衡与不协调同样会影响内部均衡。这些都决定了东扩之后,欧盟的一体化之路不会一帆风顺。

欧洲经济共同体—欧盟创立之初就表达了将经济一体化扩展到整个欧洲的最大的愿望,并为此付出了最大的努力。欧盟《罗马条约》开篇第一句话即是:矢志为欧洲各国人民间日益紧密的经济联盟奠定基础,决心以共同行动消除欧洲经济分裂现象,确保同盟各国经济社会进步。从此,欧盟成为欧洲各国经济一体化的代言人和协调者。欧盟的建立,对世界经济发展产生强烈的积聚效应和广泛的扩散效应,既吸引了西欧和东欧众多国家广泛参与,消除关税壁垒,形成同盟内各国之间的生产要素、商品的"无障碍通行",又可对欧盟之外的其他经济共同体或国家实施统一的整体合作行动,并以此为基础拟议建立"大欧洲自由贸易区"。

北美自由贸易区也是全球经济一体化的可贵尝试。以 1989 年 1 月 1 日元旦节美国、加拿大两国签署《加—美自由贸易协定》开始,次年墨西哥正式提出北美自由贸易协定谈判,于 1992 年 8 月 12 日达成协定,1994 年 1 月 1 日起,美、加、墨三国经济紧密合作的区域性国际经济一体化组织正式诞生。

《北美洲自由贸易协定》主要有降低甚至取消关税、开放金融及保险市场、放宽对外国投资的限制、公平招标和公约保护知识产权等五方面内容。

亚太经济合作组织(APEC)拥有近 30 个成员国和地区,是全球规模最大的区域性经济一体化组织。其特点是成员众多,成分庞杂,各成员国之间经济发展水平差异悬殊,组织机构松散而不固定,沿用世贸组织规则,缺乏自身制度基础,依靠各国志愿行动,而且大组织里又有若干小集团即次区域组织。次区域经济一体化组织有东盟、东盟自由贸易区、中国—东盟自由贸易区和北美自由贸易区及澳新自由贸易区等。

　　此外,区域性经济一体化新组织"上合组织"和"金砖四国",也始渐引人瞩目。上合组织即"上海合作组织",1996 年 4 月 26 日中国、哈萨克斯坦、吉尔吉斯斯坦、塔吉克斯坦、俄罗斯五国在上海首次会晤。2001 年 6 月 14 日,"上合五国"和乌兹别克斯坦六国元首签署《上合组织成立宣言》,宣告上合正式成立。次日又签署《打击恐怖主义、分裂主义和极端主义上海公约》。同年 9 月,"上合六国"在阿拉木图举行总理首次会晤,一致决定启动上合组织成员国多边经济贸易合作。

　　上合组织成员国总面积 3018.9 万平方公里,约占亚欧大陆面积的 3/5;人口 15 亿人,约占世界人口的 1/4。中亚五国除土库曼斯坦外,哈、塔、吉、乌都参与了上合。上合组织成员国之外,蒙古、伊朗、巴基斯坦和印度是其观察员国,白俄罗斯和斯里兰卡是其对话伙伴国。

　　鼓励各成员国之间在政治、经贸、科技、文化、教育、能源、交通、环保及其他领域的广泛有效合作,建立民主、公正、合理的国际政治经济新秩序,是上合组织的主要宗旨。互信、互利、平等、协商、尊重多样文明、谋求共同发展,是上合组织共同奉行的"上海精神"。

　　金砖四国是由"咖啡王国""矿产王国"巴西、"世界加油站"俄罗斯、"世界办公室"印度和"世界工厂""世界车间"中国四个有望在数十年内取代"七国集团"而成为世界最大经济联合体的发展中国家组成。因四国英文单词头母组合 BRICS 与砖头(Bricks)谐音,四国都是经济高速发展的新兴经济体,并列为发展中国家的领头羊,四国国土面积之和占全世界总面积的 26%,人口之和占全世界总人口的 42%,2006—2008 年四国经济平均年增长率为 10.7%,国际影响与日俱增,故谓"金砖"。

　　不过,目前金砖四国尚为松散的经合组织,经济联系还不紧密,贸易争端无处不在,缺乏共同价值观,地缘政治冲突由来已久,互相之间指责对方构成威胁,经济紧密合作前景有些渺茫,有待多方一致努力。

在上合组织框架下,组成次区域经济一体化组织,以中、吉、乌、塔、哈和吐库曼斯坦、土耳其等中心、西亚邻国为依托,以中国南疆喀什为出发点和桥头堡,设立中西亚自由贸易区,应是下一步上合组织成员国紧密合作的关键措施。

全球经济一体化,是新时期世界经济发展大趋势。经济一体化往往影响到政治一体化。世界上不同的经济体制和社会制度正在走向趋同化。

世界上有180多个资本主义国家和地区,社会制度相同或相似,但因发展因素千差万别,其中发达国家占比例很小,资本主义仅在世界上20%左右的人群中获得空前成功。世界上有近百个社会主义国家,近年纷纷解体或制度转性,少数社会主义国家经济异军突起,前景辉煌。资本主义和社会主义经济不在同一起跑线上,严格地说,没有真正的可比性,主要表现为"四个不同":经济发展起点不同,经济发展手段不同,经济发展时间长短不同,经济发展的国际环境不同,所以,不能简单和轻意地为孰优孰劣下结论,必须以发展眼光来看未来。

社会主义一旦选择了市场经济体制,就与资本主义求大同而存小异了,势不两立的矛盾在相互转化。

社会制度的趋同,表现在资本与所有制,应对经济社会危机和民主制度建设等诸方面。

社会化大生产中的生产资料被共同使用,生产部门被集体管理,资本主义在生产社会化进程中日益丧失私有制的外部特征。股份制的产生加速扩大生产总量、生产规模和生产效率,也使原来作坊式或工场式手工业,直接属于私人的又不可分割的生产资料在现代工业条件下变成了公司财产,公司的股权可能有国企的、银团的和企业集团的、私人股东的,而共同构成公司资本。私有制性质和外部特征不断扬弃的过程更为迅速。资本主义市场经济形态与社会主义市场经济越来越相近。

在市场经济条件下,资本化了生产资料的实物形态,变成一种可以被独占或分割的价值额,生产资料与所有者之间无须实际联系;而是以资本为纽带。资本的首要特性是趋利性,渴望在生产经营或商品交换中获取利润。只要搞市场经济,无论何种社会制度形态,无论私有还是公有,资本的拥有者和经营管理者都要尽量追逐资本运行生产和交换过程中产生的剩余价值。

市场经济的逐利运转,就必然可能产生经济危机,传统的生产过剩危机和现当代的泡沫经济危机,预防、预测、应对、化解、消除危机,都有相应的规律与措施,这在资本主义市场经济和社会主义市场经济环境中都非常相似。

资本主义完成了对人的启蒙,摆脱封建迷信、专制政权和宗教神权的思想控制和对封建领主的人身依附,实现人的解放和人的全面发展,并改造着国家统治形式,使民主成为政治常态,现代工业造就高素质的现代工人,生产规模扩大和水平提高到与小生产者私有制矛盾激化的程度,实现农业现代化消灭工农差别和城乡差别,发展科技和运用机器缩小脑体劳动差别,发达的资本主义对社会大规模改造的诉求,与高速发展的社会主义市场经济对体制改革追求的价值观、方向与目标几乎全然一致。

资本主义和社会主义都立志消灭一切专制政治,建立完备的民主制度,革命使命完成而建立的新国家,将失去暴力性质,成为经济社会发展管理机关和服务机构,当代资本主义的理想政府的官员是公民的雇佣管理者,当代社会主义的理想政府的官员是人民的公仆,"资""社"两者建设政治文明的愿景毫无二致。

在生态环保、社会福利事业和提高国民生活质量与幸福指数等方面,东方世界和西方世界,社会主义国家和资本主义国家,都有共同的价值观。

第 四 章

计划与市场经济学纵论

——体制与新体制经济学的延伸

计划经济与市场经济

计划经济即计划经济体制,又称为指令性经济。计划经济体制有别于市场经济、传统经济和混合经济。在计划经济体制下,生产、资源分配和消费等方面都由政府计划和指令来进行。生产什么、怎样生产、为谁生产,都由政府说了算。这种大一统的政府包办的初衷,是想有计划地发展经济,从而避免"市场经济的盲目性和不确定性",诸如重复建设、企业恶性竞争、工厂倒闭、工人失业、地域经济不平衡、产生社会经济危机等问题。理想中的计划经济的优点是:所有人都有工作,不失业;消耗资源较少,贫富差距不大。几乎100%的公有制,企业没有任何自主权,个人没有任何独立性。计划经济形成人对单位严格的人身依附,人固守本单位与外界没有联系,人一旦离开单位就无法生存,没有平等关系,只有等级关系,成为个人单位化、单位行政化、生活政治化甚至半军事化的社会。计划经济是生产经济,只有产品,没有商品,生活必需品采取有偿供给制,交换和贸易无足轻重甚至可有可无,把劳动的自然形式直接变成为劳动的社会形式,生产力被禁锢在计划的锁链里。计划经济体制由苏联率先采用,中国继之。计划经济无论在苏联和过去的中国,都有重重工业而轻轻工业,重资本品生产而轻生活品生产、重二产业而轻三产业、重国企工厂建设而轻城市化、重国计而轻民生、重国防而轻福利、重单位而轻个人、重精神而轻物质的严重通病。其弊端是政企不分,条块分割,权力过于集中,政府对企业统得太死,忽视商品生产、价值规律和市场机制的积极作用,分配中的平均主义十分严重。计划经济是基本上没有虚拟经济、信用经济相配合的板结僵死的实体经济。计划经济使劳动者成为附属的"单位人",而不是追求自身利益和自我价值的"经济人"、"社会人";生产资料仅仅是生产工具及原材料,而没有看做是能够带来剩余价值的价值;土地仅仅被当做劳动对象,而没有发现其可以产生地租的资本。计划经济体制的诸多积弊和不良后果,究竟是应用者对理论始作俑者的误读与歪曲,还是理论提出者的思想缺陷,颇值深入检讨。计划经济导致人难尽其才,地难尽其利,货不畅其流,原本奇缺的社会物质财富更加匮乏,国民经济发展严重滞后甚而濒临崩溃,颇值深刻反思。

计划经济存在大规模的生产联合与协作,但这种联合与协作都是以直接强制性命令为基础,只机械地注重和强调国家利益、集体主义和整体意志,而忽视个人利益和激励机制。马克思早在1851年8月28日致恩格斯的信中,就严厉批判了这种联合,写道:"按照牺牲自我的法则而强行建立的联合,为联合而联合,是一种纯粹宗教式的行为,是一种毫无积极意义的超自然的同盟,是一种神话。我们不能把联合同必须在生产者和消费者之间的相互性的基础上发展之关系混为一谈。联合使缔约者处于同等地位,是他们的自由服从于社会义务,使他们丧失个性。"苏联斯大林式的和改革开放前毛泽东式的计划经济,都并不是马克思倡导的计划经济,而恰恰是马克思曾经严厉批判过的坚决要予以杜绝的反人性的宗教式的计划经济。

市场经济,又称为自由市场经济或商品经济的高级形式。是一种自由的经济体制,产品和服务、生产与销售、供给与需求,完全由市场的自由价格机制所引导,商品以销定产,而非计划经济的产品以产定销。在市场经济社会,市场作为资源配置的基础手段,维护产权、促进平等、保护自由,以自由选择、自愿交换、自愿合作为前提,以分散决策、自发形成、自由竞争为特点,市场机制为导向,在本质上是与私有、契约、独立相对应的产权、平等、自由等具有鲜明价值判断特性的行为规范性质的经济社会制度体系;张扬着通向文明的人与人之间平等竞争、自我人格实现、利益追逐、相互合作、求异存同的主张,彰显出自由平等、产权明晰的文明经济和市场交换规则普遍化的经济形态。

开放性,机器化,科学化,雇工经营,专业化和社会化,厂商成为最基本的经济组织形式,私有制范围扩大,利润取代具体产品成为直接生产目的,生产要素资本化,广泛激烈而公平的市场自由竞争机制,规范化,对外扩张和全球化,政治民主与人人平等,法制化,所有这些,都是市场经济的特征。

从第二次世界大战结束至今,世界经济再度发生一系列重大变化。欧美绝大多数国家和亚洲“四小龙”等国家和地区,都相继进入成熟、发达的市场经济新阶段。仅有亚非拉的大多数发展中国家依然处于传统的封建小农经济向现代市场经济过渡期。以苏联为代表的东欧国家与中国几乎同时推出经济改革新政。东欧国家很快陆续和平演变,同时由计划经济向市场经济国家转型。中国实行改革开放,逐步确立了市场经济体制与地位,初步建立了市场经济体系,步入市场经济国家序列,正在逐步消除阻挠市场经济发展的反市场、反商品因素,提高总体市场化程度,不断完善市场经济体制,并且依然坚守原有的社会制度不变。继之,越南等社会主义计划经济国家也学习和借鉴中国的成功经验,向市场经济转轨,实行改革开放。

所有制

所有制是人们对物质资料即生产资料与生活资料的占有形式。通常是指对生产资料的占有形式,故又称生产资料所有制。所有制反映了生产过程中人与人之间对生产资料占有的经济关系。

所有制结构,指不同的所有制形式并存于特定社会形态中的地位、作用、比重及相互关系。所反映的是各种所有制的外部关系。居于支配地位的所有制性质,主导和决定所有制结构的性质。所有制是生产关系的基础。社会主义基本经济制度决定了即使实行市场经济,社会主义所有制结构中,公有制依然应该处于支配和主导地位,多种所有制并存而共同发展。资本主义市场经济的所有制结构,占支配地位的私有制决定其结构性质。之所以社会主义市场经济只能借鉴而绝不能照搬资本主义市场经济模式,盖因其起支配作用的所有制的不同。

新中国生产资料所有制从"一大二公"的计划经济绝对公有制,到改革开放向以公有制为主体、多种所有制共存的大变革,表现出对真理的追求、对旧理论的超越和改造现实社会的巨大勇气和气魄,为大国和平崛起提供了制度保障,铺砌了坚实基础。

亚当·斯密:市场经济学与国民财富论

作为严格意义的古典经济学的创立者,亚当·斯密(1723—1790)出生于苏格兰的克科底,青年时就读于牛津大学。1751—1764 年在爱丁堡大学和格拉斯哥大学担任哲学教授期间,出版了

第一部著作《道德情操论》，确立了他在知识界的威望。1776 年出版伟大的著作《国民财富的性质和原因的研究》（简称《国富论》，实际应当简称《国民财富论》更为确切），批判地吸收了当时各种重要经济理论，总结了各国资本主义初期发展的经验，对整个国民经济的运行过程做了系统描述。这部代表亚当·斯密哲学和经济学理论高度的"第一部全面系统的伟大的经济学著作"，被誉为"西方经济学的'圣经'"。

"古典经济学之父"亚当·斯密终身未娶，没有子女，一生扑在了哲学、社会学和经济学的研究领域。虽然他并非经济学说的最早开拓者，其著名的思想有许多也并非新颖独特，但他首次全面系统地经济学研究，为经济学领域的发展铺垫了良好基础。

奠定斯密不朽名声的《国民财富论》的伟大成就，首先在于摒弃了许多过去的错误概念，驳斥了片面强调国家贮备大量金币之重要性的旧的"重商学说"，否定了重农主义者把土地当做价值的主要来源的偏颇观点而指出劳动的重要性，重点强调劳动分工必将引起生产的扩大和财富的大量增长，抨击了阻碍生产力发展的一整套腐朽的、武断的政治限制。

斯密学说中的商品经济、市场经济学的基本思想卓具开创性，坚信和推崇自由贸易，坚决反对高关税，反对政府对商业、商业事务和市场的干涉，尖锐指出政府干涉市场经济几乎总要降低经济效率而最终使公众付出较高昂的代价。斯密反干涉、低关税和自由贸易的观点，对整个 19 世纪的西方政府决策都有着决定性的深刻影响，直至今天对世界经济走向依然有着重要指导意义。

《国民财富论》的中心思想源于亚当·斯密天才的伟大发现：看起来似乎杂乱无章的市场，实际上是一个自行调整机制，自动倾向于生产社会最迫切需要的货品种类及数量。价格与价值、供应与需求、生产与销售，在各个生产商之间的自由竞争中由"看不见的手"自行调节，消除短缺。

　　对劳动的价值判断，是斯密思想的闪光点。他认为劳动决定了财富的性质，也是财富的成因。劳动是供给国民一切生活必需品和便利品的源泉。全书共五篇32章，加2章序论。前四篇论述国民收入是怎样构成的，并说明供应各时代各国民每年消费的资源是什么性质，最后一篇论说君主或国家的财政收入和必要费用，其中哪一部分应该出自全社会负担的赋税，哪些部分应该出自社会某特殊阶层或成员负担的特殊赋税；来自全社会所有纳税人的经费如何募集，各种募集方法大抵有什么利弊；什么使几乎所有近代各国政府都把收入的一部分作为担保来向国内甚至国外举债，而这种债务对于真实财富亦即社会的土地和劳动的年产物有什么影响。

　　亚当·斯密对劳动价值的开创性研究，指出劳动分工引出交换，再从交换引出价值，首度明确提出"劳动价值"和"交换价值"两个概念，论述道："劳动是衡量一切商品交换价值的真实尺度，商品价值决定了生产商品所耗费的必要劳动量；商品价值等于它使他们能够购买或支配的劳动量，或等于它所能购买的劳动价值。"这就是被斯密劳动价值论的继承者李嘉图和李嘉图劳动价值论的继承者马克思一再否定的"劳动价值与交换价值二元论"。

　　《国民财富论》出版与美国《独立宣言》发表同年，对于欧美工业革命、资产阶级革命和美国独立战争刚取得成功的资本主义经济社会发展，起到了重大促进作用。正如本书再版编者马克斯·勒纳所评价：这是一本将经济学、哲学、历史、政治理论和实践计划奇怪地混合在一起的书，一本由有高深学问和明敏见识的人所写的书。这个人有强大的分析能力，能对他的笔记本中所有的材料进行筛选；又有强大的综合能力，能按照新的和引人注目的方式将其重新组合起来。斯密对他的学术领域的各种思潮极为敏感。他像后来的马克思一样，不是一位关在自己房间里与世隔绝的学者。他仿佛全身装着天线，能收到并吸收所能接触到的一切信息。他在封建欧洲解体之末,近代世界开始之时写作。在这个世界里,封建制度的残余势力仍以既得利益集团经常表现的顽固性在坚持。他正是为反对这种利益集团而写作的。结果是,他的书不只是为图书馆架藏而写,而对经济意见和国家政策产生了深刻的影响,形成了我们今天住在其中的整个生活环境。

斯密进一步提高了人类社会长期演进的四个主要组织阶段,依次为:猎人最初"野蛮"阶段(即游牧、渔猎文化期),原始农业阶段(即农耕文明初期),封建庄园耕作阶段(即农耕文明盛期),商业互相依存的阶段(即市场经济新时期)。每一个阶段因经济形态的不同而伴有与它的需要相适应的制度。从封建主义走向一个需要有新制度的社会阶段,这种新制度是由市场确定而非同业公会确定,是自由的而不是受政府限制的。斯密的完全自由制度的主张,和市场经济推进机制是人性——"由自我改善的欲望所驱使,由理智所引导"的论断,是针对当时历史转型期和制度转型期的社会弊端和经济社会本质属性而提出的。他严厉批判封建末期和"资本主义初期"的"文官政府"表面上是为了财产的安全而设立的,实际上是保护富人反对穷人而设立的,即为了保护有财产的人反对根本没有资产的人而设立的。同时,亚当·斯密也表达了他的困惑。他并不认为商业制度本身是完全值得赞美的。

大卫·李嘉图:市场自由调节论

大卫·李嘉图(1772—1823)出生于英国伦敦一个资产阶级犹太移民家庭,在17个兄弟姐妹中排行第三,仅在12—14岁赴荷兰受过两年商业教育,14岁随父炒股,16岁便扬名英国金融界,21岁即独立开展证券交易活动且很快获得成功,25岁时已拥有200万英镑巨额资财并购置地产,27岁时在乡村度假偶然读到亚当·斯密的巨著《国民财富的性质和原因的研究》,对政治经济学产生了浓厚兴趣并开始研究经济问题。1809年,李嘉图匿名发表引起激烈论战的著名论文《黄金价格》而正式走上经济学道路。金价论战正值18世纪末至19世纪初,英对法(拿破仑)战争使英国陷入财政困境,政府大量发行银行券以弥补财政赤字,引起金价上涨和银行券贬值。李嘉图刊登在《晨报》上的这篇文章引发"金属派"和"非金属派"双方争执不下。作为"金属派"首领的李嘉图以"货币数量论"为依据,指出金价上涨的原因是银行券发行过多,从维护国家、公众和产业革命高潮期的工业资产阶级利益出发,要求创立一个稳定币值的货币制度。1817年李嘉图出版代表作《政治经济学及赋税原理》而成为当时最著名的经济学家,走向经济学巅峰,获得极高的荣誉。1819年李嘉图当选为英国下议院议员,积极参政议政,以他经济学家的深刻理性和天才雄辩,揭露旧法规的弊病,提出议会改革和一系列经济改革主张,如反对"谷物法",宣传自由贸易,批评政府财政政策及货币政策,建议改革币制等等。富有的李嘉图42岁即退休,51岁英年早逝于耳疾感染。

作为古典经济学的杰出代表和完成(终结)者,李嘉图批判地继承和发展了亚当·斯密经济学理论精华,将古典政治经济学推向了极致。他在《政治经济学及赋税原理》中,强调政治经济学的任务是阐明和研究财富在社会各阶级阶层间分配的规律,对劳动价值进行了重新界定。他认为全部价值都是劳动生产的,在劳动者、资本所有者、土地所有者三者之间进行分配。工资由工人必要生活资料的价值决定,利润是工资以上的余额,地租是工资和利润以上的余额,所以工资和利润对立,工资、利润和地租对立,由此触及了资本主义社会阶级对立的经济基础。此外,还论及货币流通量的规律,对外贸易中的比较成本学等。

《政治经济学及赋税原理》以"劳动价值论"为基础,以"分配论"为中心的理论体系,阐明商品的价值只能由生产中的劳动决定的原理,批评了亚当·斯密价值论中的劳动和交换决定价值即使用价值和交换价值的二元论观点,第一个提出决定价值的劳动不是实际的个别劳动而是"社会必要劳动",决定商品价值的不仅有直接投入生产的劳动,还有投在所耗费的生产资料上的劳动,同时还论证了价格并不反映价值的假说,自由贸易和比较优势论也是该书的重要学说。李嘉图还以劳动价值论为基础探讨了价格理论。

构成现代贸易理论的基石的比较优势论指出:即使一个国家所有的制造业比其他国家更加高效,它也能通过专注于其最擅长领域、与其他国家进行贸易而获取利益。李嘉图与斯密一样,反对国家经济中的贸易保护主义,尤其农业,提议取消农产品关税,不应限制农产品进口,并解释外贸并不直接影响利润,对收入的影响也是良性的,因为外贸不改变商品价值。为反对英国议会1815年出台的限制外国粮食进口的贸易保护法规《谷物法》(又称《玉米法》),李嘉图与比他出道更早的终身论敌,以《人口原理》扬名、代表地主贵族阶级利益的著名经济学家马尔萨斯进行了多年论战,直至1846年即李嘉图去世23年以后,英国政府才废除了《谷物法》,而最终宣告李嘉图获胜。

李嘉图财税收入理论既与亚当·斯密一脉相承,又有独到之见。他坚持劳动时间决定商品价值的原理,认为劳动是创造价值的唯一源泉,推论税收来自劳动产品的价值,"赋税是一个国家的土地和劳动的产品中由政府支配的部分,它最后总是由该国资本中或是由该国的收入中支付的",将税收归结为资本和收入两个来源,如果税收致使增加生产或减少消费则来源于收入,如果税收没有增加生产或减少消费则来源于资本,无论税收来自收入还是资本,都是积累的减少,因而政府政策应当规定不要征收来源于资本方面的赋税,以免减少国家将来的生产。并且,李嘉图税收原则表明,社会一切收入都应该征税,应当建立工资税、利润税、产品税等税种组成的税收制度,而且赋税不能平均压在从事积累和节约的阶级身上,只要合理负担,至于落在哪项收入上面倒无关紧要。但李嘉图强调税收对于生产发展的负面影响,主张低税,以免减少资本积累能力,以平抑商品价格,以免改变利润而影响产品供求,以免减少资本和劳动需求而影响工人就业等等,凸显出李嘉图的民本经济思想。通过出口退税、出口课税和发展对外贸易,以促进本国经济发展,并在国内克服赋税转嫁,都是李嘉图财税理论的重要观点。李嘉图税收与债券等价原理,也是财税理论的一大贡献。

充满争议的李嘉图理论存在两个自身未能克服的矛盾:劳动价值论与劳动和资本相交换的矛盾,劳动价值论同等量资本换取等量利润的矛盾,故而李嘉图学派包括穆勒等与马尔萨斯及贝利一生论战不休,双方成为理论上的论敌和终身朋友。

李嘉图擅长把复杂的经济现象高度抽象概括浓缩成很少的变量,然后用这些变量对整个社会经济运作进行诠释。熊彼特把这种高度抽象的经济模型直接应用于错综复杂的现实世界的倾向称为"李嘉图恶习"。

凯恩斯:政府干预市场经济宏观调控方法论

约翰·梅纳德·凯恩斯(1883—1946)是现代西方经济学派最有影响的经济学家之一,被誉为"战后经济繁荣之父"。他创立的宏观经济学,与弗洛伊德的精神分析法和爱因斯坦的相对论,并称为20世纪人类知识界最伟大的三大革命性发现。凯恩斯经济学思想首先摒弃了"看不见的手"的市场自发调节教条,批判吸收亚当·斯密、大卫·李嘉图、卡尔·马克思等大师的经济学理论精华,卓越独创具有划时代意义的市场经济政府宏观调控新学说,并开创货币经济学、金融经济学等实用经济学前沿研究,创造性地发现现实生活中存在着的边际消费倾向递减、资本边际效率递减和流动偏好三大心理经济学规律,创立有效需求理论,并推动国家福利经济发展。承前启后、继往开来的凯恩斯主义,为第二次世界大战后的西方经济走出迷谷展翼腾飞和促进资本主义繁荣富强做出了不可磨灭的革命性的巨大贡献,其卓具深刻理性思辨、非凡理论高度和实践可操作性的经济学思想体系,对于今天的东西方,无论资本主义还是社会主义市场经济发展和全球一体化,都依然具有非常重要的指导意义和卓越的现实价值。

凯恩斯 1883 年 6 月出生于英国剑桥的贵族世袭家庭,素有良好的教育背景和家学渊源。他父亲约翰·内维尔·凯恩斯曾在剑桥大学任教哲学和政治经济学,是剑桥经济学家和逻辑学家;他母亲弗洛伦丝·阿达·布朗毕业于剑桥,是一位成功的作家和社会改革的先驱之一,曾任剑桥市市长。

从小被誉为"神童"的凯恩斯,6 岁进入波斯学校,8 岁考入圣菲斯学院预科班,11 岁以全班第一名的优异成绩毕业并获得第一个数学奖,12 岁考入伊顿公学,于 1899 年、1990 年蝉联两届数学大奖,并以数学、历史和英语言文学三项第一名的成绩毕业,1902年他 19 岁考取剑桥大学国王学院奖学金,1905 年 22 岁毕业获剑桥文学硕士学位,之后滞留剑桥一年师从马歇尔和庇古两位经济学大师攻读经济学以备来年国家文官考试,次年 23 岁通过官考任职于英国财政部印度事务部并大量研究准备写作第一部经济学著作《印度通货与金融》(直到 1931 年才得以正式出版),两年后辞去部内职务回剑桥大学皇家学院执教经济学 7 年,其间 1909 年26 岁创立政治经济学俱乐部并出版专著《指数编制方法》而荣获"亚当·斯密经济学奖",同年以概率论论文入选剑桥大学国王学院院士,1921 年出版《概率论》,1911—1944 年任《经济学杂志》主编,其中 1913—1914 年任皇家印度通货与财政委员会委员,兼皇家经济学会秘书,第一次世界大战爆发不久的 1914 年以后,从剑桥皇家学院任上应征重入国家财政部主管外汇管制、美国贷款等对外财政工作,1919 年初作为英国财政部首席代表出席著名的巴黎和会,同年6月因对赔偿委员会有关德国战败赔偿及疆界问题的建议未得到全面公平采纳而愤然辞去和会代表职务再回剑桥大学任教,当年年底出版他表明对德国赔偿问题所持独到看法的新书《和平的经济后果》引起欧美各国各界人士的大争论而成为欧洲经济复兴问题的核心人物,1921—1938年任"大英全国互助人寿保险公司"董事长期间有关对股东的财年报告一直是金融经济界人士的必读新闻,因其深厚的学术造诣曾长期担任英国皇家经济学会会长,1929年当选为英国国家科学院院士,在任保险公司董事长期间还于1929—1933年主持英国财政经济顾问委员会工作,因1936年其代表作《就业、利息和货币通论》(以下简称《通论》)出版而奠定了经济学大师地位,1940年参与战时各项财政金融问题决策的财政部顾问并倡议英国政府开始编制作为拟定国家经济政策必要工具的《国民收入统计》,1942年晋封为勋爵,1944年7月随英国政府代表团出席布雷顿森林联合国货币金融会议并成为国际货币基金组织和国际复兴与开发银行(世界银行)的英国理事,在1946年3月召开的国际货币基金组织和国际复兴与开发银行(世行)第一次会议上当选为世界银行首任总裁,返回英国不久因心脏病突发于同年4月21日在索赛克斯家中逝世。63岁英年早逝的大师凯恩斯被剑桥大学追授予博士学位。

凯恩斯的一生是充分彰显个性、敢于大胆冒险而又善于谨慎思索、富于成就且生活优裕、地位显赫、幽默风趣的传奇人生。从古至今没有哪一个经济学家能够像凯恩斯那样从理论研判到实践创新都如许全面深刻地懂得经济学的要义。因为他生活在20世纪两次世界大战期间,是一个翻天覆地、风云变幻、人才辈出的大时代,变革的大时代赋予了他新思想、高水准和大手笔。作为活跃于20世纪上半叶西方学术思想和政治舞台,跨世纪划时代的著名经济学家、哲学家和政治家、金融家,凯恩斯无疑是20世纪西方资本主义世界积极应对内忧外患各种危机、实现国家与社会治理的政策策略和思想传统的根本转换的枢纽型人物,在 20 世纪 30 年代发起了一场引致经济学研究范式和研究领域根本转变的"凯恩斯革命"。第二次世界大战期间,凯恩斯担任财政部顾问时,又是英国战时经济政策的主要制定者。紧接着于 40 年代的第二次世界大战后期及战后初期,凯恩斯参加构成"华盛顿体系"的联合国国际货币基金组织、国际复兴开发银行(世界银行)和关贸总协定(世界贸易组织 WTO 之前身)等世界金融与贸易经济机构的组建工作,成为当今世界经济新秩序的主要奠基人之一。

在 1988 年美国经济学会年会上,经来自全球的 150 位经济学家投票,凯恩斯被评选为"20 世纪全世界最有影响力的经济学家"。

凯恩斯一生富足,与俄国漂亮的芭蕾舞演员浪漫相爱组成幸福之家。除担任政府、社会各种职务外,先后出版了几本经济学名著,从事证券投资获得近百万英镑收益,还兼任多个公司和辛迪加的顾问或董事,开办过艺术剧院,兼任过剑桥大学学监、皇家学院总务长,个人收入颇丰,是继李嘉图之后生活最富裕、个人幸福指数最高的经济学大师。

一直到 19 世纪 20 年代仍是反对国际贸易保护主义的自由贸易论者,但从 30 年代推出《通论》一反过去的立场,转而以拥护适度保护主义的口吻强调贸易差额对国民收入的影响,相信贸易保护政策若能带来贸易顺差,则必将有利于提高投资水平和扩大就业,最终实现经济繁荣。

在现代经济学的开山鼻祖凯恩斯之前,居于主导地位的经济理论是其恩师马歇尔所代表的新古典学派的"自由放任经济学说"——传统经济学。传统的自由放任说的核心是"自动均衡论",建立在"自由市场、自由经营、自由竞争、自动调节、自动均衡"的"五自原则"基础之上。立足于资本主义原始积累初级阶段的自由放任说,认为从有市场经济以来的自由竞争条件下,经济都能够通过价格机制自动达到均衡,商品价格波动能使商品供求均衡,资本的价格即利率变动能使劳工市场供求平衡而实现充分就业,因此一切人为的干预特别是政府干预都是多余的,对经济发展什么都不管的政府是最会管理的政府,政府对经济的任何干预都只会破坏这种自动调节机制,反而引起经济的动荡或失衡。此前数百年几乎所有经济学家包括凯恩斯本人在年轻时都持如此"无为而治"的自由主义经济观。

但是,两次世界大战期间的 20 世纪中叶,历经 200 多年原始积累的资本主义经济已始进入中级阶段,社会财富大量聚集,垄断资本主义和国家资本主义逐渐进入自由资本主义空间,呈现资本多元化、高级化和复杂化状态,加上战时经济中国家的作用陡然增强,已然进入经济转型期。任何科学都建立在特定假设的前提条件下,前提条件一旦改变,假设的结论就变得不能成立。凯恩斯独立思考,大胆否定和扬弃前人思维定势,独特发现必须寻求新的历史阶段新的经济规律和建构适应时代新变局的全新的经济理论体系、研究范式和实践路径。

吾爱吾师,更爱真理。凯恩斯开创的政府干预市场经济宏观调控论、有效需求论以及货币新论,是其博大精深的经济学思想系统的核心。凯恩斯从时代视角、国家利益和民生出发,以就业理论为逻辑起点,提出著名的"有效需求原理":社会的就业量取决于有效需求;有效需求即指商品的总供给价格和总需求价格达到平衡时的总需求。进而推演,当总需求价格大于总供给价格时,社会对商品的需求超过对商品的供给,资本家就会增雇工人,扩大生产;反之,总需求价格小于总供给价格时,通常就出现供大于求的状况,资本家或者被迫降价销售商品,或让一部分商品滞销,因无法实现其最低利润而裁减雇员,收缩生产。因此,就业量取决于总供给与总需求的均衡点,因在短期内生产成本和正常利润波动不大,故而资本家愿意供给的产量不会有大的变动,总供给是稳定的。如此,就业量实际上取决于总需求,这个与总供给相均衡的总需求,就是有效需求。凯恩斯继而推出三大心理定律:由消费需求和投资需求构成的有效需求,其大小主要取决于消费倾向、资本边际效率、流动偏好三大基本心理因素,以及货币数量。由于存在三大基本心理规律,从而既引起消费需求不足,又引起投资需求不足,使得总需求小于总供给,形成有效需求不足,导致生产过剩的危机和失业即"非自愿失业"。这是无法单纯地通过市场价格机制来调节的。

凯恩斯在否定传统经济学的同时,开创了总量分析的宏观经济学。其一,突破了传统的就业(自动)均衡论,建立了以存在失业为特点的经济均衡论,批判了认为可以通过价格调节来实现资源充分利用的萨伊法则,正式把资源利用的宏观经济问题提上议事日程;其二,把国民收入作为宏观经济学研究的中心问题;其三,用总供给与总需求的均衡来分析国民收入的决定,认为有效需求决定总产量和总就业量;其四,建立以总需求为核心的宏观经济学体系,假定生产设备、资金、技术等短期不变,那么总供给亦不变,总需求如何决定国民收入,失业的原因是总需求不足;其五,对实物经济和货币进行结合分析的生产货币理论,一改传统经济学家们用经济理论分析实际变量的决定、用货币理论分析价格的"二分法",而以总量分析方法把经济理论与货币理论结合起来,分析货币、利率之关系以及对整个宏观经济的影响;其六,反对放任自流的经济政策,明确提出国家直接干预经济的主张。

金融理论占据了凯恩斯经济学理论十分重要的位置,在某种意义上可以说凯恩斯宏观经济学是建立在货币金融理论之基础上的。关乎货币本质与特征、外生货币供应论、货币供应量渠道、货币需求三大动机、货币需求特征、利息产生原因、利率的作用、储蓄论、半通货膨胀论及货币政策主张等诸方面,凯恩斯看到资本主义中高级阶段实体经济与虚拟经济并存并相互作用的货币本质特征与新的职能,揭开了货币理论的现代盲区之谜。

政府干预市场经济宏观调控论的凯恩斯主义,是最适宜于中国特色社会主义市场经济运行的现代经济学理论,当然,还要充分结合中国经济转型期和改革步入深水区的实际情况,量体裁衣,继承和发展宏观经济学,用以指导和启迪国家发展战略、经济决策和宏观调控的办法、方式与措施的出台。

第 五 章

规划经济学初论

——应用经济学的新课题

国民(国内)经济五年计划与五年规划

国民经济"五年计划",是沿袭苏联的计划经济体制的国家经济计划的一部分和其中一种阶段性宏观经济发展预设模型,主要包括对全国经济总体发展战略思路、国家重大建设项目、生产力和国家重大投资分布,以及国民经济发展资源配置与重要比例关系等做出规划,为国民经济中近景目标规定方向与任务指标,并对远景目标作出展望。新中国成立以来,除了1949—1952年年底为国民经济初始恢复期和1963—1965年为国民经济特殊调整期以外,从1953年编制第一个五年计划开始,已经制订了十一个"五年计(规)划",同时正在着手"第十二个五年规划"的研究、编制工作。

从第一至第十个"五年计划",到第十一个"五年规划"的转变,标志着中国在宏观经济发展战略上将彻底摒弃"计划经济",充分肯定和强调市场经济地位、性质和作用。

第一个五年计划,简称"一五"计划,是指当时根据执政党在过渡时期的总路线的总要求,制订的从 1953—1957 年间的国民经济发展计划。"一五"计划所确定的基本任务是:"集中主要力量,进行以苏联帮助中国设计的 156 个建设项目为中心、694 个大中型建设项目组成的工业建设,建立社会主义工业化的初步基础,发展一部分集体所有制的农业生产合作社,以建立对农业和手工业社会主义改造的基础,基本上把资本主义工商业纳入各种形式的国家资本主义的轨道,以建立对私营工商业社会主义改造的基础。"

第二个五年计划,1956 年 9 月党的八大正式通过,1960 年 9 月提出国民经济"调整、巩固、充实、提高"的"八字方针",1961 年 1 月党的八届九中全会正式批准。正式批准之日,已近这个五年计划期满结束之时。

第三个五年计划,1966—1970 年间的"三五"计划,必须立足于战争,从准备大打、早打出发,积极备战,把国防建设放在第一位,加快"三线"建设。"三线"建设,即 1964—1978 年在中国中西部 13 省、自治区进行的以战备为指导思想的大规模国防、科技、工业和交通基本设施建设。"三线"建设从第三个五年计划前两年起,共经历了 3 个五年计划,历时 14 载,投入 2052 亿元人民币,投入人力高峰时达 400 多万人,安排了 1100 个建设项目。其决策之快、动员之广、规模之大、时间之长,举世罕见,堪为新中国建设史上重要的一次战略部署,对以后的国民经济结构与布局,产生了深远影响。所谓"三线",即从东南、沿海、北部边疆向内地收缩可划分为三道战线。第一线为位于沿海、边疆的前线,第三线包括川、黔、滇、陕、甘、宁、青、晋、豫、鄂、湘、粤、桂等后方,第二线指介于一、三线之间的腹地区域。川(含渝)、黔、滇、陕、甘、宁俗称"大三线"。

第四个五年计划,于 1970 年开始编制。

第五个五年计划,1975 年,中央制定了《1976—1985 年发展十年规划纲要(草案)》,安排了"五五"计划。

第六个五年计划,1982年12月全国人大五届五次会议正式批准"六五"计划。又是一个迟来的批复。

第七个五年计划,1983年,国务院着手组织"七五"计划起草工作,1985年上半年拟订了《中央关于制定国民经济和社会发展第七个五年计划的建议》。

第八个五年计划,1991—1995年间是"八五"计划时期。

第九个五年计划,1995年9月28日,中共中央十四届五中全会通过了《关于国民经济和社会发展"九五"计划和2010年远景目标建议》。1996—2000年是"九五"计划执行期。

第十个五年计划,2000—2005年为"十五"期。

第十一个五年规划,2006—2010年发展国民经济规划。

第十二个五年规划,国民经济和社会发展"十二五"规划期为2011—2015年。

"计划"以指令性为主,主要针对全国公有制经济,尤其是"一五"计划的"一化三改造",就是公有化运动;"规划"以宏观调控市场经济,针对公有制、非公有制、股份制混合所有制等多种经济成分并存的"混合经济"。

五年规划拟订了年度全国经济增长率,保增长与求平衡是矛盾的对立统一。

国家"十二五"规划,正当中国改革开放30年之后和西部开发10年之后的经济转型期,不仅要在拉动内需、应对危机和灾后重建三大任务初步完成之际,援疆、援藏和西部开发新十年战略,成了"十二五"规划的关键内容。继续构建成渝城市群——中国经济第四增长极,在川渝经济区建设与合作基础上,构建"西三角"经济圈——中国西部经济高地,设立南疆喀什特区,促进沿边国际口岸开放,推进"西进西出"战略和沿海向西部的投资与产业转移升级,同时助推中部崛起,重点构建第五、第六增长极即华中

（武汉—长沙—南昌）城市群和中原（郑州—合肥—太原）城市群，初步构建第七、第八增长极即东北、西北城市群，特别是关注长江、黄河流域沿线城市群经济新跨越，促进南方、北方丝绸之路沿线经济文化的复兴。一改过去的以东南沿海出口增长为主导，西部地区资源输出型为补充、中部经济"塌陷"被边缘化的颇不合理的经济结构和区域差异状况，大力投入公共基础设施建设和公共服务体系建设，努力调整经济结构，优化产业结构，合理配置资源，转变增长方式，向投资增长、内需增长和出口增长"多位一体"的多元驱动型模式转型，破解城乡二元结构，提升城市化水平和城市及区域综合竞争力。融入全球经济一体化潮流，在应对危机的同时，共建世界新秩序，重建亚、美、欧世界经济三角平衡，乘势崛起于世界经济强国之林。

区域经济规划

　　区域经济是一种集合各种经济社会发展要素的综合性的经济发展地理概念。区域经济反映区域性的资源开发和利用的现状及问题，尤其矿物资源、土地资源、人力资源和生物资源的合理利用程度，主要表现在地区生产力布局的科学性和经济效益等方面，并不是单纯地追求经济指标，而是要考量总体社会经济效益、地区性的生态效益及区域、经济社会可持续发展指数。

　　区域经济根据地域范围不同而区分为各个级次，如：国际区域经济、省际区域经济、城际区域经济、省域经济、市域经济、县域经济等。狭义的区域经济概念，重点是指地域相连的跨相邻行政区的合作经济。

　　区域经济规划，是对特定区域内及周边地区的宏观经济发展战略、方向、方式、模式及相关政策、策略进行编制、计划、设计、对其经济结构、产业布局和重大项目等进行调整和安排，对区域资源优势和发展要素尤其经济要素进行分析、整合、集聚和综合利用。并按最优资源配置原则、保护生态环境原则和协调发展原则,设计区域性阶段性的经济开发和项目建设方案。

区域经济社会发展效益最大化,是区域规划的目标,也是规划经济学的核心价值所在。政府主导还是市场主导,也是区域经济规划的难点。

中国的区域经济规划,首先着眼的是省际经济、大城际经济构成的经济区规划,如长江三角洲经济区域规划。对长三角经济区规划的编制,专家组内部有过激烈的论争。一方主张,规划应该对长三角城市群内产业布局和产业分工进行以政府主导的相应安排,另一方则主张省际之间应按照市场主导原则自发组织产业分布,划定哪个具体城市要发展什么产业可能不会有执行力。可能有许多人支持靠市场自行平衡产业分布,认为这就是顺应市场规律。其实这只是自由市场经济思想为支撑的思维逻辑。企业家对产业的自发性聚集,政府无为而治,在改革开放初期资本原始积累过程中,显然是足以激发市场活力的。改革开放30多年至今,原来以乡镇集体经济为主体的苏南浙北模式、以私有民营经济为主体的浙东浙南(即宁波—台州—温州)模式和以国有经济为主体的老上海模式三大经济板块已经全然融合,并且形成多种经济所有制混合型和对外开放型的多元化经济整体,区域内省际城际的经济格局已基本形成了大致雏形,各城市的要素聚集也初具基础,产业自发组织的优势劣势也初步彰显,一些产业有过剩或项目雷同重复建设积弊日见,此时,根据已初步形成的经济结构框架为产业结构布势,恰恰不能仅靠市场"看不见的手"来自行调节;政府调控,根据各城市及分支区域的资源、资本、市场、科技、人才、公共基础设施与公共服务体系及既有产业比重,为新一轮发展统筹安排产业分布,避免各城市间的产业同质化竞争投资盲目性和市场不确定性,力求优势互补,产业配套,资本互动,市场互促,需求均衡,恰恰是区域规划的重要任务和政府的作为。否则,若按市场自行组织产业分布,是否还有由政府牵头做规划的必要?而且省际、城际的较大区域经济规划,如何打破行政区划的地域阻隔,把原先仅按省域、城域发展而被边缘化的邻界地区资源激活,强化省际、城际的空间边际效应,也是区域经济规划的关键。长三角地区的科技、信息和市场重心在上海,涉外企业、电子产业优势在江苏,服装百货传统小商品和民企民间资本优势在浙江,是市场开放初期自由形成的,更是因资源、资本、区位、交通和地缘经济地位不同而形成的基本产业格局。政府调控指导产业新布局,重在支持和助推各城市及分支区域产业升级,"上档次,上规模,上水平"。也必须尊重原来已形成的各城市各分支区域的既有优势,同时有机调整以求差异化"错位"发展,达到资源配置最优化和综合效益最大化。主张政府主导统一协调发展规划一方,显然更加与时俱进。

市场机制的作用已得到广泛承认,各方面呼吁政府真正退出市场竞争。诚然,政府确需退出市场竞争,但却不能退出宏观调控。政府在经济规划、市场运行中扮演什么角色,有着怎样的作为,是放任自流坐视不管或者横加干涉瞎指挥还是积极协调管理与全方位服务,如何打破行政区划的人为地域阻隔进行跨区域合作,才是当下亟待解决的焦点问题。譬如长三角城市群经济圈(与之重合的是"上海经济区")北翼长江北岸南通市域的通州、海门两个县级行政区,在相邻边界上建起了规模很大的国际"家纺城"横跨通州、海门两县域。虽然家纺城由市场自发形成一个整体,但两县各做各的市场建设规划,一个家纺城居然各取各的名字,以地方行政手段强行分割为两半,一半为"中国通州国际家纺城",另一半为"中国海门国际家纺城",各自为政。这种画地为牢的纷争与割裂现象,恰恰是两县政府自私自利随心所欲的任意作为,狭隘的地方保护主义与不合作情绪作祟。像此类情形,理当由上级发展改革与规划部门协调统筹规划,推进"两县一城"的紧密合作一体化。可以成立由两县政府和上级部门共同参与的家纺城管委会,统一协调管理,平分利益。至于名字,可以是"中国华东(南通)家纺城"或"中国华东(海通)家纺城"。

长三角城市群经济圈区域经济规划,应当由国家发展改革委员会牵头组织,上海、江苏、浙江等华东诸省市共同参与来完成。

国家"十一五"规划确定的成渝城市群——中国区域经济第四增长极,其成渝经济区规划直至2010年才正式提上议事日程。成都、重庆两市同质化竞争、貌合神离,互不合作、互不买账由来已久。2009年成渝城市群、川渝经济区(带)经济总量之和约为2万亿元,远远不如珠三角或长三角地区一个省的经济总量,但在整个西部位居第一。川渝两地各自在争自己的经济中心和交通中心地位,不管地缘经济地位、经济实力和公共基础条件如何,妄自尊大的集体无意识干扰着成渝城市群经济发展总体布局的科学与平衡。随着成都、重庆、西安三个西部特大中心城市大城际、轻轨快速铁路建设工程开工和城际高速公路相继通车或增建,一个联结西部南北板块的"西三角"经济圈呼之欲出。"西三角"经济圈的规划与发展,将成渝城市群和西北城市群两大增长极相互呼应与复合联动。中国西部经济高地核心和经济发展重心应在未来的"西三角"。

产业经济规划

产业就是国民经济各行各业。从生产到流通、服务乃至文化、教育等,大到部门,小到行业都可统称为产业。产业经济规划是区域经济规划的延伸、中观化和具体化。

区域经济学和产业经济学是产业经济规划的首要理论支撑。

产业经济规划重点在县域。县域是中国经济规划与发展的基本单元。县域产业经济规划关涉统筹城乡发展。

产业经济规划主要是政府对区域的产业结构、产业布局、产业聚集、产业比重、产业特色和产业扶持进行阶段性规划与安排。一般有产业十年规划、产业五年规划和产业年度规划。产业经济规划将产业发展政策具体化、措施化，与项目结合，并包括产业倾斜政策落实、专项资金安排和与之相应的配套设施与服务建设计划及实施步骤。产业经济指标、区域社会需求量、产业投资融资、产业市场建设、上下游产业链等，也是产业经济规划的重要内容。产业结构调整与优化，是区域产业良性发展的前提。比县域更大范围的市域、省域产业规划中，产业集群打造应是现代产业体系的核心。跨地域产业联合也是必要的规划题旨。

譬如，四川成都蒲江县茶业产业规划，既要涉及四川茶业、全国茶业和国际茶业状况宏观分析，又要涉及县域茶业在县域产业群体中的地位、作用、基础、规模、产能、效益、前景、开发模式、发展潜力、行业前景，还要分析茶业本身的产业层次结构与性质。为什么要发展？怎样发展？发展还存在哪些障碍？发展方式和目标是什么？与相关产业和周边区域有什么联系？诸多内容和许多问题需要深入调研全方位分析，再制定完整的方案。蒲江茶业历史悠久，明前"雀舌"绿茶在宋代即是贡品。蒲江毗邻世界茶文化发祥地之一的名山县蒙顶山。蒲江茶业位于川西绿茶产业带的重点段落。四川茶业有三大产业带，是西南茶区的重要板块。西南茶区是全国三大茶区之一。中国是茶业的故乡，但茶业大国的地位早已被印度、斯里兰卡等国所取代。全国茶业年产值仅是全世界的十分之一，茶产量是全世界的三分之一，品牌附加值极低。全中国茶业总经营额仅相当于英国立顿公司一家的经营额。四川全省茶业总产值不及福建安溪县的一半。重大机遇与严峻挑战同在。茶业是兼跨第一、第二、第三产业的特殊行业。茶园种植是生态农业，茶业精深加工是生态型工业，茶产品销售、茶文化旅游、茶馆经营是第三产业大服务业。茶业经济构成丰富而复杂、潜力巨大。蒲江县不仅拥有大面积生态茶园，而且初步形成绿茶加工产业集群优势,拥有世界最先进的日本进口自动化生产线两条。是全省茶叶出口量额最大县。茶业规划中明确提出壮大茶业集群,开发茶文化旅游博览园,建设绿茶原产地市场,发展茶业系列产品加工业等一系列举措。

项目开发规划

项目开发规划是比产业经济规划更加具体化的规划范畴。项目开发规划简称项目规划,可分为项目开发总体规划、项目开发详细规划和项目开发专项规划三部分或三阶段。

所谓项目,即为取得某一终极产物而精心组织的某项进程或综合工程。项目开发起始于项目动议或项目设想,开端于项目规划,落实于项目建设,完成于项目产出及综合产物营销。项目规划是对某项综合开发工程建设而编制完整的具有可操作性的可达到项目产出之目的总体或详尽方案。项目规划程序为考察调研、勾勒框架、编写提纲、绘制方案文图、初审讨论、修订完善、提交评估等。项目规划内容包括项目宗旨、项目背景、项目选址、项目性质、项目功能、项目结构解析、项目空间布局、项目建设周期、项目实施步骤计划、项目要素分析、项目投资预算、项目效益预测、项目定论、项目编制文献依据等等。

项目规划是一个有针对性、前瞻性的虚拟解构过程,在规划期间,其终极产物只有抽象的开始、抽象的终结和抽象的交付物。项目建设是为能够产出终极产物而按规划构筑的物质基础和生产设施。项目规划必须落地,而且存在风险。为规避项目规划与开发的风险,在规划前除深入调研论证外,还可以前置编制项目可行性研究报告、项目咨询策划书或项目商务计划书,为项目正式规划作准备和决定项目取舍。

经济指标和赢利模式是项目规划的灵魂。所有项目设置贯穿始终的是利益机制与效益追求。对资源环境的永续保护与合理利用也是考量项目规划水准与质量的重要标尺。项目效益最大化是项目规划与开发的终极目的。

项目规划按产业分类有工业项目规划、农业项目规划、旅游项目规划等等，具体落实到规划空间是园区规划、厂区规划、社区规划、景区规划等。

项目开发规划同区域经济规划、产业经济规划都是宏观经济学在经济实践中的运用，是政府对市场经济宏观调控的前期工作。

所有规划，一般都由政府牵头组织，专业机构具体承担编制任务，方案完成通过评审后即成为同级政府法规性文件，具有某种强制性和法定意义。项目开发企业，只是规划方案的执行者，而项目地政府部门则是项目协调、监督与服务机构。

宏观规划、战略策划与智慧决策是最新生产力

简单劳动时期的生产力是人们征服自然改造自然的基本能力，是生产资料和劳动力；机器生产和生产社会化与信息化时代，科学技术成为第一生产力；而现代经济发展体系中，各种发展要素更趋复杂化、多元化、高级化，经济高速发展使宏观规划与战略策划成为非常重要和非常必要的前置程序，而且起点高、手笔大、眼光长远、内涵深刻的宏观战略不仅可以激发中、初级的科学技术和劳动力发挥更大潜能，而且其战略规划决策实施本身也是优化资源配置、开掘资源潜力、发挥环境效益、聚集发展要素、激发经济能量与增强市场活力的重要生产力。

宏观规划与战略策划决定了现代经济社会发展的方向。宏观规划和战略策划首先为政府提供最优化决策方案。经济飞速发展和生产高效率以及市场经济活力激扬的新经济时代，决策失误所造成的浪费不堪想象。决策导向决定着区域社会经济发展整体数

量和质量。战略规划的智慧含量多少，影响着最终获得经济社会效益的多少。

战略规划是一门高端前置的软科学，代表着政府决策的软实力，具有推进经济社会高速、高效与可持续发展的强劲张力。

国家和地方五年规划，就是国家和地方连续 5 个财年的阶段性宏观经济发展战略规划。宏观战略规划对国家和地方经济社会的重要指导意义和推动作用是不可估量和不可或缺的。资源配置、要素聚集、优势整合、政策倾斜、资金扶持、重大项目布置和发展体制、机制改革、经济产业结构调整、区域生产力组织安排、价格宏观调控、投资拉动、增长方式转变等一系列内容，尽在宏观战略规划与策划中。

市场经济需有计划，社会主义需要市场。政府干预市场经济宏观调控为主导，市场自由调节的企业群体为主体，政企双方从不同角度推进生产力发展，宏观战略决策的政府担当举足轻重。只有以私有制为主导和主体的自由资本主义市场经济初级阶段，政府才不参与市场，只做服务；公有制与私有制多种所有制混合经济共同发展的社会主义市场经济，本身就是政府宏观调控与市场自由调节相结合的体制模式，政府负有积极干预、引领、协调、监管与服务的多重职责。专家和公众呼吁政府退出市场，有三个原因，一是受传统经济学的放任自由理论的影响，二是没有真正完全懂得社会主义市场经济的发展基础、所有制形式和体制内涵，三是最怕政府智慧缺位或权力越位而导致决策失误和阻碍市场调节能力的自由发挥。政府不是要全然退出市场，而是要不断提高执政能力、施政水平和智慧含量，消除急功近利的"政绩政府"情结。

中国要在数十年时间完成西方发达国家数百年的资本积累，并施行刚刚脱胎于计划经济旧体制的市场经济新体制，政府战略至关重要。

第 六 章

城市与区域发展经济学概论

——应用经济学的宏观主题

城市与区域

人类最早的城市就是部族联盟的政治、经济、文化中心。城以防御,市以交换。对于游牧经济,城市是城堡;对于农耕经济,城市是市场;对于资本经济,城市是工商业中心。城市是非农(牧)产业和非农(牧)业人口稠密聚集的连体房屋街市建成区和居住区,是人类文明成果的集中地。城市的兴起,是经济社会发展之必然,是防御、交换、分工、消费、管理、祭祀的需要。

城市经济学对城市等级进行分类。但目前各种对城市等级的分类不尽准确。按城市等级分为小城市、中等城市、较大城市、大城市、特大城市、国际化大都市、世界城市等。城市等级分类必须是三者结合、三位一体的参照系:城市建成区规模、城市(非农业)常住人口量和城市区域经济总量。按城市区位与中心性及地缘经济地位可分为:主中心城市、区域中心城市、卫星城市及口岸、边陲重镇等。按城市综合经济实力、城市功能形态和主体关系而从城市发展演进角度,可分为:集贸型、功能倾向型、综合型和集群型等城市类别。按城市产业要素或功能性质可分为:工业(工矿)城市、商业(消费)城市、历史文化名城、交通枢纽城市、旅游城市及边防军事重镇等。

按房地产业开发市场等级又分为:一线城市(省会市、直辖市、特大城市、主中心城市)、二线城市(较大城市、地级市、区域中心城市)和三线城市(县城、县级市及郊县区);中国目前还有一种主要以城市经济总量与经济发达程度为标尺的六级城市划分法:一级城市(直辖市、特别行政区和市区 GDP 超过 1600 亿元且市区常住人口超过 200 万人的副省级以上城市共 18 个)、二级城市(其他副省级城市、其他经济特区城市、规模较小的省会市或首府市 25 个)、三级城市(沿海开放城市、经济发达且收入较高城市 24 个)、四级城市(其他人口大于 100 万的城市和重点经济城市 18 个)、五级城市(其他较著名经济城市、其他重要交通枢纽城市、重点旅游城市 23 个)、六级城市(以上共 108 个城市以外的其他中小城市)。

城市规划学包含城市经济学、规划经济学、城市文化学、城市发展学和城市交通工程学诸多学科的交叉内容。城市规划是为城市发展决策、城市经济、社会、文化、生态与市政建设提供思路、架构和编制具体方案的专业化工作。

中国是全世界最早兴起城市和最早运用城市规划的国度。

中国城市发展史大致可分为五个时期、两次高峰:城市发端期、封建前中期、封建中后期、近现代和现当代。城市发端期是上古城市起源与发展初期,大约在 8000—7000 年前的新石器时代就始渐形成了农耕文明的初级中心——城市的雏形和祭祀文化中心"圣城"、"王城"。封建前中期,从先秦至中古的秦、汉、唐、宋,是中国城市发展的第一次高峰期,城市经济发展居于世界最前列。春秋、战国时全国经济重心中原及蜀地的城邑即达 1000 多个。秦统一中国实行郡县制,全国业已形成以行政中心、经济中心和文化中心为主体的初始城市体系。西汉时全国大小城市(城镇)已达33844个,已有长安、成都、洛阳等"六大都会"(大城市),长安、成都城市常住人口分别为80800户和76256户,无论从建成区规模、城市人口和经济总量考察,当时长安和成都分别为全国第一、第二大城市。西晋的洛阳、南朝的建康(今南京)、隋唐的长安、北宋的开封及南宋的临安(杭州),皆曾超过100万人口规模。长安、成都、洛阳、开封、临安、建康并称为中国古代城市"六大都会"。南宋的城市化率高达30%以上。封建中后期即元、明、清三朝,造就了最大城市北京。资本主义工业革命的兴起和城市化浪潮波及中国,近现代从1840年鸦片战争到中华民国,外国资本大举进入沿海沿江地区,上海国际化大城市呼之欲出。现当代从新中国成立至今,改革开放新时期迎来了城市发展第二次高峰,大城市、特大城市建成区规模在改革开放30年间几乎都扩展了10倍,逐步形成4个直辖市和15个副省级市,八大城市群和几大都市圈,城市经济得以迅猛发展而已然成为现代经济的主干。

按2004年度GDP排名前10位的世界十大城市有:东京、纽约、伦敦、首尔、洛杉矶、大阪、香港、芝加哥、多伦多、墨西哥城。新近按建成区规模和知名度综合排名的世界十大城市是:纽约、伦敦、巴黎、东京、洛杉矶、布鲁塞尔、新加坡、柏林、北京、多伦多。按综合竞争力和影响力排名世界十大城市是:东京、纽约、上海、巴黎、香港、伦敦、圣保罗、开罗、曼谷、墨西哥城。按2009年度GDP等指标排名前20位的世界城市是:东京18771亿美元、纽约11265亿美元、洛杉矶9897亿美元、伦敦5103亿美元、巴黎4540亿美元、芝加哥3691亿美元、墨西哥城3529亿美元、华盛顿特区3443亿美元、大阪/神户3175亿美元、费城2978亿美元、旧金山2648亿美元、首尔2416亿美元、香港2238亿美元、波士顿2037亿美元、温哥华1995亿美元、上海1985亿美元、圣保罗1881亿美元、阿姆斯特丹1687亿美元、伯尔尼1654亿美元、北九州1590亿美元。世界生活质量最高的十大城市排名（欧洲占七个）：苏黎世、维也纳、温哥华、悉尼、日内瓦、法兰克福、奥克兰、哥本哈根、波恩和慕尼黑。但拥挤、堵车、环境压力等"城市病"随之而来，世界上最拥塞的十二大城市有：北京、成都、马尼拉、开罗、拉哥斯、首尔、达卡、布宜诺斯艾利斯、雅加达、高雄、圣多明哥和雅典。世界十大污染城市（中国占八个）：贵阳、重庆、太原、兰州、米兰、淄博、北京（原为成都）、广州、墨西哥城、济南。

区域，一般是相对城市而言的城市周围的广大地区。这仅是区域的狭义概念。广义的区域，是用某项指标或某几项指标的结合，在地球表面划分出具有一定范围的连续而不分离的单位或片区。区域划分以自然地理和经济特征为基础。"南北凝聚"是中国最重要的地域凝聚方向，秦岭—淮河一线是南北分水岭。地形地貌三大阶梯自西向东由高而低，东部发达而西部落后，形成经济社会发展的巨大差异和强烈反差，是东西部自然环境、经济环境和社会环境因素不同叠加的结果，使中国成为世界上经济社会发展区域不平衡程度最大的国家。

虑及地理、经济与社会环境因素的东、西、南、北差异和行政管理、区域规划等诸要素，中国区域划分有多个层次与多种分法。第一层次是泛概念上的三种"两分法"：南方与北方；东部与西部；沿海与内地。第二层次是自然地理意义三种大片区"三分法"：①北方（中原、华北及东北）、南方（华东、华中、华南）和西部（西北、西南）；②东部沿海（含东北、华北、华东、东南）、中部（中原、华中）和西部（西南、西北）；③国防一线、二线、三线。第三层次是经济地理意义的三种"七分法"和两种"八分法"：①北方的东北地区、华北沿海和黄河中游地区，南方的华东沿海、华南沿海和长江中游地区，西部的西北地区和西南地区；②东部四地区的东北地区、华北沿海、华东沿海、华南沿海地区，中部两地区的黄河中游和长江中游地区,西部两地区的西南地区和西北地区;③八大城市群、八大经济区和八大"增长极"为"珠三角"(华南沿海)、"长三角"(华东沿海,长江下游)、环渤海"京三角"(华北沿海)、长江中游(华中地区)、黄河中游(中原地区)、东北地区、成渝(西南地区,长江上游)和西北地区。

总之,区域是指不同物质客体为对象、在地球表面具有一定空间的地域结构形式。

聚合与辐射

城市对区域的主导功能是:聚合与辐射。

区域内的多元产业向城市聚集,生产与生活要素、经济社会发展要素向城市整合,称为聚合。一言以蔽之,就是在城市的吸引力、向心力作用下,所在区域的人力、财力、物力、智力等不断向城市汇聚与融合。城市有区域发展的最高智慧指向和最大市场平台。城市在区域中最具经济实力与市场活力。城市是区域的经济高地和文化高地。城市最易发挥人的最大潜能,最能体现人居生活质量和提高幸福指数。城市最考量人的综合素质。城市最敏锐地反映资本的流动。城市体现着区域经济社会发展效益最大化。

辐射,是城市对所在区域的扩张力、影响力和反作用力,是大城市、特大城市、主中心城市带动较大城市、中小城市及广大农村发展,城市反哺乡村,城市将文化理念、雄厚资金、科学技术、优秀人才和成功经验投向区域,推动区域共享城市文明成果,跟上现代化的发展步伐。

城市与区域共生互动。如果城市对区域重聚合而轻辐射,就很难形成城市与区域合力,实则是城市对区域的功能失职。省会城市对省域的辐射作用尤为重要。城市对区域的聚合效应和辐射作用,是整合城市与区域优势资源,提升文化竞争力、人才竞争力、市场竞争力、开放竞争力和综合竞争力的关键,同时也是城市与区域差异化发展和相对平衡发展的保障。辐射与聚合的有机统一,是为建构、倚重和完善城市价值体系、要素体系和功能体系。

城 市 化

城市化是人类生产方式与生活方式由乡村型向城市型转化的过程,也是农村人口转化为城市人口并由乡村向城市集中的过程,人口职业、产业结构、土地及地域空间随之变化。城市化水平衡量着一个国家和地区的经济、社会、文化、科技发展水平和社会公共事务管理水准。城市化是现代化的前提,影响 21 世纪人类社会发展进程两大最关键因素之一就是中国的城市化。在近现代,城市首先可能是工业化。现当代,城市化是服务化,第三产业成为城市的首要支柱产业。城市化也是城市文明向乡村传播的过程。城市化,功能整合、要素聚集和人的素质提高是关键。城市化不仅是城市建成及规模的强势扩张和城市经济总量的快速增长,而且是城市化水平的提升,包括具有城市发展规划前瞻性、城市功能布局合理性、市政交通的畅通性、城市管理服务高效率和城市生态人居环境高质量,并且还要求城市人的素质不断提高,包括城市人的心理素质、公德意识、法制意识、公民觉悟、民主诉求、合作精神、适应能力和文化价值观等内涵。城市人共享城市文明成果,首先要接受城市文明的洗礼。

城市化的形式及趋势,有高度集中型、广度扩散型和就地崛起型等。高度集中型发展特大中型城市,以强大的城市配合能力吸引和聚集一定区域内的人力、财力、物力进入城市中心区,在空间上向郊区强势扩展占地,完成城市建成及规模、城市人口总量和城市经济总量的快速累积,使城市中心性、综合实力和综合竞争力骤然增强,在一定区域范围占有经济社会发展主导地位。广度扩散型,是同时兼顾重点发展卫生城市和区域中心城市,形成城市链带、城市组团、城市群团、城市群和城市大集群各个不同层次的城际合作、区域联动体系。譬如中国西部经济高地和发展重心,将形成"西三角"(成都—重庆—西安)经济圈城市大集群、城市链带(南方丝绸之路沿线)、成渝城市群、四川21城市群团和四个城市组团(大成都、大川北、川中南、雅西攀)等几个层次的城际体系。城市化扩散型发展趋向,可以规避、降解和防治特大城市日益突出的"城市病",如交通拥挤、资源短缺、功能缺位、环境恶化,城市规划建设管理协调服务水平偏低,城市工作效率、城市就业率和城市居民生活质量幸福指数下降等病灶的困扰。无论集中型还是扩散型城市化趋向,都需要同时破解城乡二元结构,解决外来人口的户籍、就业、子女教育、社会福利保障等与原住居民相同的"国民待遇"问题,创设公平竞争、共享文明的健康环境。就地崛起型城市化主要指某种资源开发、市场发育、交通变化等因素,而使农村新兴为小城市,引导产业结构、生产方式和生活方式,由农业向工业和第三产业、由农村向城市转变。

城市的主体是人。人的发展是城市化的出发点和归宿。

城市化进程有多种表现特征及相应衡量指标。主要表现为城市人口与城乡总人口的比率不断上升,第一、二、三产业中三产比重增加,人均GDP增量和人均可支配收入增长。

城市化水平指标计算公式为:$PU = U \div P \times 100\%$,其中PU代表城市化率,P代表城市人口,U代表城乡总人口。

城市化速度指标计算公式为:$TA = 1 \div n(PUt+n - PUt)$,其中TA代表城市化速度百分点,n代表两时刻间的率,PUt+n代表t+n年的城市人口百分比,PUt代表t年的城市人口百分比。

城市化质量指标体系有:城市现代化指标系和城乡一体化指标系。根据有关研究成果,城市现代化指标系可分为三类12个指标,简称"345指标"。第一类为经济结构现代化3项指标:人均

GDP（元／人）、三产从业比重（％）、三产增加值占 GDP 比率（％），用以反映城市经济发展水平；第二类为公共基础设施及公共服务现代化 4 项指标：人均铺装街市道路面积（平方米／人）、万人拥有公交车辆量（辆），万人拥有电话机等通信器材设备（部）、万人拥有医生数量（人），反映交通、医疗卫生、通信等公共事业发展水平；第三类是人居、人文现代化 5 项指标：人均拥有公共图书馆藏书（册／人）、万人拥有在校大学生数（人）、万人拥有受过高等教育人数（人）、人均居住面积（平方米）以及人均拥有公共绿地面积（平方米），分别反映人的素质和人的居住环境状况及文化公益基础设施建设发展水平。

中国历史上的北宋神宗元丰年间（1078—1085 年）城市化率达到 30％以上的惊人高度。至清朝康乾时期，城市化率已降至 9％，清末则只有 6％，直至 21 世纪初城市化率才得以恢复到北宋时的水平。

2000 年中国城市化率达 36％。2003 年，中国城市人口总量为全世界的 17％，而位居第一，但城市人口比率位居第 70 位。2008 年中国城市化率为 43.9％，2009 年中国城市化率为 46％。未来中国城市化率预测，2010 年为 50％，2015 年为 53％，2020 年为 55％（全世界 60％），2050 年为 65％—72.9％（发达国家 86％）。近年来，中国的城市化进入快车道。

城市化发展到一定阶段，"逆城市化"现象必然出现。逆城市化，并不意味着城市化进程的停滞，而只是城市化整体过程中，同时仅在特大城市发生的局部调整。如果说城市化是人类征服自然、改造自然的结果，那么逆城市化则是当城市"膨胀"到一定限度时，顺应自然、适应自然、融入自然的回归。传统意义上征服自然、改造自然的能力是生产力，现代意义的顺应自然、适应自然、融入自然的能力也是一种更高远、更宽泛的生产力。即使在特大城市，逆城市化也是与城市化双向同时顺流与回流的过程。一言以蔽之,逆城市化是"后城市化时代"特大城市的人口、就业岗位或人居向与市中区相反的郊区迁移的分散化过程。中心城市的城市中心功能向周边中小城镇分解,伴随着现代城市文明成果向郊外乡村覆盖。

如果说城市化是城市经济社会发展要素向中心城市的大规模主动聚集,那么逆城市化则是为消除城市压力,而相对被动地将部分属于高端级次的发展要素向乡村、中小城镇疏散和回流。逆城市化带来的结果是城市化水平的再度提升,是与城市化殊途同归的推进城市再发展的反作用力,所促成的效应是城市化水平的正增长。逆城市化实质上是特大中心城市的再城市化的另一种形式。城市化水平越高,城市人口越集中,城市经济总量越大,逆城市化趋势越强。逆城市化并不会发生于中小城市与特大城市的郊区,城市化是发生在同一地点的两种现象,但逆城市化是郊区城市化的重要推动力。逆城市化使特大中心城市的空间结构与功能布局更加合理,使城市功能和城市环境更加优化,产业优势更加突出,聚集效应和带动效应更加强大。

逆城市化也是城市支持农村、工业反哺农业的城乡均衡协调发展过程。使特大中心城市与卫星城镇合谋并进,提高卫星城镇的生产力与消费能力。

逆城市化在 20 世纪 70 年代的美国首先出现,欧洲发达国家继之。逆城市化大约有四个发展阶段:萌芽期——"富人上山",富有阶层带头搬入郊区居住;滥觞期——大量中产阶层陆续迁入郊外开发区居住,每天仍在市中心工作、购物和娱乐;高潮期——居住郊区化和工业郊区化;成熟期——郊区自主程度越来越高,由单一的居住功能区发展成为具有多元化城市功能的就业与人居新区或多个副中心,郊区人口、产业成为都市人口、产业的有机组成部分。逆城市化和郊区城市化双向作用,促使一中心特大城市形成多中心空间结构,巨形城市带及现代城市人居生态区群由之兴起。

城市经济与乡村经济

城市经济是发展要素高度集中的经济形态。表现为单位面积土地上所"产出"的经济量巨大,是一种高效应、集约化的经济形式。城市经济的发展进程可分为三个阶段。第一阶段,城市初兴期,城市经济主要以商贸、消费为主流,结构单一;第二阶段,城市发展期,城市经济进入社会化大生产的工业革命时期,城市经济结构以大工业生产为主流,商贸与消费为补充,第二产业居于举足轻重的地位;第三阶段,城市繁荣期,城市经济第三产业勃起而呈现丰富多元结构,现代第三产业统领城市经济于城市中心,大金融、大商贸以及文化产业、大服务业占有最大比重而成为城市经济主导,现代工业及物流业转入郊区或新区并进发展。现代城市经济的标志就是第三产业大服务业的社会分工越来越精细化,服务型经济越来越规模化。西方国家的城市经济从发展期到繁荣期,经历了数百年的过程。中国城市经济从初兴期到发展期到第一次(中古)繁荣期到衰微期走过数千年漫长历程,从发展期到第二次(现代)繁荣期的历程不足百年。改革开放30多年后的今天,中国城市经济将进入以第三产业为主导的大繁荣期。

乡村经济是以第一产业即农业为主的较单一结构的经济形态。乡村经济发展进程可分为两个阶段。第一阶段是以小生产为特点的传统经济、自然经济和庄户经济,农民以一家一户为单位从事传统农业,即使封建时期的地主虽然拥有大片田园和雇工,仍然是以一家一户为单位、以传统的耕作方式进行农业生产的小农经济。第二阶段是现代大农业经济模式的现代乡村经济,是集约化、专业化、机械化、规模化、农庄化开发与经营的国际订单农业,现代乡村经济以农业为主体,同时兼以农业观光、乡村旅游和农产品集贸、农业精深加工等为辅,形成多元化的现代乡村特色经济,其组织形式是社会化大生产,劳作者是经过专业技术培训的"农业工人",以公司为单位,对一家一户生产的农村土地进行流转而集团化开发,大大解放了农业生产力。近郊的现代化农业又称为"都市农业"。现代乡村经济是一种农业资本化和市场化经济。

　　在较大的区域内,城市经济与乡村经济以不同的形式和不同的结构并存,城市经济与乡村经济从游离化走向一体化,是一个漫长的过程。

省域经济与县域经济

　　省域经济是指行省区域内以省为单位的城市经济与乡村经济并存、高中初级经济形式并存,一、二、三产业并存的区域复合经济形构。省域经济大体可分为省、市、县三级经济层次。省级经济是一种管理经济或集合经济级次。市级经济和县级经济是实体型经济级次。其中,市级经济以城市经济和二、三产业为主干,县级经济是一、二、三产业并举和城市经济乡村经济并举的区域经济基本单元。随着省管县、强县扩权的中国行政管理层级改革深入推进,省域经济级次由省、市、县三级制,向省与市和省与县并行的两级制过渡。省域经济中,市、县平行,即市级经济(区域中心城市经济)和县级经济(城市经济与乡村经济并举的城乡统筹经济)级别平行,相互协作,自主发展。市级经济重点发展"市中区"的商贸、金融、交通物流、城市文化等服务业和工业;县级经济统筹发展和分片区发展工业、手工业、农业,商贸、民俗文化等服务业,乡村金融服务业及乡村观光休闲旅游业。

　　市、县两级经济同级化,取消了市级经济对县级经济的管理职能和索取功能,为县级经济松绑。市级经济的形成,县级经济作为重要支撑,为市级经济发展作出了重大贡献。多年来县级财政收入的2/3或1/2曾一度上缴市级财政,形成"二次剪刀差"。而"地级市"的市级经济逐渐变成靠吃县级财政饭且多占资源的"诸侯经济",逐渐丧失了自我发展和区域带动功能,在市级区域之间和小城际又自我封闭形成行政阻隔与地域阻隔。将过去行政特色的"地级市"转化为以带动区域经济协同发展为主要特色的"区域中心城市",造就其省域经济分中心、省域交通分支枢纽的区域发展定位,已成为省域经济体制、行政管理体制及体制结构运行机制改革的重点目标。

省域经济不仅包括市级经济和县级经济两大平行区域经济实体,还包括以省会城市或特大中心城市经济复合体、国家级景区旅游经济实体和省级大型交通物流经济实体等。

县域经济就是县级经济,是县域内部各种所有制混成,城市经济与乡村经济共济的多元产业复合经济体。县城是中国最小的城市和最大的城镇。县域经济包罗的小城市经济,由县域消费、农产品、手工品、小商品集贸市场和县级工业开发区、工业集中发展区、农产品精深加工区等工商业构成,有的还包括县域历史文化名城、古镇及中小景区旅游业在内;县域经济包括乡村经济,农、林、牧、副、渔多种经营,农业生产、农业观光休闲旅游服务、农产品作坊初级加工、乡镇小手工业等。当传统农业向现代农业过渡,县域经济中现代大农业将异军突起而成为产业支柱。

省际经济与城际经济

省际经济是相邻省(自治区、直辖市)之间的省际合作经济模式。省际相邻市县成为省际经济的空间载体。省际经济联动,借以打破省际行政樊篱,实现相邻区域的交通物流对接、资源共享、环境互护、资本汇流、产业互动、经济互融、文化互信、优势互补、政策互惠和观念求同。

省际经济原来是中国区域经济发展的一大盲区。

长期以来,画地为牢的省域经济孤立发展,使省区边界地域的经济社会发展被边缘化,公共基础设施建设滞后,产业结构单一,经济落后,观念陈旧,资源静态保护有余而动态开发不足,成为被城市文明和现代化遗忘的角落。还有的省区把高污染工业项目放在两省相邻的边界"三不管"地区,任其自生自灭。这一系列现象暴露出发展中国家在计划经济体制下或者市场经济初级阶段的粗放型、内耗型区域发展模式之弊端。省际合作、科学发展,是经济体制深化改革的重要一环。

四川广元、巴中两地区,与陕西汉中地区接壤。汉中在元朝以前一直属于蜀地管辖,原为四川行省"川峡四路"之川北"利州路"北片区,与四川大川北区域的资源一体,文化同脉,经济同构,习俗相通,人缘相近。四川一方的广元、巴中等地,因距城市经济辐射能力很弱的四川省会成都市较远,距城市经济辐射能力较强的陕西省会西安市较近,一直受到西安经济辐射。川陕区域合作,发展省际经济的时机,随着西(安)汉(中)高速公路通车与成(都)绵(阳)广(元)高速公路接龙而成为京昆国家高速公路川陕段,特别是西安至成都城际轻轨快速列车开工建设,省际经济合作条件愈加成熟。又如,新四川与重庆(直辖)市相邻的川东北达州,川东广安,川中内江和遂宁以及川东南的自贡、泸州、宜宾等地区,在川渝分治之前就受到当时为副省级计划单列市重庆的经济辐射。重庆直辖后,乃至对川北南充都具有辐射影响力。川渝省际经济合作态势早已形成,有待政府助力推动,以改变貌合神离的窘局。

城际经济是指城市与城市之间的经济合作发展模式。城际经济有两个合作层次。一是"大城际经济合作",即跨省域的特大中心城市之间的远程合作,强调特大中心城市对其两两之间的区域的经济交互辐射能力,对大区域、跨省域的区域中心城市及小城市的资源优势予以总集合、大带动。譬如成都与重庆、重庆与西安、西安与成都的大城际合作,必将形成"西三角"经济圈和"西三角"城市大集群。"西三角"将西部南北板块紧密连接,是未来"中国西部经济高地"的重心与核心。二是"中小城际经济合作",主要指城市的多个相邻之间的群体合作或组团合作。四川大成都、大川北、川中南、雅西攀 4 个城市组团和全省域共 21 个大中城市形成的"21 城群团",是不同层次的中小城际合作复合模式。"大成都"包括成都、绵阳、资阳、乐山、眉山 5 地市形成的"成都(城际)经济区"和"大成都城市组团",集聚了众多各有特色的产业群,而将形成"大成都万亿规模产业集群"。又如,新疆天山北坡城市链形成了独特的城际经济势态。

发展省际经济和城际经济,正是发挥省域经济、城市经济的边际效应。

省际经济、城际经济、省域经济、城市经济及县域经济同构城市群经济和大区域经济。

流域经济与板块经济

流域经济,是江河流域或沿海岸线所形成的地带经济形态。流域经济以沿岸沿线城市经济为支撑点和领军,以沿岸水陆交通物流体系为基础和纽带,推动沿岸沿线经济综合发展为使命。黄河流域经济带、长江流域经济带和海岸线经济链所构成的中国大区域经济发展主系统,是历史上即已客观形成雏形与框架,改革开放以来逐渐成熟的经济发展体系。推进江河流域经济带的发展,不仅可以衔接省际经济和城际经济、省域经济和县域经济联动,而且还将兼顾弥补东、中、西部的强烈差异,尤其对全流域生态保护与资源共享卓具操作性。

板块经济是与流域经济模式取向不同,以地理板块和行政区划范围而划分的经济发展空间。板块经济可分为特大、大、中、小板块四个层次。特大板块经济空间的国际性的区域经济层面,如北美、南美、东南亚、中西亚、北欧、西欧、东欧等经济板块,板块内一般有一个或多个国际性的经济合作组织在协调合作发展事务,甚至有超主权货币(如欧元)在板块内流通;大板块经济是国内跨省域的大区域经济发展空间,如"上海经济区"、"泛珠三角经济区"、"环渤海经济区"等;中板块经济是指省域内的跨市域、跨县域经济发展空间,如"浙南经济区"、"浙东经济区"、"成都经济区"、"苏南经济区"等;小板块经济发展空间主要指市域经济或县域经济。

经济带、经济圈与经济区

经济带,指以流域或交通线为骨骼或脉络而形成或划定的经济地理空间,一般为狭长地带上的经济格局载体。如"南方丝绸之路经济带"、"川西茶业经济带"、"成渝经济带"、"珠江流域经济带"、"北方丝绸之路经济走廊"等。

经济圈是泛概念,一般是对跨省域的大城际经济区的弹性说法,有时也用于国际性的经济区域概览。如"亚太经济圈"、"西三角经济圈"、"环渤海经济圈"等。

经济区指落地划定的具体区域,是标准意义的板块经济协作范围概念。如国际意义的"北美经济区"、"欧元经济区",国内的"浙闽经济区"、"闽粤经济区"、"川渝经济区"、"湘鄂赣经济区"等。

突破二元结构与统筹城乡发展

城乡二元结构,是指以社会化大生产为主要特点的近现代城市经济与以小生产为主要特点的农村经济并存于同一时代的不协调的错位经济结构。城市经济与乡村经济发展不同步,不在一条水平线上,形式不对称,结构不合理,反差太大。城市道路、通信、医疗卫生、教育、文化等公共基础设施及公共服务系统发达,而农村公共基础设施落后、公共服务缺位;城市经济发达、人均收入和消费水平远高于经济欠发达的农村;城市人口密集,但农村人口众多。城乡二元结构是发展中国家的突出矛盾,是国家相对贫穷落后的标志及原因,是国家经济发展尚处于初级阶段和上升初期的产物,是城市化水平严重滞后于工业化水平的典型表现。

城乡二元结构的存在,严重制约了社会经济快速持续健康发展,使"三农"问题长期化、复杂化,也是产生"剪刀差"的必要条件。

从人口比率与一二三产业(经济量)占比及城乡人均收入比较分析,我们可以发现一个规律,姑称"城乡结构定律"。在发达国家城市经济社会与乡村同步发展的"城乡一元结构"中,城市人口比率与第三产业和第二产业(工业)经济量占比成正比,农业人口比率与第一产业(农业)经济量占比也成正比,城乡人均收入相当;在发展中国家城市经济社会发展与乡村不同步的"城乡二元结构"中,城市人口比率与第二产业经济量占比成正比,农村人口比率与第一产业经济量成反比,无论城市人口比率还是乡村人口比率都与第三产业经济量占比不成比例,城乡人均收入相差很大。亦即,在城乡二元结构中,城市人口越多,工业化程度就越高,农村人口众多但农业产值很低即效率很低,第三产业发展滞后,与城市化、工业化不相适应。在城乡一元化的发达国家,城乡人均收入较均等,城市化、工业化水平很高,城市人口量大,城市第三产业非常发达,农业人口极少而农业产值高即农业效率高。

2001 年中国城市人口占 37.66%,农村人口占 62.34%;同年全国 GDP 中第一产业仅占 15.2%,第二产业已占 51.1%,第三产业只占 33.6%。2009 年全国城市人口跃升为 46%,农村人口还占 54%，同年全国 GDP 中第一产业 10.3%，第二产业 46.3%，第三产业 43.4%。而近年发达国家城市化率平均已近 80%，第三产业占比多在 70% 以上。

要破解中国城乡二元结构，需要研究其形成过程及原因。

2000 余年封建社会制度下，中古时期的城市化水平较高，但农村依旧是传统自然经济模式，那时的城乡二元结构始渐形成。随着近古城市经济的逐渐衰败，城乡经济乡村化小农化。城市化率从北宋的 30% 以上下降至清代康乾时期的 9%。封建时代手工业的资本主义萌芽几度被扼杀，而农业资本主义连苗头也从未显现过。所以农业现代化没有任何基础。

当近现代尤其现当代城市化浪潮席卷中国，广大农村依然难以感受到现代化的冲击，城乡差别迅速拉大。广阔的西部，人口占全国的 1/3，地域面积占全国的 71%。西部乡村山高水远，公共基础设施很差，信息化程度偏低，难以共享城市文明成果，地理环境和交通条件严重制约着农村经济社会发展进程。在政府思维与决策层面，新中国成立近 30 年，一穷二白，一直重工抑农、重城轻乡，对农村"三提留、五统筹"征收各种税费，以城乡工农业产品价格"剪刀差"来发展城市与工业，当初步完成城市工业化，为国家作出巨大贡献和利益牺牲的农民、农业、农村依然处于小生产者小农经济落后状态，城乡土地价格"剪刀差"的形成再次拉大城乡收入差距，农业现代化和规模化尚在迷蒙中徘徊不前，落后的经济体制和社会制度缺憾，是城乡二元结构中的城乡差距巨大的更深层原因。在计划经济旧体制框架里，制度与管理上都把城市和农村截然分开，城市相对贫穷，农村绝对贫困。"城乡户籍二元制"是人类社会最落后的制度之一，这种城乡户籍差别制度在全世界只有中国和非洲南部某国还存在。户籍歧视严重压制了农民的思想和人性的解放，使之在城市居民面前"低人一等"，限制了农村人才劳务的自由流向。在这种思维定式下，城市公共基础建设由国家包干,农村连一条乡村公路也要农民个人集资摊派。从向市场经济体制转轨至今,户籍歧视、福利歧视和公共基础设施、公共服务的歧视现象依然未能真正改变,城乡二元结构的破解遭遇体制障碍的严峻挑战。户籍壁垒、身份歧视和资源配置严重不合理,城乡受教育的机会不公平不均等,就业结构调整滞后于产业结构调整,农业向城乡第三产业转移的空间不足,统一的市场体系发育不全,生产要素流动性差,城乡市场差距悬殊,市场机制和经济体制作用弱化而行政干预过大,相关配套制度缺位失衡,二元意识因袭重负与二元结构沉疴纠结扰攘形成恶性循环,所有这些,都是城乡二元结构难以破解的成因。

没有西部经济社会的长足发展,没有农村经济社会的面貌改观,就没有中国的现代化。城乡二元结构矛盾对中国发展有诸多危害。城乡二元结构造成贫富差距扩大,区域发展不平衡,农产品市场发育不良,农业生产难以持续增长,农村剩余劳动力转移不足,农民收入增加难以为继,农村消费水平偏低而导致全国范围内的内需不足。在城乡之间横亘一道资金、技术、市场、劳动力对接的高墙,阻碍了生产要素和发展要素的城乡交会。城乡受教育机会不均等,导致城乡人口就业机会不公平。城乡结构性障碍不仅成为国民经济发展阻力,还激化了城乡矛盾、干群矛盾、工农矛盾、贫富矛盾等一系列社会矛盾。

要破解城乡二元结构,必须率先致力于政策调整和制度改革,消除户籍等歧视是关键。城乡平等同一户籍制度,均等公平的劳动就业、教育、医疗和社会保障制度,城乡合理的资源配置和公共基础设施建设布局、公共服务配备,从制度上消灭城乡差别,是破解城乡二元结构的基本制度保证。调整农业结构以促进农业产业化、农工商一体化,在提升中心城市的城市化水平的同时,推进农村土地流转和城乡一体化,使乡村生产方式、生活方式和市场体系建设同步向城市化迈进。

　　统筹城乡发展,不应仅是京、津、渝、成四个特大中心城市的城市扩张试验,而且是全国所有县域皆须且亟待完成的使命。一个县是中国城乡经济社会发展的基本单元。县城是中国最小的城市,担负着带动乡镇村社协调发展的重要任务。统筹城市发展,是消除城乡二元结构矛盾的前提与先导。

城市群经济与增长极

　　城市群,决定着城市与区域之间的主体关系。当城市经济高速发展,在省际大区域中,由一个或两三个特大中心城市为核心或领军,集聚若干大、中、小城市会成的城市组团而形成的城市群体,叫城市群。城市与城市间不是孤立的,而是以群团结构形成多层次、互为关联、互为推动的经济发展体系,借以综合配置与合理利用资源,对所在的区域发生深刻影响。城市群是高度城市化和区域现代化的典型表现。

　　城市群与以两三个或多个特大中心城市为支撑的省际(大城际)经济圈和"大区域经济增长极"以及"大区域经济高地",是孪生与对应的关系。中国区域经济以城市群为增长极。

　　增长极作为现代新经济新概念,由法国经济学家弗朗索瓦·佩鲁最先提出。如果把发生支配使用的经济空间看做张力场,那么这个张力场中的推进性单元则可以描述为"增长极"。法国经济学家布代维尔继而指出,经济空间是经济变量在地理空间之中或之上的运用,增长极在拥有推进型产业集群的复合体城市中出现。增长极理论至少有三个基本点作支撑,一是地理空间表现为规模化城市(世界城市)或城市群,二是必须拥有推进型的产业群,三是具有扩散、扩张与回流效应。

　　城市群中,作为核心层的特大城市或大城市一般为首都、直辖市、省会市、国家计划单列市等政治、经济、文化中心和交通枢纽。

城市群的城市二级体系,是分布在核心层周围,在各分支区域中具有中心地位的大城市或较大城市,一般为地级市或直辖市的远郊城区。城市群的城市三级系统是中等城市和小城市,一般为县城、县域重点城镇。

城市群所关联的大区域是省域或省际区域,各区域中心城市又有大区域内各自的板块分野,中小城市所在的更小区域板块则是县域。城市群的构成形式和本质特征,决定了城市群经济,是以城市为主体,与区域相联结,城乡统筹发展的现代经济社会复合系统。

欧美发达国家和日本,经济总量的 70% 主要集中于几大城市群。

中国改革开放以来,渐已形成东部"京三角"(环渤海)、"长三角"和"珠三角"三大城市群,即中国区域经济"三大增长极"。尽管以三大城市群为骨干体系的东部,约占国土 1/5 面积,城市数量约占全国 1/2。但东部三大城市群的经济,仅占全国的 30% 左右,尚需大幅度提升城市化水平。就中国首屈一指的人口总量和大批农村人口走向城市的大趋势,东部三大城市群的核心城市和骨干城市,仍须实现城市建成区的扩张、城市经济综合实力的增强和城市人口的增容,继续壮大城市群规模。

随着西部大开发和中部崛起,中国将逐渐形成八大城市群——八大增长极。

东中西部经济平衡发展与西部大开发

近年来尤以灾后重建,应对危机、拉动内需为契机,西部经济增长明显提速,西部地区经济增长率高于全国经济增长率平均水平。但西部开发至今 10 年来,无论是发展理念和经济总量,西部与沿海的差距依然很大。2009 年全国 GDP 已突破 4.758 万亿美元,即达 32.5498 万亿元人民币(根据 2009 年 3 月美元对人民币汇率 1∶6.8389 计算)。2010 年第二季度中国首次宣称超过日本而成为世界第二大经济实体,但 GDP 的质量偏低。2009 年度人均 GDP 位居全世界第 99 位。西部落后省份与东部沿海发达地区更是形成巨大反差。2009 年,东部 10 省市(包括粤、鲁、苏、浙、冀、闽、琼和京、津、沪)GDP 之和约为 19.4547 万亿元人民币,而西部 12 省区市(包括云、贵、川、藏、桂、渝、陕、甘、宁、青、蒙、疆)GDP 之和仅约为 6.6843 万亿元人民币,中部 6 省(包括豫、晋、皖、湘、楚、赣)GDP 之和约为 6.9872 万亿元人民币,东北辽、吉、黑 3 省 GDP 之和约为 3.0554 万亿元人民币。各省区市上报 GDP36.1816 万亿元人民币与全国统计 GDP 总量数字差距较大。幅员面积共约占全国 70% 的西部内陆 12 省区市经济总量,仅约为东部沿海 10 省市的 1/3,比中部 6 省亦略低。

　　过去 10 年西部开发,主要依赖于投资拉动,除了国家投入基础设施建设,一些特大城市过度炒作房地产以外,就是以"西电东送"、"西气东输"为代表的政策驱使"资源透支型"开发,付出较为巨大的环境代价,却尚未寻求到真正长足发展和高速增长的特色经济模式。

　　西部遥距口岸,相对封闭,"借船出海"的梦想难以真正成为现实。西部的经济繁荣,关涉中国经济的平衡、可持续发展。改革开放后新时期,西部开发新 10 年,如何深化改革与合作,扩大对外开放度,推动和促进西部发展,追赶上东部沿海的步伐,是迫切摆在我们面前的全新命题。

　　中央 2009 年提出西部大开发"四个深化",深化能源和交通、经贸和投资、节能和环保、区域和国际等方面的合作。"十二五"规划期间和西部开发新十年,中国西部进入全面开发开放新阶段的"后改革时代",将把全面提高西部地区开发开放水平摆在更加突出的战略地位,努力把西部地区建设成为现代产业发展的重要集聚区域、统筹城乡发展的示范区域和生态文明建设的先行区域，加快构建具有全局意义和战略意义的新的增长极。对西部的政策还要更加开放，资金还要更加倾斜，决心不仅不能动摇，力度还要更加增大。首先发展成渝，继而同时拉动西南、西北。西部不能简单地效仿和机械地复制东部沿海的劳动密集型小商品民营工业出口经济模式，而要充分探求与沿海差异化发展的自我开发开放特色经济发展新路径，站在新的起跑线上，掀起新一轮投资开发热潮。

东南沿海小商品工业 30 年勃兴，主要倚重于对外开放口岸的资金、技术与市场，大多远离资源地，甚至出现"零资源、快发展"现象。而西部地区资源得天独厚，一旦有资本、技术为触媒，即可始料未及地较持久地释放出巨大的经济发展潜在能量。

推进"西进西出战略"，打造中国西部综合交通枢纽，筑建新天路和亚欧大陆桥中欧国际铁路及国际高速公路，洞开西部对外开放国际新口岸，这一系列全新构想和重大举措，将有效激活西部资源，倚重举国体制强劲推手，吸引东部沿海因世界经济危机致使国际市场受挫而难以全然消解的投资能量，将产业平台向西部转移，从而进一步深化和扩大西部开发开放，造就西部特色经济百千亿产业集群，拉近西部与东部的经济水平与发展距离。

尤需注重的是，幅员比东部辽阔、资源比沿海富集的西部内陆地区，有了综合交通引擎的驱动和国际新口岸的开放，更要力避过度透支资源而致的"资源主导型"短期增长模式，或过度依赖境外投资和境外市场刺激的"出口主导型"单一增长模式，而应兼重GDP（国内生产总值）和 GNP（国民生产总值）双增长，形成"多元产业主导型"和"投资、出口与内需多重驱动复合型"经济和谐增长新模式，进入可持续长足发展良性循环。西部经济的快速良性发展，亦必将反作用于东部，推动东部沿海产业向低碳、高效、优品质、多元化转型。

省会经济、直辖市经济

省会经济,亦即省会城市经济,是省域内居于中心地位的经济形态。省会城市一般是省域内第一大城市或第二大城市。省会城市经济的重点任务,首先是辐射、带动全省域经济发展。如果省会城市只有聚合功能,而无辐射功能,就是功能失职。省会城市聚合全省域甚至周边省区的人力、财力、物力,全在于城市本身从古至今"天然"形成的地缘经济地位与政治、经济、文化、科技、交通中心先天优势;省会城市的辐射功能,全在于城市政府的后天作为。

省会城市严重缺乏辐射功能表现的是四川成都市和福建福州市。经济总量较大的成都连对远郊县市蒲江、邛崃都没有经济辐射力度,却以强大的聚合功能吸入了整个西部地区的各种发展要素。福州市因经济总量小,担当不了全省的经济中心职能,仅为政治、文化中心。福建省的经济中心在闽南地区厦门、泉州一带。如何造就和发挥省会城市对全省域的经济辐射与带动功能,是省会城市经济发展战略定位的首要问题。

直辖市经济,是直辖市居于所在大区域经济中心地位的经济形态。直辖市在城市群、增长极和省际大区域经济发展中具有引领作用。直辖市必须是跨省域的大区域内的特大中心城市,经济中心是其首要功能,应当具有比省会城市更强势影响省际区域发展的经济辐射力度。上海市在整个华东或长江下游地区的经济辐射力度非常强大。天津市已成为环渤海地区乃至整个北方的金融中心。重庆市直辖不久,尽管经济总量不够,但其颇具开拓意识和经济张力的城市特性,已辐射到四川的达州、广安、南充、遂宁、内江、自贡、泸州、宜宾八地市区域和湖北恩施,贵州毕节、遵义等地区。

无论省会城市和直辖市,培育和提高辐射能力是其关键。辐射能力要提高,就必须增强经济实力,增加经济总量,提高综合竞争力,完善交通设施的可到达性,同时更需要强化合作精神与城市责任。

经济中心、城市中心性与地缘经济地位

在区域内居于经济领先地位,具有经济辐射功能与经济聚合功能的特大城市、大城市、较大城市或中等城市,通常称其为经济中心。经济中心是城市与区域相对而言的。

直辖市往往是所在省际大区域的经济中心。省会城市或副省级计划单列市一般为省域经济中心。地级市在省直管县以后,转化成为原所在地区的区域中心城市。

城市的中心性,指构成城市作为区域政治、经济、文化、交通、通信等中心的那些要素特性。城市的中心性,在本质上表明了城市的地缘经济地位。构成区域内各中心的要素越多,中心性就越强。

地缘经济地位,是从地理位置及其在地理位置上对周边区域的经济关系和推进作用来考量一个城市的中心性和影响力的,地理位置重要,中心性强,影响力大,地缘经济地位就高。

地缘经济地位是历史积淀和天然形成的。而城市中心性有相当一部分是后天建设而累积的。成都在中国西部的地缘经济地位首屈一指。喀什在中亚诸国边界的地缘经济地位非常重要。上海在整个东部的地缘经济地位最高。香港在东南亚甚至亚太地区的地缘经济地位高居第一。

CBD(中心城市的中央商务区)

CBD(中央商务区)又称商务中心区或中央商业区。CBD概

念,是 1923 年美国社会学家伯吉斯首先提出的。CBD 是一个城市、城市群及相应区域的经济发展中枢,是现代城市的功能核心,城市现代化、国际化的标志,是集中了大量而密集的金融、商贸、商务、服务等高层建筑楼宇及商务酒店、商务办公、公寓、文娱等配套设施的黄金地带,具有完善的交通、通信等现代化的基础设施服务系统和良好环境,有大量的公司、金融机构、企业财团在此开展各种商务活动。区内需有高档次的甲级写字楼、大型购物中心、政府服务中心、康乐文娱设施等。并有与公路干线、铁路、港口等贯通的快捷通道,方便客商和广大市民由各区往来。一般要求,中央商务区内写字楼占总建筑面积的 50%,商业、餐饮业及公寓等占 40%,其他配套服务设施占 10% 左右。CBD 总占地 3 至 5 平方公里或更大,建筑面积 500 万至上千万平方米,并有城市"地标"建筑。同时具备金融、贸易、购物、服务、展览、咨询等多种功能。

中央商务区应须具备地理、地价、建筑、产业、功能、时代性等外部特征。即:第一,必须是大城市、特大城市,甚至国际化的、世界性的城市,地缘经济地位很高。CBD 是一个特大中心城市里最精华、超景观区域。对于世界性城市,中央商务区还可能是由一个"主都心"和一个或几个"副都心"构成的复合式中心区域。譬如东京的 CBD"都心"在银座、丸之内、日本桥、新宿一带,"副都心"在池袋、涩谷、赤坂、台场一带;首尔"都心"在中区、钟路区,"副都心"在江南区、瑞草区;香港以中环及尖沙咀为"都心",铜锣湾及旺角为"副都心";上海浦东陆家嘴和对岸浦西外滩人民广场、南京路、淮海路东中段为"都心",火车站、徐家汇、虹桥等为"副都心"。第二,CBD 在黄金地段,地价和楼价在整个城市内应是最高的。"地王"和"地标"皆在其内。第三,摩天高楼林立,建筑体量大,建筑面积多超千万平方米。第四,最重要的是,CBD 须以现代第三产业为主导和主体,金融、保险、证券、中介、会计等超大规模企业集团的管理总部,或境外国际企业集团、财团、银团驻该地区或该国的经营总部,集中入住于此,并辅以传统第三产业为其服务。第五,具有市场化的经济控制功能,CBD 支配、主导、把控本城市、本区域和以本城市为核心的城市群的经济动势,实则是政府宏观调节下的市场经济枢纽结构。第六,公司总部、金融中心和专业化服务群体,成为 CBD 三大职能机构,具有市场经济鲜明的时代特征。

中央商务区的内部特征包括:在区域内具有最高的"中心性"。CBD 所提供的产(商)品及服务都是本大区域、国内最高水准,所从事的贸易和交流都是最高档次的;具有最高的"可达性"和拥挤程度,人流、车流、建筑密度在本城市和区域都是最高的,具有极高的商业凝聚力和市场向心力;具有最高的人际与信息交流量;具有最高的土地价格;具有最集中最高档的零售业,并规划有步行街、单行道、循环道、人车分流道和地铁中心站、隧道、步行天桥以及地下或立体多层停车场;具有最高的"服务集中性"。涵盖经济行政、商务区管理、文化娱乐等公共服务、商务服务最高职能。

遵循国际概念、复合功能、数字化、以人为本、生态绿色等根本原则,是 CBD 所必需的要件。作为中央商务区,其规划建设、管理服务、商务环境和经济贡献、经济影响力,皆需体现国际水平,推动区域经济与世界经济的沟通,成为对外开放的重要窗口。区内还应具有高密度商务活动以外的浓厚文化氛围,成为经济全能中心。楼心商务区、混合功能区和高层居住区综合配置,信息网络规划、建设、管理、运营与服务水准一流,电信、互联网和卫星电视三网合一,电子商务和电子政务尽相配备。具备绿化系统和人性空间。水体、阳光随处可见,自然生态与现代商务有机融合。

政府强力支持,科学规划,投入巨资建设公共基础设施,给予优厚政策倾斜。地方经济强势支撑,必须集约与建筑外壳相适应的经济基础和市场规模,具备最高标准的国际国内招商入住能力。为高度聚集状态的商务工作区提供无障碍交通和高效率服务,力避交通拥堵,把过境高速公路、城际铁路和轻轨直接延伸至中央商务区,与地铁中心站会接,与高层写字楼群出口相通,在地铁中心设置地下步行街和商店区。截至 2008 年,北京、南京、唐山、上海、重庆、深圳、广州、哈尔滨、青岛、沈阳等城市,都已明确提出 CBD 规划,并加快了实施步伐。

内陆经济与口岸经济

内陆经济又称为内地经济,是指遥距沿海、沿边口岸的内陆广大地区或腹地的较封闭的经济形态。内陆经济的外向度和开放性较弱,往往多资源而少资金,多原料而少市场,资本的流动性不够。内陆经济必须倚重发达的交通建设,靠投资拉动来带引上下游产业,吸引沿海、沿边及境外资金注入或产业转移,以谋求较快发展。

口岸经济顾名思义是沿海沿边的对外交通物流口岸、对外开放口岸城市及区域的开放型经济形态。口岸有海上口岸和陆上口岸之分。口岸经济的外向性很强,具有国际性,资本活跃,市场广阔,发展速度快,经济总量大,综合竞争力强。

经济特区与专属经济区

专属经济区,又称经济海域,是指 1982 年《联合国海洋法公约》为解决国家或地区之间的因领海争端而提出的一个区域概念,是指领海以外并邻接领海的一个区域。专属经济区从测算领海宽度的基线量起,不应超过 200 海里(370.4 公里),除去离另一个国家更近的点。沿海国对其专属经济区的渔业资源和矿产资源拥有开发利用或准许他国利用的专有权,拥有对该区内的水覆水域、海床和底土的自然资源(生物和非生物)的勘探和开发、养护和管理的主权权利等,对人工岛屿、海洋科学研究和海洋环境保护拥有管辖权;其他国家在该区内的航行、飞越、铺设海底电缆和管道不受限制。

专属经济区有一个重要问题就是,相邻沿海国之间如果都对外延伸200海里,可能有重合、交叉的海域,必然对重合范围的资源采掘权发生争议。

中国南海专属经济区油气储量颇丰,油气可开采量高达200亿吨。近年已被诸邻国以各种理由大肆偷采。中国其实可以特许民营企业经报批,准赴南海海域开采油气资源,抓住抢占资源的巨大商机。

沿海经济特区已是人人熟知的概念。经济特区是在国内划定一定范围,在对外经济活动中采取较国内其他地区更加开放和灵活的特殊政策的特定地区。1979年中国首先提出经济特区概念,并在深圳率先实施。究其实质,经济特区也是世界自由港区的主要形式之一。经济特区以减免关税等优惠措施为手段,通过创造良好的投资环境,鼓励外商投资,引进先进技术和科学管理方法,以达促进特区所在国经济技术发展的目的。经济特区实行特殊的经济政策、灵活的经济措施和特殊的经济管理体制,并坚持以外向型经济为发展目标。

经济特区是中国政府允许外国企业或个人以及华侨、港澳同胞进行投资活动并实行特殊政策的地区。特区内,对境外投资者在企业设备、原材料、元器件的进口和产品出口,公司所得税税率和减免,外汇结算和利润的汇出,土地使用,外商及其家属随员的居留和出入境手续等方面提供优惠条件。

经济特区的目的和作用可以概括为:扩大本国的对外贸易;引进更多的国外资金、技术和管理经验;增加就业机会,扩大就业;加快特定地区经济开发与发展速度,营造新型的产业结构和社会经济结构,对全国或地区经济发展形成吸纳和辐射态势;获得更多的土地出售、出让和出租收益。

2010 年 5 月,中央批准新疆喀什经济特区正式设立。2004 年,笔者在写作《中国城市走向》专著中首议设立南疆以喀什为中心、联动库尔勒的内陆经济特区。内陆经济特区与沿海经济特区究竟有何区别?既然经济特区是实行特殊经济管理体制和特殊政策,用减免税收等优惠办法和提供良好的基础设施,吸引外商投资和促进出口的特定地区,喀什特区照样也应该有此功能。

维吾尔文化发祥地喀什,自古就是"五口通八国、一路连亚欧"的西部边陲最重要的国际陆上通商口岸,北方丝绸之路西出欧陆的桥头堡。但随着近古丝绸之路的逐渐衰微,喀什已数百年被边缘化。设立喀什特区,其中最重要的功能之一就是营造新的国际交通与对外贸易开放口岸。唯有开放,是成就特区的先机。喀什的未来是西部边陲国际大都市,是大西部尤其西部经济高地成渝西"西三角"经济圈和成渝城市群对外开放的门户,是西进西出战略的新目标,是亚欧大陆桥、亚欧国际经济走廊的出发地与目的地,是中西亚自由贸易区的开端。

特区之"特"在开放。"西进",是东南沿海投资与产业向西部大举转移;"西出"是借喀什口岸以构建亚欧大陆桥和亚欧经济大走廊。如果只有"西进",没有"西出",就没有西部开放,"西进"则会不力。喀什特区设立与"西进西出战略"实施,形若孪生,相辅相成。许多媒体曾将"京、津、渝、成统筹城乡发展试验区"误说成"新特区",最近有的或把喀什特区与京津渝成试验区混为一谈,实则是对特区缺乏真正理解而形成的舆论误导。试验区不是特区,因为试验区不强调开放功能。城乡统筹试验区主要解决破解城乡二元结构、推进城乡综合发展和实现特大城市建成区与功能区扩张等问题。试验区是一个"泛概念",没有专门的一级行政机构,而是沿用原有行政机构。特区是一个特定概念,必须成立专门的一级行政机构进行管理和运行。喀什是第一个内陆经济特区,除了与沿海经济特区在地域位置不同以外,赋予其开放功能、特许政策和行政管理体制都应该至少同等。目前南疆喀什地区经济还较落后,北疆十一城市形成的天山北坡城市链经济较为发达,若要以喀什现状带动全新疆,让全国都很茫然。作为内陆经济特区,正如当年深圳带动和影响整个东南沿海一样,喀什要带动和影响的是整个西部地区,而非仅仅是影响和带动全疆,因而必须举全国之力打造喀什特区,使之具有西部对外开放第一门户的国际口岸功能和激发西部经济活力的国际市场功能。如果不准确定位喀什特区的功能、价值与发展目标,内陆经济特区的意义就不能真正得以充分体现。

第 七 章

产业经济学时论

——宏观经济向微观传递的中观过程

一、二、三产业的界定

一二三产业是根据社会生产活动历史发展的顺序对产业结构进行分类的划分法。通常称做"三次产业"分类。我国把生活资料类产品直接取自于自然界的劳动部类称为第一产业,也是最早形成的产业。把对初级产品进行加工,或生产资料直接取自于自然的劳动部类,称做第二产业。把为生产和消费提供各种服务的劳动部类称为第三产业,也可以把非直接生产的劳动部类称做大服务业。

第一产业:农业,包括种植业、林业、牧业和渔业等。

第二产业:工业,包括采掘业、制造业、能源产业、自来水业等和建筑业。

第三产业:除第一、第二产业以外的其他所有产业门类都可统称为第三产业。第三产业一般可分为两部分,即流通部分和服务部分。还可分为三层次:第一层次是流通部门,包括交通、运输、仓储(物流)、邮电、电信、移动通信、批发、零售、贸易、餐饮、娱乐、住宿、旅游业等;第二层次是为生产与生活服务的部门,包括金融业(银行、保险、证券、期货等)、地质勘探、水利管理、房地产业、社会综合服务、技术综合服务业和生活综合服务业等;第三层次是为提高科学文化水平和公民素质而服务的事业中可以产业化的部分,包括职业技术教育、文化、创意、艺术、传媒、出版、医疗卫生、体育竞技、科学研究、技术研发、规划、设计、咨询、策划,社会福利业等。有人把普通教育、义务教育等国民教育和政府职能部门亦归为第三产业,着实不妥,因为它们不应该是产业。

在经济研究、经济规划与经济管理实践领域,产业结构的分类至少有三种:一是性质及属性分类法,二是三次产业分类法,三是资源密集度分类法。

按生产活动或劳动的性质及其产品属性对产业分类,可分为物质资料生产部门和非物质资料生产部门两大领域。从事物质资料生产并创造或制造物质产品的部门,包括农业、工业、建筑业、交运邮电业、商业等;从事非物质资料生产并提供非物质产品或服务的部门,如科技、文教、卫生、金融、咨询等等。

按资源密集度,即各产业所投入的、占有主导地位的不同生产要素为标准所划分的产业部类,可分为劳动密集型、资本密集型和技术密集型产业。这些生产要素有劳动力、资本和技术三种。

劳动密集型产业,是进行生产主要依靠大量使用劳动力,而技术含量和设备依赖程度不高的产业,主要包括传统农业、林业和纺织、服装、玩具、皮革、家具、普通电子轻小机器元配件等传统制造业,以及依靠手工加工为主的食品生产、工艺品制作等作坊式轻小工艺或手工业;资本密集型产业,指在单位产品成本中,资本成本比劳动成本占比要大得多,所投入的固定资本和所占用的流动资本额度很高的产业,主要包括钢铁、石化、装备、重机、大中型交通运输工具制造、电力工业等,即从事基础、加工等重大资本品生产的产业;技术密集型产业,指在生产过程中对技术和智力要素的依赖远远超过对其他实体型生产要素的依赖的产业,包括微电子与信息产品制造业、航空航天工业、原子能工业、现代制药业、新材料工业等。另外,也有兼跨技术与资本双重密集型的产业,如现代化生产线的食品加工业,资本投入大,技术含量高,产能也大。

国际标准的产业分类

为使不同国家的统计数据具有可比性,联合国颁布了《全部经济活动的国际标准产业分类》(ISIC)。现在通行的是 1988 年第三次修订本。这套《国际标准产业分类》分为 A—Q 共 17 个部门,其中包括 99 个行业类别。这 17 个部门为:A. 农业、狩猎业和林业;B. 渔业;C. 采矿及采石;D. 制造业;E. 电、煤气和水的供应;F. 建筑业;G. 批发和零售、修理业;H. 旅馆和餐馆;I. 运输、仓储和通信;J. 金融中介;K. 房地产、租赁业;L. 公共管理和国防;M. 教育;N. 保健和社会工作;O. 社会和个人的服务;P. 家庭雇工;Q. 境外组织和机构。

我国发布的《国民经济行业分类与代码》就是参照了《全部经济活动的国际标准产业分类》而制定的,因此产业划分与包括"经济合作与发展组织"(OECD)在内的大多数国家基本一致。

三次产业结构的矛盾及变化趋势

三次产业的增加值和从业人数,随着经济社会发展而逐年产生着较大变化。一般的,第一产业即农业的增加值和就业人数在国民生产总值和全部劳动力中所占的比重是连年不断下降的趋势,待降到一定程度后即保持基本不变的状态,这个状态临界点就标志着农业资本化、集约化、规模化经营和科学技术广泛应用及机械化生产,农村剩余劳动力不复存在,传统农业完成了向现代农业的转型。第二产业,即工业的增加值和从业人数在工业化的初级阶段逐年上升,在工业化的发达时期开始逐年下降,下降到一定程度即基本保持平衡,从上升到下降的临界点就是工业从近代化向现代化转型的拐点,意味着当工业社会化大生产的劳动大部分已被大机器和高技术所取代,工业所创造的物质财富供大于求。第三产业,即流通与大服务业的增加值和从业人数连年一直呈上升趋势,当超过国民生产总值和全部劳动力占比的60%以上,即相对保持在70%左右基本恒定或微升,盖因国民经济发展占主导地位的产业部门,由工业化初、中期的工业,过渡到"后工业化时代"以高新技术、信息产业和服务业为主导。

工业内部的各分支产业的结构也随经济社会发展而变化。由轻小工业、生活品加工制造业为中心,转向以重化、冶金、机械加工等重大工业、资本品加工制造业及信息化电子化产品制造业为中心。农业内部的分支产业的结构随生产力的发展和社会需求层次变化而变化。种植业比重不变,但生产水平、生产量及品种数量提高和增加,畜牧业的生产、加工愈加受到重视,林业从伐木、加工林产品转向禁伐、封山、育林和保护生态,渔业从单纯捕捞转向适度捕捞与人工养殖相结合,并大大提高产量与质量。

发达国家和地区的产业结构日趋合理。"亚洲四小龙"之一的韩国经济在20世纪80年代至90年代发生了翻天覆地的根本性变化。GDP从1981年的668亿美元、1986年的1027亿美元提高到1991年的2871亿美元。三大产业结构变化也非常明显。上世纪90年代韩国第一产业比重降为7.6%,第二产业占比27.7%,第三产业占比跃升为64.7%。三次产业结构进入了世界先进国家的良性循环。资本与技术密集型产业生产能力大幅度提高。

发展中国家的产业结构矛盾突出。市场经济前期,农业结构矛盾表现为耕地、水资源紧缺而劳动力严重过剩,增产不增收,传统农业模式已不能适应时代发展的步调,其发展速度与劳动效率大大落后于工业化和城市化,城乡差距很大;工业呈现供给量大而需求严重不足的不合理状态,生产过剩,全社会收入低,工业经济总量大,社会购买力较小;第三产业比重过低,其原因有交通不发达、城市化进度赶不上经济发展速度,市场发育不够,流动、服务领域分工不细等诸多问题,又表现为第一、二产业的劳动力向第三产业转移不够。

产业经济、产业集群与产业竞争力

国民经济各行各业所构成的社会综合经济体,称为产业经济。产业是介于微观经济与宏观经济之间的若干经济元素集合而成的中间体。微观经济体指的是企业和家庭,宏观经济体是国家层面的国民经济。各行各业组合成产业,各产业组合成国民经济。产业结构的不合理导致经济结构不合理并相互影响。经济结构调整将推动产业结构优化。

产业经济学就是研究产业的成因、分类、结构、变化与调整、优化的中观经济学。

城市的主导产业应该是第三产业。流通和服务是城市经济的最大主体的首要任务。现代经济是城市经济为主干的。第三产业在城市现代化的后工业文明时期成为国民经济的主导产业。第一、二产业都是实体经济,第三产业步入现代经济之后是实体经济与虚拟经济的结合体。

现代经济结构中,各产业又汇聚成为区域产业集群。

产业集群概念是1990年迈克·波特在《国家竞争优势》一书中首先提出的。在通常以一个主导产业为主,大量的产业联系紧密的企业以及相关支撑结构在区域空间上密切聚集,并形成强劲、持续竞争优势的现象，即称为产业集群现象。区域竞争力对企业竞争力有很大影响，产业集群是工业化过程中期及后期的普遍现象。所有发达的经济体中，都有着各种产业集群的存在和壮大。不同产业的纵深程度与复杂性各异。产业集群代表着介于市场和等级之间的一种新的空间经济组织形式。

产业集群是特定区域内具有竞争与合作的关系，且在地理空间上集中，有交互关联性的企业，专业化供应商、服务供应商、金融机构、相关配套产业厂商及其他相关协调与服务机构等组成的综合性企业群体。许多产业集群还包括因产业延伸而涉及的销售渠道、顾客、辅助产品制造商、专业化基础设施供应商等，政府及其他专业化培训、信息、咨询、研发、标准制定等高端服务机构，以及同业公会和其他相关的民间团体、公益组织。因之，产业集群超越了一般产业范围，形成特定地理范围内多个产业相互融合，众多类型结构相互联结的共生体，构成这一区域特色的竞争优势。产业集群发展状况已经成为考察一个经济体或某个区域和地区发展水平的重要指标。

从产业结构和产品结构角度分析，产业集群实际上是某种产品的加工深度和产业链的延伸，是产业结构在特定区域的调整、优化和升级。从产业组织和微观管理角度观照，产业群实际上是一定区域内某个中小企业或大型企业集团的纵向一体化发展，再与同类型和不同类型的关联性企业集团横向联合或共享优势资源，组成产业集群。从产业集群中某单个企业或产业组织的角度审视，企业通过纵向一体化，可以用费用较低的企业内部交易代替费用较高的市场交易，达到降低交易成本之目的；通过纵向一体化，可以增强企业生产与销售的稳定性；通过纵向一体化行为，可以在生产成本、原材料供应、生产配套、产品销售渠道和价格等方面形成一定的竞争优势；通过纵向一体化，可以提高企业对市场信息的灵敏度和判断力，并使企业更快进入高新技术产业行列和高利润产业群落等。

　　结合产业结构和产业组织来综合解构,产业集群实则是产业群聚发展,并形成同类企业纵向一体化的多条产业链,同一区域不同类别分支产业再汇集成的多层次多元化产业复合链。产业集群的核心价值在于一定空间范围的产业高集中度,有利于降低企业的制度成本(包括生产成本、交换成本)和机会成本,提高规模经济效益和范围经济效益,提高产业和企业的市场竞争力。在一个城市群中,众多推进性的产业集群的竞争优势和群团效应,则可促成产业高地的崛起和构筑增长极。

　　产业集群的共同特征就是:每个区域的大部分企业紧紧围绕一个或几个统一或相关紧密的产业,从事高度集中的产品开发、生产和销售等经济行为,充分体现集中优势;产业内部企业之间以某个或某几个产业特征作为连接,实行专业分工,供应商、生产商和客户及辅助性行业一条龙频繁互动,而构成分工精细、配套稳定的产业链;通过集群成员之间的供需关系的连接,而实现采购本地化,形成整个集群成本优势;产业内部单个企业大部分可能是中小企业,或有某个迅捷成长的大型企业集团的引领,使整个集群具有显著的规模优势和很高的市场占有率;集群产品销售的市场渗透力极强,一些集群在发展过程中形成了与地区专业市场互动发展格局;产业集群中形成配套的超过规模的专业化产品集散中心;产业集群的形成过程,是市场自发涌集与政府相机引导双向努力形成合力的结果。

　　产业集群对产业竞争力产生着深刻的影响。产业竞争力是一国或地区产业对该国或地区资源禀赋等比较优势和市场环境的能动反应和有机调整的能力。同一产业门类的相关企业群形成相互竞争与协作态势,强劲促进产业竞争力的提升。产业集群是产业组织的最佳形式,最能激发创新因素和放大竞争力。产业集群提高企业团队整体竞争能力,加强集群内企业有效合作,增强企业创新能力和促进企业成长,良好的创新氛围和条件促进知识、技术在集群内企业间的迅速扩散,从而大大降低企业创新成本,同时上下游产业之间对创新具有相互要求与推促力量,完整的产业链体系易使产业集群发挥资源共享效应、边际利益共生效应和区域品牌效应。

推出产业集群概念,为政府对区域经济发展提供了制定经济规划和产业政策的新视角。产业集群不是纯企业行为和纯市场行为,必须有政府推手作用和企事业单位及行业公会等的辅助与服务。政府必须在现代新经济发展新形势下,重新思考自己的角色定位与能动作为,专注于消除阻滞生产力成长和竞争优势形成的一切障碍,扶植区域产业支柱,造就本区域的经济迅速崛起和持久繁荣。

霍夫曼系数与工业化分歧

1931 年,德国经济学家 W. C. 霍夫曼设定了"霍夫曼比值"或"霍夫曼系数",即消费资料工业净产值/资本资料工业净产值,并指出,随着一个国家工业化进程,此比值呈现出不断下降的趋势。此即著名的"霍夫曼定律"。它表明,在工业化初期,工业结构以轻工业为主,加工程度较低;随着工业化的推进,加工程度高的重化工业和机械加工业优先发展,在总产出中的比重增加。工业化前期,霍夫曼比值较大,$H' = (6—4)$;工业化中后期,霍夫曼比值减少,中期 $H' = (3.5—1.5)$,后期 $H' = (1.5—0.5)$,甚至 $H' < 1$。霍夫曼比值越小,重工业化程度越高,工业化水平也就越高。霍夫曼定律是产业结构变化的一般规律。霍夫曼进而预言,进入工业化后期,资本品工业即生产资料工业的产值比重不断上升而成为主导产业。

如果说霍夫曼定律只用来分析一个地区的工业即第二产业,

依然是可行的,但要放在现代新经济框架下。国家及区域经济结构、城市和区域三次产业结构整体分析,霍夫曼定律就不能解释新的发展需要,而易误导地方政府宏观决策。

用霍夫曼定律来分析 20 世纪初中叶的工业化国家的经济形态,是颇有见地的;用来分析改革开放 30 多年间的中国宏观经济,似乎亦有道理。但是,正如所有的科学都建立在一定的假设前提下,霍夫曼定律,前提条件发生改变,就要修订,否则结论与现实就会产生冲突。任何科学都要发展。霍夫曼定律建立在先行工业化国家的早期增长模式之上。那个时期,经济增长依赖于机器作业对手工劳动的替代。在替代过程中,必然发生资本对劳动的比例,或资本有机构成的提高,使资本品生产优先增长。而现代经济增长,从工业化到信息化,从工业化到城市化,增长源泉不仅是传统资本的投入,而更主要是技术进步和效率提高,同时,随着人类社会生产力水平提高,科学技术突飞猛进,现代金融业不断创新,第三产业取代第二产业成为主导产业。这时,资本品优先增长已非必然趋势。霍夫曼定律在现代经济尤其城市群经济框架下,受到质疑。无论作为工业化第一梯队的英、美,第二梯队的德、法,还是第三梯队的日本,进入 20 世纪中末叶至 21 世纪以来,其增长最快已不是工业,更不是资本品工业和重工业,而是第三产业。所以,霍夫曼定律的历史局限在新经济时代十分尴尬。

在西方工业革命起步到趋于工业化阶段,中国还是纯农业国家。孙中山积极主张以农为经,以商为纬,以交通建设为前提,以工业为支柱的工业化和城市化,作为中国近现代化发展之路。改革开放 30 多年,中国以工业化初步完成了国家资本原始积累。而今,进入继续改革、扩大开放的“后新时期”,西部地区的地级市、区域中心城市还可以根据自身具有的基础条件来决定是否真的需要继续大举推进工业化。而工业化已经发展到一定阶段的特大中心城市,尤其省会市,走出“霍夫曼情结”,重点发展第三产业作为城市经济的主导产业,是新的历史阶段的全新使命。

产业转移、转型与升级

区域经济学把一个国家或地区过剩的产业,通过政府引导和企业自主,分别或群体迁往另一个国家或地区去建厂、生产、经营和发展的现象,称作产业转移。

产业转移是经济发展到一定阶段,区域间产业不平衡而发生的产业区域调整。国内的产业转移称作区域产业转移。跨国的产业转移称作国际产业转移。

影响产业转移有劳动力、内部交易成本、市场等重要因素,国家政策调整、国际形势变化、原生产用地紧张、地价变得昂贵、环境污染严重等因素也影响产业转移。

产业转移促进区域产业结构调整和区域产业分工与合作,改变区域地理环境和劳动力就业的空间分布,靠近资源地或市场口岸,趋向产业配套和利于打造上下游产业链等,作用巨大。改革开放以来,世界上发达国家的制造业已经通过三资企业、"三来一补"等方式,大量转移到了整个东南沿海地区。国内产业转移,目前主要从劳动密集型产业、加工制造业和资源型加工业开始,由发达地区转移向欠发达地区,由东南沿海转移向中西部内陆,由特大中心城市向区域中心城市之间的开发园区渐次推进。故而产业转移是为顺应区域比较优势,或为调整结构,而通过跨区域直接投资,把部分产业搬迁、空降或重建于另一个更宜于发展的区域或亟待发展的地区的经济现象。

产业转移对于原产业发展地区是发起转移方,而新的产业发展区域则为转移承接方。对产业转移的承接区域,首先要为产业转移提供载体和构筑平台,创设招商引资软硬环境,改善金融服务、设施服务和公共服务,并打造具有专业特色的工业园区,以成为吸引和承接产业转移、促进和加快产业聚集、培育和聚合产业集群的张力场,形成资本流入的洼地效应和产业云集的高地效应。

西部大开发10多年来,交通、水利、能源、通信、信息等重大基础设施建设初具规模,公共服务体系建设初见成效,初步具备了承接产业转移的外部条件。东部沿海的土地、劳动力、水、电等要素成本大幅上升,急需转移与升级,加之,全球金融危机使沿海出口锐减,美国等最大商品进出口国经济依然低迷有待复苏。东、西部产业转移进入成熟期。东部地区资本相对饱和,经济潜力挖掘将尽,本地市场难于满足资本增值的需要,加上成本、环境、市场等多种综合因素的影响,资本向外地扩张的本能需求愈加强烈。据国务院发展研究中心预测,2010年沿海9省市(京、津、沪、苏、浙、闽、鲁、粤、辽)工业增加值占全国的比重将由54%下降至46%。

西部广阔的市场空间,是沿海企业转移的巨大诱因。沿海在国际竞争中洗牌,淘汰低产能企业和技术落后产业的战略布局,也促使劣势产业在向西部转移中转型和升级而成为优势产业。西部高科技成果累累,正好在承接转移的企业中获取资本催化,得以孵化与应用。

第 八 章

文化经济学试论

——化腐朽为神奇的文化经济嫁接

文化经济与文化产业——第四次浪潮

文化经济是用以满足人类文化消费与休闲需要的经济形态。文化经济学是研究文化(及艺术)产品生产、流通、消费全过程的一门新学问。文化经济的使命是为人提供满足精神、感官享受和心理慰藉的有偿服务,并且可以增添其他实体经济或实物经济的文化附加值。

文化经济的实现形式是文化产业。日本日下公人的《新文化产业论》一书中,把文化产业大致划为三大类:即:1. 生产与销售以相对独立的平台呈现的文化产品,如书籍、报刊、雕塑、影视等;2. 以劳务形式出现的文化服务业,如歌舞戏剧演出、体育、娱乐、文化策划、文化经纪等;3. 向其他商品的相关行业提供文化附加值的行业,如装潢装饰、形象设计、文化旅游等。

在文化经济及文化产业的生产环节和流通环节,当尽快建立起与文化市场经济相适应的产业投资体系和市场开放体系。在文化产品消费领域,重在研究消费对象、消费需求和产品本土化特色,以适销对路。

　　文化经济发展,文化产品开发和文化产品推销的过程,也是更新观念、调整结构和移风易俗的过程。在传统经济、计划经济时代,物质匮乏,文化消费、精神享受和休闲玩乐,几乎成了不可饶恕的罪过。而现代市场经济发展使物质财富巨量积累,进入所谓"物质经济过剩"时代,人们物质生活开支占总开支的比重越来越小,更多的消费向文化、娱乐、休闲方位转移。人们工作时间、有效劳动时间将随社会经济发展而缩短,休闲度假时间将增长。因而文化休闲产业将拓展出更大的市场空间以应对需要,并成为新的经济增长点。发达国家未来几年的休闲产业从业人员将扩大到占社会劳动力的80%—85%,休闲产业为主的第三产业将占 GDP 的一半以上。有人预测,与第一次浪潮历时一万年间的农业革命、第二次浪潮历时三百年的机器工业革命、第三次浪潮电子科技信息革命截然不同,第四次浪潮中,新能源、新材料工业革命仅仅能成为基础和背景,其居于主导地位的是东西方文明交会的文化经济。文化与经济大融合,文化产业的大发展,是第四次浪潮的主流特征。

高新科技产业与文化创意产业——体验经济

　　美国学者约瑟夫·派因和詹姆斯·吉尔摩提出了"体验经济"概念。体验经济又称为"感受经济",其本质是文化经济的特殊形式、高端形式和浪漫形式。马斯洛的心理需要层次说认为,追求精神满足和个人价值人格实现是高级心理需要,这种需求是无限的,也为文化经济发展,开辟了无限的可能性。华盛顿经济发展基金会主席里夫金指出:"高技术可以提高人们的生活质量,我们所缺乏的恰恰是如何利用大有发展前途的工作方式的设想。"美国出口创汇额最大的产品,不是电子产品、科技产品,而是建立在高新科技支持基础上的文化创意产品。美国的文化经济从1929年特大经济危机开始,人们在物质产品严重过剩的转折时期,转而追求文化、休闲、旅游等精神产品的生产与消费,经济转型带动了电影艺术市场的大繁荣,文化产品市场的勃兴,文化、休闲、旅游、体验经济的大发展。逐渐涌现出好莱坞、迪斯尼等文化艺术主题体验旅游娱乐园区和众多文化企业及系列衍生产品。直至2007—2008年美国又一次特大经济危机爆发,美国东部的工业城市其实早已在10年前就比较萧条了,而美国西部的新兴城市高度现代化,文化经济、旅游经济、科技经济、休闲经济和体验经济长盛不衰,且越加发达。2009年,不足600亩土地的迪斯尼乐园,20年来一如既往地不断创造着经济奇迹和财富神话,在危机大环境中屹然峭立,仍获年度总收入400亿美元的经济高增长。

文化经济与科技经济的嫁接,结下的就是"创造经济"之硕果。迪斯尼神话就是文化与科技高度而神奇结合的产物。迪斯尼即是体验经济的经典模式,以高科技手段模拟和演绎主题故事,让受众身临其境,感同身受,在刺激得尖叫的超级游乐和动感体验过程中有惊无险,获得终身不忘的巨大愉悦。这正是20余年来,一年365天每天都有数万游客来自世界各地,排起长队等待参与的谜底所在。每年迪斯尼接待国内外游客超过1500万人次。文化创意经济、体验经济的巨大魅力,为迪斯尼的持久繁荣作了最生动的注脚。

中国未来的文化创意经济和休闲体验经济开发,如果把美国的高科技手段用以表达八千年文明古国的辉煌历史人文题材和主题,表现神秘的东方大国高度富集、绝无仅有的世界级风光影像艺术境界,同时如美国迪斯尼那样衍生开发一系列上下游文化产品,形成多层次文化产业链及多档次文化产品链,那么获得的文化经济回报,将是美国的数十倍甚至上百倍!

传媒出版经济

传媒出版经济是文化经济、文化产业和第三产业的重要组成部分。新闻传媒与出版业包括报刊、通讯社、广播电视台、电子网络、出版社等。文化事业的企业化运作,媒体产品生产与销售,并衍生了广告业务,产生了传媒出版经济或传媒经济,诞生了传媒与出版经济学。

世界新闻传媒与出版五巨头,美国在线——时代华纳、法国威望迪环球集团、德国贝塔斯曼、美国默多克世界天空传媒和美国新闻集团,都是多元化经营的综合型跨国产业集团。

创建于 1835 年的贝塔斯曼是世界最大跨国出版集团,包括六个子集团:在全球拥有 5500 万会员的贝塔斯曼直接集团,欧洲最大电视广播集团——RTL 集团(拥有 23 家电视台、17 家广播电台和美国以外的最大独立电视销售商等),全球最大图书出版集团——兰登书屋(在全球拥有 150 多家出版社),欧洲最大、世界第二杂志出版集团——古纳亚尔(拥有 100 多家报纸杂志和专业网站),世界音乐和行业信息市场领袖、美国排名第一的单曲唱片发行公司——贝塔斯曼音乐集团(BMG)(在全球拥有 200 多家唱片公司),欧洲最大传媒服务供应商——欧维特服务集团(拥有包括世界第二大 CD 生产商和欧洲第一大 CD—ROM 生产商、在欧洲处于领导地位的印刷公司、呼叫中心、数据管理、客户关系管理公司等)。贝塔斯曼总集团共有 2 万名员工,年经营额达 193 亿欧元,其中图书年销售额 75 亿欧元,年出新版图书 2000 余种,再版 2 万多种,日均销售图书 150 万册,4000 多万名书友会会员遍布世界上 19 个国家和地区。而 8000 万人口(人口总量仅约为中国的 1/17)的德国 2009 年度图书销售额 97 亿欧元,相当于中国的 129%。贝塔斯曼的年度图书销售量接近全德国图书销售量。德国和前苏联是世界上拥有读书人口比例最高的国家。德国有4000 家公共图书馆,读书人口占总人口的 65%,全德国 30% 的人口每月至少光顾书店一次,每年阅读书刊 10 本以上。读书人口量决定了出版业的兴旺值。贝塔斯曼不仅是文化巨商,而且是读书生活的引领者,于 1985 年倡导全民读书活动。1996 年德国已有600 万个家庭参与。贝塔斯曼在世界 500 强品牌中排名 236 位、财富排名 281 位。

美国 AOL 时代华纳主要有美国在线、广播、电视、出版发行、影视娱乐、音乐等六大业务,网络传媒在全球首屈一指,包括全美最畅销杂志《时代》、《人物》、《体育博览》和《财富》在内的期刊超过了 64 种,在故事片、电视、家庭录像、动画以及生产/商标许可方面一直居于全球领先地位。拥有 3.07 亿人口的美国 2009 年度仅图书一项销售额为 239 亿美元,相当于拥有 13 亿人口的中国的图书销售额的 2.5 倍。

中国 2009 年新闻传媒与出版业总经营额首度突破 1 万亿人民币。其中,纸质图书销售额约为 600 余亿元,比 2008 年为零增长(2004—2007 年间每年增长 3 亿多美元),全国年度纸质图书销售总额不及一个贝塔斯曼集团企业;数字出版物产值 799.4 亿元,比上年度增长 20% 以上,电子图书读者为 1.01 亿人,同比增长27.8%。由于全国平均文化水平较低,加之文化消费多元化,中国有 3.4 亿个收视家庭和 3.84 亿互联网用户,电视和电子网络数字图书比纸质图书的经济收益要大得多。贝塔斯曼每年只有 6% 的电子图书销售;2009 年英国全国的数字出版物 1.5 亿英镑,仅占图书出版总额 33 亿英镑的 4.5%。中国数字网络图书销售势头引领国际潮流,全世界电子出版物已占 60% 的总市场份额。预计2020 年中国新闻传媒出版经济量占 GDP 总量的比值将从 2009 年的 3% 提升至 5%。新闻传媒出版行业发展迅猛,比起发达国家却还有很大差距,尤其人均购书量和人均读书量过低,纸质出版物包括报媒受到严峻挑战。

2008 年 9 月 6 日国家出台《文化产业振兴计划》，一些省市专门划拨出"文化产业专项引导资金"，推进出版业发展。中国出版改革虽在尝试，400 多家出版社改制试验初告完工，但真正从全局考量，新闻传媒出版业的改革力度还很不够，民营出版商还没有更大的准入和发展空间，需要建立公平竞争机制，逐渐打破公有制行业垄断，以混合所有制形式进行开放式经营，甚至可以在时机成熟时适度允许境外传媒出版商在大陆限量试点独资开办出版社或合资参股经营出版业务。贝塔斯曼于 1995 年进入中国经营图书连锁业务，每年推介图书 2000 多种、销售额 1.5 亿元人民币，拥有中国会员 150 万人，但因无权在中国出版图书，没有全方位经营空间和平等竞争机制，只能主要单一销售中国出版的中文图书，又受到同行挤压，不得已于 2008 年 6 月 13 日关闭全部 38 家店铺，黯然退出中国市场。也许待新的时机成熟，贝塔斯曼会重出江湖再来中国。中国新闻传媒出版业的勃兴，关键仍然在于深化体制和机制改革。

图书出版的问题直接涉及发行机制，目前中国图书发行仍然被计划经济方式所主导，只有新华书店才具备延伸至县城网点的发行渠道，任何其他发行商要短时间投入到读书人口比例太少的偌大全国省市县多级市场建立完整的发行渠道网络都可能得不偿失，而新华书店就仍持典型的国营企业计划经济体制，与出版社的市场经济体制改革不相对称。出版社对新华书店不得不依赖，但仅靠新华书店的经营方式又难以做得更大更活。新华书店惯常到次年一月就把上年度的图书强制下架置于店库，而许多新书要有一个让读者认识的过程和时间段。在这一点上民营书商就要灵活得多。行业习惯把新华书店称做主渠道，把图书民间销售叫做"二渠道"。新华书店进货必须要出版社的发票，就限制了民营书商将图书批发给新华书店，即对民营书商的不准入。由于出版社书号分配垄断,民营书商没有书号资源,只能购买出版社书号出书,出版社后勤部门为个人利益多会指定关系户印刷厂高价印刷而使成本增加,又无法批发给新华书店走主渠道,只有在二渠道上千里走单骑。图书盗版猖獗的原因,与民间书商没有公平竞争的制度环境不无关系。如果走正常渠道可以平等竞争经营,又何必入歧途。实行书号登记制,废除书号单方分配制,严格限制作为文化公共资源的书号买卖,已到燃眉之际。新华书店属于文化部门直属国营企业,出版社又属于新闻出版部门管理,两者一体化经营遭遇条块壁垒制约,多为约定俗成的协商合作。如果双方合作成立跨行业跨条块的传媒出版发行集团,许多相关业务就会更便于开展。

新闻传媒的体制改革虽然敏感,也须适时跟进。

纸质媒体的报媒竞争已然白热化,面临洗牌。平均成本相对较低的周报对日报的竞争压力很大。周报多善于深度报道,受到读者需求的充分肯定。日报的简短讯息,往往赶不上电子网络传媒的快捷和敏锐,今日新闻已成明日黄花,因为早上出报所刊登资讯,昨夜早已在互联网上推出了,时效性大打折扣。周报对期刊业形成竞争态势。期刊的双月刊已近消失,月刊越来越减少,半月刊、旬刊、周刊或月刊一拖二即一刊带二刊逐年增多。期刊以既有一定深度又有相对时效性的周刊,同报纸抢市场。要化解这一矛盾,只有在办刊水平上下工夫。市场竞争将期刊分工不断细化,一般来说越专业越有特色越好,要有针对性地分切目标读者市场。无论是专业的或综合的期刊杂志,只要做月刊,则必须做典藏价值,强调深度、高度与角度,增加信息容量与文本分量。其实月刊不必改周刊,美国国家地理学会一百多年老牌月刊《国家地理》,与美国新闻集团《时代》周刊各占数百万份市场份额,相处甚好,就在于一个做专业典藏,一个做较有深度又相对快捷的资讯。可能未来发展趋势是,日报相当一部分越来越被电子数字新闻网络所替代,周报、周刊和月刊越来越成为纸质媒体的主流。报刊在竞争中重组或退出市场已成常态。主流强势报刊资源整合与跨地域扩张方兴未艾。报刊除一少部分可靠发行盈利外,大部分发行亏贴,盈利主要靠广告经营。积极应对经济危机的负面影响,乘建国或创刊60周年大庆之机,2009年中国广告营业额2040亿元,报、刊、广、电四大传媒仍唱广告主角,电视媒体仍独占鳌头,报业广告营业收入增长8%,西北地区报业广告收入迅猛增长28%,《广州日报》连续第16年位居中国报业广告第一位,《精品购物指南》国庆当天出版488个版单期广告收入超4000万元而成为中国广告历史上的奇迹。适当调整和放宽对传媒作为具有社会公器和文化产业双重属性产业的监管方式和准入制度,纸质媒体的高回报高产值高利润时代,随着体制与机制改革的深入而将长久持续。

最爱读书的国家德国,20世纪80年代调查报告显示人均每天读书仅17分钟、而看电视长达2小时,所以才号召掀起读书热潮。可见电视切入现代人生活之深,电视广告将长期成为传媒广告业中翘楚,其强势地位难以被其他媒体取代。电视新闻垄断,电视节目庸俗化、雷同化和电视广告形式陈旧化、内容虚假化现象越来越严重,目标受众多局限于妇女、儿童和老人,不便于收藏,使电视广告实际价值很低,是尤需全社会关注和业界思考的问题。

第 九 章

金融与贸易经济学丛论

——应用经济学的前沿触角

银行、票号、钱庄

银行是以存款、贷款、汇兑、储蓄、票据贴现等业务承担信用中介的专业化金融机构。

作为传统的金融专业机构的银行,早在公元前 2000 年和公元前 500 年就先后出现在两大文明古国巴比伦和希腊的寺庙,所操持的金融业务是保管金银、收付利息、发放贷款等。从为商业兑换货币到保管货币、收付现金、办理结算和汇款,西欧古代时不计收利息,只收取保管费和手续费的私人金融业,也是银行的前身。古代西方银行正式产生于 1171 年的威尼斯,继后德国、荷兰也成立了银行。西方近代银行出现在 16 世纪资本主义发端时期的意大利威尼斯、米兰,17 世纪阿姆斯特丹、纽伦堡、汉堡等城市相继建立银行机构。1694 年成立世界上第一家股份制银行英格兰银行,1844 年改组为资本主义国家首家中央银行。现代西方银行已发展为兼营多元金融业务的证券投资、黄金买卖、中长期贷款、租赁、信托、保险、咨询、信息服务及电子计算机业务等各个方面的综合性金融公司，实行"混业经营"、"跨业合作"和"分业管理"。

中国的银行业起源于唐朝，苏州的"金银行"即是近现代银行的前身。北宋福州、成都都出现了银行性质的金融机构，南宋时期的建康（今南京）出现了繁华的"银行街"，明朝的"钱庄"、清朝的"票号"都是私人银行。和珅就同乾隆皇帝合办过合伙制的票号。首家官办银行是建立于1905年的"大清户部银行"，1907年（清光绪三十三年）设分行于济南，1908年更名为"大清银行"，1912年民国成立后改名为"中国银行"，行使中央银行职能。

银行经营货币、基金和股票，方便社会资金筹措与融通，集中社会闲散资金用之于社会，充当贷款、借款、保管与支付中介，是其基本业务及功能作用。现代银行业的组成结构非常复杂，有各种分类：国有银行、官商合办合营银行、私营银行；股份制银行、独资银行；全国银行、地方银行；综合性全能银行、专业银行；企业银行、互助合作银行；中央银行、商业银行、投资银行、储蓄银行和其他专业信用机构及民间准金融组织。如此种种，构成了以中央银行为中心、股份制商业银行为主体、各类银行并存的现代银行体系。上世纪以来，随着国际贸易、国际金融业的迅猛发展，一批世界性的银行组织相继建立，如国际清算银行（1930年始）、国际复兴与开发银行即世界银行（1945）、国际金融公司（1956）、非洲开发银行（1964）、亚洲开发银行（1966）。银行在跨国领域里大显神通。

银行本来是把货币作为商品和流通符号出售与经营的特殊企业和仅需投入管理成本的高效益行业，中国银行业以3%的利差计，仅贷款业务一项，每年自动增加利润近万亿元，但一般情况下，多年来全国银行业全年税前利润总额仅2000亿元左右，呆坏账及其他实际成本冲减着银行业的总利润。中国银行业目前的困窘是信用缺失、信任缺失、收入减少和工作效率与服务质量及行业素质偏低,但近年来各种巧立名目的乱收费花样翻新,目前银行服务项目 3000 余种,收费项目超过 700 种。落后的管理机制和人才机制是困扰中国银行业与现代化接轨的最大障碍。金融事业改革势在必行。

世界货币一览表

国家	主币单位名称	辅币及进位
阿富汗	阿富汗尼	100 普尔
阿尔巴尼亚	列克	100 昆塔
阿尔及利亚	阿尔及利亚第纳尔	100 分
安道尔	比塞塔	100 分
安哥拉	宽扎	100 勒韦
阿根廷	比索	100 分
澳大利亚	澳大利亚元	100 分
奥地利	奥地利先令	100 格罗申
巴哈马	巴哈马元	100 分
巴林	巴林第纳尔	1000 费尔
孟加拉	塔卡	100 派沙
巴巴多斯	巴巴多斯元	100 分
比利时	欧元	100 分
伯利兹	伯利兹元	100 分
贝宁	非洲金融共同体法郎	100 分
不丹	努尔特海姆	100 切特鲁姆
玻利维亚	玻利维亚诺	100 分
博茨瓦纳	普拉	100 希比
巴西	克鲁塞罗	100 分
文莱	文莱元	100 分
保加利亚	列弗	100 斯托丁基
布基纳法索	非洲金融共同体法郎	100 分
缅甸	缅甸元	100 缅甸分
布隆迪	布隆迪法郎	100 分

柬埔寨	瑞尔	100 苏
喀麦隆	中非金融合作法郎	100 分
加拿大	加拿大元	100 分
佛得角	埃斯库多	100 分
开曼群岛	元	100 分
中非共和国	中非金融合作法郎	100 分
乍得	中非金融合作法郎	100 分
智利	比索	100 分
中国	元	10 角 = 100 分
哥伦比亚	哥伦比亚比索	100 分
科摩罗	科摩罗法郎	100 分
刚果（布）	中非金融合作法郎	100 分
哥斯达黎加	哥斯达黎加科郎	100 分
古巴	古巴比索	100 分
塞浦路斯	塞浦路斯镑	1000 米尔
捷克	克朗	100 哈卢拉
斯洛伐克	欧元	100 分
丹麦	丹麦克朗	100 欧尔
吉布提	吉布提法郎	100 分
多米尼克	东加勒比元	100 分
多米尼加	多米尼加比索	100 分
厄瓜多尔	苏克雷	100 分
埃及	埃及镑	100 皮阿斯特 = 1000 米利姆
萨尔瓦多	科郎	100 分
埃塞俄比亚	埃塞俄比亚比尔	100 分
斐济	斐济元	100 分
芬兰	芬兰马克	100 盆尼
法国	欧元	100 分
加蓬	中非金融合作法郎	100 分
德国	欧元	100 分
加纳	塞地	100 比塞瓦

希腊	欧元	100 分
格林纳达	东加勒比元	100 分
危地马拉	格查尔	100 分
几内亚	几内亚法郎	100 分
几内亚比绍	几内亚比索	100 分
圭亚那	圭亚那元	100 分
海地	古德	100 分
洪都拉斯	伦皮拉	100 分
香港	港元	100 分
匈牙利	福林	100 菲勒
冰岛	克朗	100 奥拉
印度	印度卢比	100 派士
印度尼西亚	印度尼西亚卢比	100 仙
伊朗	伊朗里亚尔	100 第亚尔
伊拉克	伊拉克第纳尔	1000 费尔
爱尔兰	爱尔兰镑	100 盆尼
以色列	新谢克尔	100 新阿高洛
意大利	欧元	100 分
象牙海岸	法郎	100 分
牙买加	牙买加元	100 分
日本	日圆	100 钱
约旦	约旦第纳尔	1000 费尔
肯尼亚	肯尼亚先令	100 分
基里巴斯	澳大利亚元	
科威特	科威特第纳尔	1000 费尔
老挝	新基普	100 阿特
黎巴嫩	黎巴嫩镑	100 皮阿斯特
莱索托	鲁蒂	100 分
利比里亚	利比里亚元	100 分
利比亚	利比亚第纳尔	100 迪拉姆
列支敦士登	瑞士法郎	

卢森堡	欧元	100 分
澳门	澳门元	100 分
马达加斯加	马达加什法郎	100 分
马拉维	马拉维克瓦查	100 坦巴拉
马来西亚	林吉特	100 分
马尔代夫	罗非亚	100 拉列
马里	非洲金融共同体法郎	100 分
马耳他	马耳他里拉	100 分
毛里塔尼亚	乌吉亚	5 库姆斯
毛里求斯	毛里求斯卢比	100 分
墨西哥	墨西哥比索	100 分
摩纳哥	欧元	100 分
蒙古	图格里克	100 蒙戈
摩洛哥	迪拉姆	100 分
莫桑比克	莫桑比克梅蒂卡尔	100 分
纳米比亚	纳米比亚元	100 分
瑙鲁	澳大利亚元	100 分
尼泊尔	尼泊尔卢比	100 派沙
荷兰	欧元	100 分
荷属安的列斯	欧元	100 分
新西兰	新西兰元	100 分
尼加拉瓜	科多巴	100 分
尼日尔	非洲金融共同体法郎	100 分
尼日利亚	奈拉	100 考包
朝鲜	圆	100 钱
挪威	挪威克朗	100 欧尔
阿曼	阿曼里亚尔	1000 派沙
巴基斯坦	巴基斯坦卢比	100 派沙
巴拿马	巴拿马巴波亚	100 分
巴布亚新几内亚	亚基	100 托伊
巴拉圭	巴拉圭瓜拉尼	100 分

秘鲁	新索尔	100 分
菲律宾	菲律宾比索	100 分
波兰	兹罗提	100 格罗希
葡萄牙	欧元	100 分
卡塔尔	卡塔尔里亚尔	100 迪拉姆
罗马尼亚	列伊	100 巴尼
卢旺达	卢旺达法郎	100 分
圣卢西亚	东加勒比元	100 分
圣马力诺	欧元	100 分
圣多美和普林西比	多布拉	100 分
沙特阿拉伯	沙特里亚尔	20 库尔什 = 100 哈拉拉
塞内加尔	非洲金融共同体法郎	100 分
塞舌尔	塞舌尔卢比	100 分
塞拉里昂	利昂	100 分
新加坡	新加坡元	100 分
所罗门群岛	所罗门群岛元	100 分
索马里	索马里先令	100 分
南非	南非兰特	100 分
韩国	圆	100 钱
西班牙	比塞塔	100 分
斯里兰卡	斯里兰卡卢比	100 分
苏丹	苏丹镑	100 皮阿斯特 = 1000 米利姆
苏里南	苏里南盾	100 分
斯威士兰	里兰吉尼	100 分
瑞典	瑞典克朗	100 欧尔
瑞士	瑞士法郎	100 分
叙利亚	叙利亚镑	100 皮阿斯特
坦桑尼亚	坦桑尼亚先令	100 分
泰国	泰铢	100 萨当
多哥	非洲金融共同体法郎	100 分
汤加	潘加	100 分

特立尼达和多巴哥	特立尼达和多巴哥元	100 分
突尼斯	突尼斯第纳尔	1000 米利姆
土耳其	土耳其里拉	100 库鲁
图瓦卢	澳大利亚元	100 分
乌干达	乌干达先令	100 分
俄罗斯	卢布	100 戈比
阿拉伯联合酋长国	阿拉伯联合酋长国迪拉姆	1000 戈尔
英国	英镑	100 新便士
美国	美元	100 美分
乌拉圭	乌拉圭新比索	100 分
瓦努阿图	瓦图	100 分
梵蒂冈	欧元	100 分
委内瑞拉	委内瑞拉博利瓦	100 分
越南	越南盾	10 角 = 100 分
西萨摩亚	塔拉	100 分
也门	里亚尔	100 费尔
刚果民主共和国	新扎伊尔	100 利库塔 = 10000 森吉
赞比亚	赞比亚克瓦查	100 恩韦
津巴布韦	津巴布韦元	100 分

信贷与利息、息率、准备金、准备金率

储蓄仅指个人在银行享有利息的定期或活期存款。

信贷即信用贷款,以借款人的信誉发放的贷款,借款人无需提供担保或抵押品,凭借款人的信用程度作为还款保证。此属风险贷款。信贷是体现一定经济关系的不同所有者之间的借贷行为,以偿还为条件的价值运动的特殊形式,是债权人贷出货币,债务人按期偿还并支付利息的信用活动。

在银行会计业务方面,银行信贷有广义与狭义之分。广义的信贷指以银行为中介、以存款为主体的信用活动的总称,包括存款、贷款和结算业务。狭义信贷则专指银行贷款,即以银行为主体的货币资金发放行为。企业客户信用等级为 AA 以上,经国有商业银行省分行审批准予;经营收入核算利润总额近三年持续增长,资产负债率在 60% 的良好值范围,现金流量充足、稳定;借款人企业承诺不以其有效经营资产向他人设定抵(质)押或对外提供担保,或在办理抵(质)押及对外提供保证之前征得银行同意;借款人企业经营规范,无逃废债、欠息等不良信用记录,以上四项是信贷基本条件或理想化条件。

安全性、流动性、收益性是信贷三大原则。贷款期限根据借款人的生产(经营)周期、还款能力、项目评估情况和贷款人(银行方)的资金实力等而由借贷双方商定。目前,国内信贷一般都兼附抵(质)押条件或担保,少有真正意义的信贷。或者中小额贷款多为押贷或保贷,大额贷款多为信贷。

各大银行的存贷款利率以央行所制定的基本利率为标准,在一定的范围内视实际情况上下浮动。

利息即是银行出售借贷资本所产生的利润。利率即是银行贷款利息的百分比率。

银行贷款利率表

项目	年利率(%)
一、短期贷款	
六个月以内(含六个月)	4.86
六个月至一年(含一年)	5.31
二、中长期贷款	
一至三年(含三年)	5.40
三至五年(含五年)	5.76
五年以上	5.94
三、贴现	
贴现	以再贴利率为下限加点确定

银行存款利率

项目	年利率（%）
一、城乡居民及单位存款	
（一）活期存款	0.36
（二）定期存款	
1. 整存整取	
三个月	1.71
六个月	1.98
一年	2.25
二年	2.79
三年	3.33
五年	3.60
2. 零存整取、整存零取、存本取息	
一年	1.71
三年	1.98
五年	2.25
3. 定活两便	按一年以内定期整存整取同档次利率打 6 折
二、协定存款	1.17
三、通知存款	
1 天	0.81
7 天	1.35

　　各大银行的存贷款利率是以央行所制定的基本利率为标准的,在一定的范围内各大银行可以根据实际情况进行上下浮动。

　　准备金是商业银行库存的现金和按比例存放在央行的存款。目的是确保商业银行遇到客户大量提取银行存款时能有相当充足的清偿能力。准备金制度是国家经济调控和央行对商业银行信贷规模进行调控的手段。制度规定商业银行不能将吸存的资金全部放贷出去,必须按一定比例或以存款形式存放央行或以现金形式自己保存。

准备金占存款总额的比率则为准备金率。

为避免企业向银行过多贷款或过热投资,或为保证拉动内需、支持居民取款消费,消除生产过剩的压力,央行会上调准备金率。2010 年 5 月 20 日起,中国再次上调银行准备金率至 17%,为历年最高水准。

投资、风险投资与融资及息率

投资,为项目注入资本以产生利润回报的经济行为。这是广义的投资概念。狭义的投资是指自己投入资金必须自己运作管理项目的注资行为。

风险投资,是为别人的未建项目融注资金,以待建项目作为抵押或反担保,对资金使用过程及用途、使用周期等实行监控,但不参与项目运作、管理经营,只收取年息,期满收回本金的投资行为。因为整个过程带有风险,故称"风投"。风投是现代经济资本运作的重要方式。风险投资的前期论证和评估十分重要,可以把风险控制到最低限度。

融资与风投是一对孪生姐妹。注资方进行风险投资的过程,亦即使用资金的项目方向注资方融资的过程。

风险投资或融资一般使用资金周期,根据项目性质、行业类别及项目实际情况而由双方约定。使用资金周期一般在 1—15 年之间。房地产项目多为 1.5 年使用风投资金期。生产企业使用风投融资期为 3—5 年,有的长达 15 年。景区旅游项目风投融资使用周期大约在 3—8 年之间。系列连锁专卖店融资使用期可在 1—3 年之间。

风投融资的年息,也根据行业不同和使用期不同而不同。时下房地产行业在国内为暴利行业,且回收期短,使用期短,故而年息较高,约在 10%—16%,譬如某房地产开发项目需要风投融资 2 亿元人民币,年息 16%,使用期 1.5 年。首年投资方给项目合约注资 2 亿元,支付时按惯例先扣除首年度年息 16% 即 3200 万元,实际划付给项目方即资金使用方的资金是 16800 万元即 1.68 亿元。次年度仅半年,次年初使用资金的项目方偿付给投资方的半年年息为 1600 万元,次年半使用期满,项目方将 2 亿元本金按时如约偿还给投资方。此项风投合作即告圆满结束。假如资金使用方此时恰遇市场调控或其他因素使楼盘滞销,至使用期满,资金尚未完全收回,则根据合同预先约定事项,将已收回的款项汇给注资方,不足部分,以未售出的房产作质押物移交给注资方,质押物房产数额与所欠付本金相当或略高一些,由注资方自设销售部或物色代售方予以销售,收入抵补对方所欠本金余款。

前述的一般风投融资是计付年息到期偿还本金的方式。还有一种特殊的风投融资方式是年息较低、资金使用期长的生产性项目或其他特殊项目,只付息无须还本。譬如,某生产项目需要融资使用 15 年,融资金额为 3 亿元人民币,年息 8%,首年预先支付"砍头息"2400 万元,以后每年预先支付年息 2400 万元,15 年连续支付给投资方共 3.6 亿元总年息,待使用期满,根据合同约定,项目方即资金使用方不再向投资方支付年息,也不偿还本金。投资方注资 3 亿元,年息回收合计 3.6 亿元,实际利润为 6000 万元。所投资的生产项目经过预先充分论证,产品具有良好的市场前景,同时合同约定了资金监控机制,确保偿付,并以项目资产作为预期质押,尽量规避投资风险。

风险投资是现代新金融投资银行业务的主要内容。风险投资在中国是新生事物。目前的投资方多为境外银团、财团。风险投资的项目融资运作一般需有如下程序:1. 资方派代表前期调研,对项目选址、考察,对项目的真实性、可信度、可行性进行初步论证,要求项目方即资金使用方请第三方权威的咨询策划专业机构为该项目编制翔实的可行性研究报告或项目投融资商业计划书，一般为中英文对照文本，提交给资方总部董事会进行初步审读论证；2. 若资方初审通过，即通报项目方，资方派代表和律师再次对项目进行考察，与项目方进行磋商，并与项目地有关政府管理部门接触，核实项目所在地控规及土地规划等情况，还可对项目地其他机构及人员进行暗访，了解项目方的信用度，再决定根据实际情况草拟双方合作投融资意向协议书，同时要求项目方对项目延请专业机构进行总体规划，并向政府主管部门报批立项，与此同时，资方可开具相应全额的资金拥有证明给项目方备案；3. 待项目方正式报批立项获准时，项目方与投资方签订正式注资合同，约定投融资金额、年息率、使用周期、项目质押及监控机制等相关事项，在扣支"砍头息"的前提下首度放款。关于年息率，除市场约定俗成的不同行业惯例与以市场波动参照系为依据予以约定外，国家对这种类似民间借贷的非商业银行业务的融贷年息有专门规定，一般不超过国有商业银行贷款利息的 4 倍。各国及地区对风险投资的融资利息率亦有相应的法规来约制。

风投为创业投资提供了平等竞争的机会，资方与项目方风险共担，利益共享，是现代经济社会最佳创业投资方式。在具体操作过程中，有一些不法中间商以欺诈手段骗取项目方的信任以牟取不义之财的情形也时有发生。如何防范这种偏离风险投资本来意义的局外风险？一靠政府增强监管力度，依法打击欺诈行为；二靠项目方始终保持清醒头脑，一切按法规和市场游戏规则办事，按正常程序与协议、合同约定支持款项，切忌"有病乱投医"，必须具有超强的价值判断力。还有，项目方即资金使用方对于所融资项目，不是"一文不名"，而是"四两拨千斤"，必须准备前期项目咨询论证和规划立项及出差、接待考察的基本费用，否则就难以进入正式融资程序。

证券（股票、债券、权证、股指期货）

　　证券是资本证券化的虚拟经济领域对钞票、股票和债券等多种经济权益凭证的通称。证券是用来证明持券人有权按其券面所载内容取得应有权益的书面证明。按证券的广义概念可分为证据证券，如信用证、提单等；凭证证券，如存款单等；有价证券，如可以让渡的股票、债券等。狭义的证券专指有价证券。

　　所谓有价证券，是一种具有一定票面金额，证明持券人或证券指定的特定主体拥有所有权或债权的凭证。有价证券又分为货币证券、资本证券、货物证券等，包括钞票、邮票、印花税票、股票、债券、国库券、商业本票、承兑汇票、银行定期存单等等。证券交易限制在证券法所规定的部分有价证券范围内。证券的本质是一种交易契约或合同，赋予合同或契约持有人根据合约规定对相应标的采取相应行为并获取相应收益的权利。

　　为证券投资人买卖股票提供通道、带有中介性质的企业通称为证券公司。证券公司分为四类：证券经纪商——作为居间人帮投资人买卖股票的证券公司；证券承销商——帮助企业上市发行股票，投资人要买公司新股票就必须找承销商类型的证券公司；证券自营商，如同一般投资人，也是股票买卖者；综合类证券商——同时具有前三者业务职能即既是可以居间的经纪商，又是证券承销商，还是股票买卖人的证券公司。

　　可以上市交易和在买卖人之间让渡的有价证券，主要是股票和债券。债券又分为公司债券、公债和不动产抵押债券等。股票和债券属于资本证券，是把资本投入企业、或者把资本供给企业或国家的一种书面证明文件。股票即股权证券或所有权证券。债券即债权证券。《证券法》规定的资本证券具有风险性、变现性、参与性、收益性、价悖性等特性。原始股票上市往往溢价数倍至十倍发行。

权证是基础证券发行人或其以外的第三人发行的,约定持有人在规定时间内或特定到期日,有权按照约定价格向发行人购买或出售标的证券,或以现金方式收取结算差价的有价证券。

股指期货,是指以股价指数为标的物的标准化期货合约,双方约定在某个特定时间,可按事先确定的股价指数大小,进行标的指数买卖,又称期指。实际上是期货交易的一种较特殊类型。

证券市场对经济发展具有多方面的积极作用,是联结资金供应者和资金需求者的桥梁,是企业筹集社会资金的另一渠道,为政府提供公开市场操作的调节杠杆,是社会资金重新配置的调节机构,是观察经济状况的重要指标。证券市场可促进资金横向融通和经济横向联系,提高资源配置的总体效益;需对证券代销机构建立和完善自我约束、自我发展的经营管理机制;对证券投资者开拓投资渠道,扩大投资范围,适应投资者多样性的投资动机、交易动机和利益需求。证券市场也不是完美与万能的,也具有消极作用,同时为证券投资者提供了场所和平台,加大了广大散户投资者的风险,黑庄操控,黑幕交易,庄托诱导,会造成证券市场的混乱,进而影响其他金融市场的秩序,甚至加剧社会矛盾。

目前中国证券公司

A—G								
长城证券√	国通证券	国泰君安√	国信证券	国元证券	东莞证券	北京证券	渤海证券	财达证券
财富证券√	国都证券	国海证券	国联证券	国盛证券	东方证券√	长财证券	北方证券	长江证券√
长沙证券	广东证券	广发证券√	广州证券√	光大证券√	东北证券	成都证券	诚浩证券	川财证券

续表

大鹏证券√	东海证券	东吴证券	方正证券	富成证券	第一证券	大同证券	大通证券	德邦证券
德恒证券								
H—J								
海通证券√	恒泰证券	恒信证券	恒远证券	金新证券	巨田证券√	汉唐证券√	航空证券	河北证券
河南证券	宏源证券	华安证券	华创证券	久联证券	金元证券	华西证券	华夏证券√	华鑫证券
红塔证券	华弘证券	华林证券	华泰证券	华龙证券	江南证券	江信证券	金通证券	金信证券
华福证券	健桥证券							
K—S								
开封证券	世纪证券√	申银万国√	首创证券	上海证券	平安证券	科技证券	昆仑证券	联合证券
联讯证券	齐鲁证券	汕头证券	山西证券	民生证券	民族证券	理想证券√	洛阳证券	闽发证券√
南方证券√	南京证券	辽宁证券						
T—Z								
泰阳证券√	中富证券√	中关村证券	中山证券	中信证券√	中银国际	天同证券	天一证券	天元证券
万联证券	一德证券	银河证券√	招商证券√	浙信证券	中原证券	万通证券	蔚深证券√	西北证券
西部证券	信泰证券	兴安证券	兴业证券	亚洲证券√	新疆证券	西南证券	湘财证券	厦门证券

证券交易手续费

1. 假如您的资金量为 10 万元,每月交易 4 次,佣金为 0.1%、0.2%、0.3% 等三种费率情况下的交易成本节约一览表:

证券交易客户	资金量	每年交易次数	年交易量	佣金	每年交易成本	每年节约成本	节约成本产生的收益率
A	10 万	48	960 万	1‰	9600	19200	19.2%
B	10 万	48	960 万	2‰	19200	9600	9.6%
C	10 万	48	960 万	3‰	28800	0	0%

2. 假如您的资金量为 10 万元,每月交易 20 次,佣金为 0.1%、0.2%、0.3% 等三种费率情况下的交易成本节约一览表:

证券交易客户	资金量	每年交易次数	年交易量	佣金	每年交易成本	每年节约成本	节约成本产生的收益率
A	10 万	240	4800 万	1‰		96000	96%
B	10 万	240	4800 万	2‰	96000	48000	48%
C	10 万	240	4800 万	3‰	144000	0	0%

基 金

基金对于经历 2006 年至 2009 年的中国股民来说,是一个十分敏感的话题,之所以敏感,是因为基金历经股市涨跌波折,令许多股民在套牢之后谈"基"色变,又在解套之后心有余悸,对基金概念的内涵与外延、基金品类、操作方式依然盲目,不甚了了。市场经济突如其来的巨量虚拟经济推到国人面前,猝不及防是情理中的事情。

广义的基金,是机构投资者的统称,包括信托投资基金、单位信托基金、公积金、保险基金、退休基金和各种基金会的基金。证券市场上的基金,又包括封闭式基金和开放式基金,具有收益性功能和增值潜能。狭义的基金概念,仅限于会计学上所指的某些特定的专项基金,这种专项基金有特定的目的与用途,主要是政府和事业单位的出资者不要求投资回报及投资收回,但要求按法律规定或出资者意愿把资金用在指定的用途上,此种专项基金不在本章节研讨之列。

意欲投资债券、股票等证券而谋求增值赚钱,苦于精力不济或不懂专业知识,本钱又不多,就可与其他人合伙出资,雇请高手专门代为操盘,这种模式放大百倍至千倍,就形成了证券市场意义上的基金,而且属于民间私下自发合伙的投资活动,假如出资人之间形成契约关系,所形成的基金,即称为"私募基金"。

类似的合伙投资活动,若经国家金融监管机构批准,允许合伙投资的活动牵头操作人——经批准获得此项资格的企业法人公开向社会募集投资者加盟合伙出资,形成公开发行的公募基金。常见的基金大多为公募基金。

有一种公募基金,在规定的时段内募集满1000名投资人和2亿元规模方可成立,即停止不再吸收其他投资者,并约定所有已进入的投资人不能中途撤资退出,必须到统一约定的时间才能解散清资分红退本,如果中途要变现则可以转让,投资人数量不变,此即为封闭式基金。

开放式基金,是指基金成立后仍可以吸收其他投资者随时入伙,同时也允许任何一位投资者随时部分或全部撤出退回自己的资金,及同时分得应得收益的基金品种,又称为"上市型开放式基金"或者"共同基金"。

无论开放式还是封闭式基金,为了方便买卖转让,都可以在交易所即证券市场将基金挂牌按市场价自由销售给投资者,这样就成了"上市基金"。

作为一种间接的证券方式的基金,其管理公司通过基金的发行单位,将投资者的资金集中起来,由基金托管人即具有此种业务资格的银行托管,由基金管理人操盘管理和运用资金以股票、债券等金融工具进行投资,共担风险和分享收益,已成为现在基金在证券市场通常的投资行为方式。

国民经济大趋势与股市牛熊轮回律

证券投资学是关乎证券投资的基本理论和相关技术的应用型科学,关涉证券投资工具、证券市场、证券交易程序与方式、证券投资风险与收益、证券投资分析方法和证券投资管理与评价等诸多方面。

常用的证券市场分析工具是股市曲线。长期研究曲线起伏变化,就会逐渐掌握股市涨跌的基本运行规律,结合国民经济发展大趋势,总结股市中长线的涨跌规律即牛市与熊市的变化规律,而得出的基本趋势定律,即为"牛熊轮回律"。

2001年至2006年长达5年的漫漫"熊"途中,2002年5月,著有名作《散户炒赢庄家》的欧声光与本书作者运用"欧式牛熊轮回律",成功预测到2006年岁末上证指数可能将上扬直冲突破6000点,而又将直挫暴跌至1600点进入历史大底部,4年后果然应验。当年专著《中国策划批判》中有专章记载。

2008年夏末秋初,运用牛熊轮回律再次成功预言2009年春节当是折戟沉沙的股民重入股市解套翻身的最佳时机。2010年春节,再度以牛熊轮回律预见今年5月初股市进入震荡期,将持续至岁末方能进入平衡状态,2011年初或下半年之后股市将有长达3年的慢"牛"过程。这一切都将不断在股市运行中幸而言中并继续检验着其可信度。

许多股民本着对银行的信任,购买银行代售的上市基金而一度巨亏,关键在于对基金本身的不了解,加之股市的异常波动。其实购买基金收益率有时非常可观,2006—2009 年共有 60 只基金单位净值涨幅超过 50%。

在理论上,权证比一般的溢价股票、股指期货的上涨幅度和风险系数大不了多少,但在实际操作中,可能权证比溢价股票的上涨幅度和潜在风险超过 10 倍,而股指期货上涨幅度和潜在风险则可能是溢价股票的 100 倍。

股民散户当关注中长线而以不变应万变,偶尔点杀"黑马股",若在短线中轻信媒体的庄托"指点",则往往在高度紧张的情形里被请君入瓮,因为散户在激变的股市短线大战中是不折不扣的弱势群体。

期货交易

期货交易是一种履行契约的虚拟经济行为,即现在进行买卖,将来才进行交收或交割的标的物。期货可以是黄金、原油、农产品等商品,也可以是金融工具,还可以是金融指标。交收期货日期可以为 1 周之后、1 月之后、3 个月之后甚至 1 年之后不等。期货交易这种远期合同买卖方式,早在 16 世纪中叶的伦敦就开始出现,上世纪 80 年代末 90 年代初才引入中国。

期货交易具有可以"套期保值"以规避价格波动造成的市场风险,和供投机者投资以谋求价差盈利两方面的作用。

期货是市场经济自由竞争与市场调节的产物。期货交易的过程就是综合反映供求双方对未来某个时间供求关系变化和价格涨跌走势的预期。期货价格信息具有连续性、公开性和预期性特点,可增加市场透明度,更有效反映商品的价格真实性,提高资源配置效率。但期货交易本身并不创造利润,某一个交易者的价差盈利对应着另一个投资者的亏损。

中国的期货品种

目前,我国经国家证监会批准,可以上市交易的期货商品有以下种类:

1. 上海期货交易所:铜、铝、锌、天然橡胶、燃油、黄金、螺纹钢、线材

2. 大连商品交易所:大豆、豆粕、豆油、塑料、棕榈油、玉米、聚氯乙烯

3. 郑州商品交易所:硬麦、强麦、棉花、白糖、对苯二甲酸、菜子油、籼稻

4. 中国金融期货交易所:股指期货

目前市场上交易比较活跃的上市品种主要有工业品:铜、锌、螺纹钢,农产品:大豆、棉花,还有化工产品:橡胶、pta 等。

期货品种代码:

大连商品交易所:

大豆—A   豆粕—M   豆油—Y   玉米—C   线形低密度聚乙烯—L
棕榈油—P   PVC—V

郑州商品交易所:

白糖—SR   PTA—TA   棉花—CF   强麦—WS   硬麦—WT   籼稻—ER

上海商品交易所:

铜—CU   铝—AL   锌—ZN   天胶—RU   燃油—FU   黄金—AU   螺纹钢—RB   线材—WR

中国金融期货交易所:股指期货—IF

金融衍生产品:次贷、博彩

次贷即次级贷款。次贷的发明,其动机并非不善。当一些信用低的需求者寻求抵押贷款,放贷机构就将其与具有信用的优惠级借款人区别开来,单列推出一种非严格抵押而贷款利率比优惠级抵押贷款高出 2%—3% 的"次级贷款"方式和品种,以为不符合抵押贷款标准的人提供按揭服务。

如果不是美国一方面次贷出现大量的坏账即按揭违约,另一方面将次贷证券化,而致房地产按揭市场资产泡沫的双重风险恶

性循环,那么,次贷本身并不失为一种具有巨大的市场潜力的金融新产品。

博彩由赌场到彩票市场,即是从实体经济到虚拟经济的飞跃。体育彩票、福利彩票等,亦可视作金融衍生产品。

金融平衡工具:现钞与黄金储备

中国银行业 2009 年本外币资产总额已达 78.8 万亿元,实现税后利润 6684 亿元。外汇储备 2.4 万亿美元。除了外汇资产,黄金是世界各国常见的储备资产。2001 年和 2003 年中国黄金储备做过两次调整,即从 394 吨调整到 500 吨再调整到 600 吨。2009 年各国公布的黄金储备中,只有 6 个国家(或机构)超过 1000 吨,国际黄金储备量最新排名依次为:美国 8133.5 吨、德国 3412.6 吨、IMF(国际货币基金组织)3217.3 吨、法国 2487.1 吨、意大利 2451.8 吨、中国 1054 吨、瑞士 1040.1 吨。中国虽排名第六,只及美国的 1/8 强,折合市价不足外汇储备总额的 2%;而发达国家黄金在外汇储备中的占比普遍高达 40%—60%,欧元区国家黄金在外汇储备中占比达到了 60.8%。

国际黄金现货定价源于英国伦敦,期货黄金价格被美国芝加哥的期货交易所主导着。

如果中国要把目前的黄金储备世界排名从第六位提升至第二位,则需增加黄金储备量至 4000 吨以上,将耗费储备资金 1150 亿美元。

在金本位制度下,以黄金自由流动为基础,实行金本位的国家的货币按照各自的含金量之比即"金平价"来决定兑换比率。一次大战后,资本主义国家纷纷禁止黄金出口,金本位体系崩溃,随之一些西欧国家出现货币大幅度贬值现象,此后各国货币之间取消了固定汇率基础。1944 年布雷顿森林协定规定国际货币基金组织成员国的货币应当与黄金或美元挂钩,实行固定汇率兑换。

1971 年 8 月 5 日,美国宣布停止美元自由兑换黄金;1973 年,各主要资本主义国家普遍推行浮动汇率制度,布雷顿森林体系宣告瓦解。世界进入现代纸币本位制,又称为自由本位制。

在纸币本位制语境里,对于中国增加黄金储备,人们认识并不一致。不少专家反对中国增加黄金储备。他们认为,黄金凌驾于世界各国央行的信誉体系之上,也许难以成为现实。但是,全球央行印太多钞票出来,激励股市上涨,此举让避险资金更加紧张,资金将移转到金市。因此,就中长期来看,因市场看空美元,可能引发资产性通货膨胀,吸引资金涌入金市进行避险。

保　险

保险是以契约形式确立双方经济关系,以缴纳保险费而建立起保险基金,对被保险人给予经济补偿或经济保障的经济形式。

商业保险,是投保人根据合同约定向保险人支付保险费之后,保险人针对合同约定的可能发生的事故所造成的财产损失,或者被保险人死亡、伤残、疾病或达到约定年龄、时限,而承担给付保险金的责任的商业保险行为。

保险既是一种经济关系,也是一种法律关系,其本质是互动共济关系,体现了商品交换、收入再分配和权益保障机制,具有资金融通、经济补偿和社会管理功能。保险包括财产补偿和人身赔付。保险闲置资金可以重新投入社会再生产,在经营中谋求保险资金的保值与增值。保险的社会保障机制及功用,涉及社会保障服务,社会风险、社会关系和社会信用的管理。保险具有互助性、契约性、经济性、商品性和科学性等特征,应当坚持最大诚信、损失补偿和近因原则。

作为金融业中最古老的业务种类,民间保险起源于 5000 年前古埃及骆驼商队,政府保障萌芽于 4500 年前的古巴比伦。至古巴比伦汉谟拉比时代的公元前 1792 年,保险已进入立法并广泛付诸实施。2400 多年前中国春秋时代孔子提出"拼三余一"积谷备荒的保险方略,亦颇有代表性。

严格意义上说,商业保险仅仅是狭义的市场化保险概念,准广义的保险应当是指集合具有同类风险的众多单位和个人,以合理计算风险分担金的形式,向少数因风险损失或生活无助的成员提供经济补偿与保障的经济行为。更为广义的保险还包括国家在财税收入中提取一部分资金,用于给予全国公民失业救济金、医疗保险金和养老保障金,是一种国家福利和社会救赎制度。现代福利国家的国家福利保险支付方式可表现为医疗费全额报销,失业金、养老金按月发放。国家福利保险制度确立了社会财富再分配的常态模式,保险又成为社会公平和制度完善的需要。

外汇与汇率、顺差与逆差

国家对商品出口贸易所获得的外币汇款,称之为外汇。外汇行市或汇价,或者说一个国家兑换另一国货币的比率,即以一种货币表示等值的另一种货币的价格,这种兑换率称之为汇率。各国的货币所代表的价值量有所不同。在黄金作为本位货币的金本位制度下,两个实行金本位制度的国家的货币单位,可以根据各自的含金量之多少来确定其比价(即汇率),例如,英国规定 1 英镑相当于重量为 123.27447 格令,成色为 22K 金,即含金量为 113.0016 格令的纯金;美国规定 1 美元相当于重量为 25.8 格令、成色为千分之九百金,即含金量为 23.22 格令纯金。英美两国汇率 $113.0016 \div 23.22 \approx 4.8665$,即 1 英镑 ≈ 4.8665 美元。英美两国汇率就以此为基础上下波动。若在纸币制度下,各国以纸币作为金属货币的代表,颁布法令来规定纸币的含金量,称为"金平价"。以金平价为参照,实行"官方汇率"的国家,由货币管理当局即财政部、央行或外汇管理局发文规定汇率,一切外汇交易都须按此固定的汇率进行;实行"市场汇率"的国家则汇率随外汇市场上货币的供求关系变化而变化。

汇率对国民收入、国际收支等具有不同程度的影响。中国是纸币本位制度下官方汇率与市场汇率并存且由官方汇率向市场汇率转型的国家,改革开放 30 年来经济增长以"出口主导型"模式为主,故而,汇率对经济的影响和作用尤为敏感。汇率与进出口消长的关系如影随形。本币汇率下降,即本币对外币比值贬低,则能促进出口而抑制进口;如果本币汇率上升,即本币对外币比值上升,则有利于进口,不利于出口。由于中国经济步入市场竞争轨道后连年快速增长,大量廉价的"中国制造"小商品销往美国及世界各国,中国对美国长期保持强势的贸易顺差,即中国出口给美国的所创外汇收入远大于中国从美国进口的购买支出,这同时也是美国等发达国家将在其国内生产成本较高的制造业向中国等发展中国家转移而使中国成为"世界工厂"甚或"世界车间"的结果。美国多次要求中国人民币与美元对冲的单边升值,以平抑中美贸易顺差。

近 5 年来中美汇率变化表

年期	汇率	
	1 美元兑人民币元	1 人民币元兑美元
2005	8.2765	0.1208
2006	7.5506	0.1323
2007	7.1853	0.1392
2008	6.8271	0.1465
2009	6.8389—6.6710	0.1462—0.1499
升贬后果	美元贬值抑制中国出口	人民币升值抑制中国出口

从上表不难看出,人民币与美元的汇率比值呈逐年上升趋势。

短短 4 年时间,人民币兑美元从 8.3∶1 升至 6.8∶1,升值 20% 以上,使得中国至少 2800 亿美元的财富消失于无形。

汇率对物价的影响有直间接之分,对进口商品物价的影响是直接的,对本国物价总水平的影响是间接作用。

一般来说,汇率下降,有可能引起进口商品在国内价格的上涨,因为对冲比较,别国货币"值钱"而本国货币"不值钱";反之,汇率上升,其他条件不变,进口商品价格就可能降低,从而有可能平抑本国国内物价总水平。

在理论上讲,汇率与资本流出流入也有较大关系,且具有"马太效应"。本币贬值,本国和外国投资者就不愿意持有以本币计值的金融资产,会将其转兑为外汇,发生资本外流,转兑外汇加剧外汇供求紧张,致使本币汇率进一步下跌;若本币升值,本国和外国投资者便力求持有以本币计值的各种金融资产,引发资本内流,加之外汇纷纷转兑本币,外汇供大于求,会促使本币继续升值。

上述外汇与进出口、与物价及与资本流出流入的影响关系是两国货币的价值量相当或相差不大的一般情况下的一般规律。也许,两国货币价值量相差太大,汇率影响与使用会发生其他不同的变化趋势。

本国出口外汇收入大于对他国的进口支出,或出口额大于进口额,则称为顺差,又称为"出超";那么,本国出口外汇收入小于对他国的进口支出,或对他国的进口支出大于本国出口外汇收入,或进口额大于出口额,则称之为"逆差",又称为"入超"。近年来美国之于中国的外贸逆差历年持续。

自 1994 年以来(1998 年除外)中国国际收支连年保持"经常项目"和"资本与金融项目""双顺差"。2001 年始加入 WTO,使"双顺差"连年爆炸式上升。从 2005 年汇改起,数年来人民币(与美元比)升值 20% 以上。

当 2010 年 6 月 19 日央行公告《进一步推进人民币汇改,增强汇率弹性》一出，即在全世界经济领域引起不小的波动。"增强汇率弹性"固然无可厚非，亦可看做是 2008 年应对危机以来"积极的财政政策和适当宽松的货币政策"在外贸板块的递延，是市场经济宏观调控的表现。但增强汇率弹性有多种方式，这里是否可以仅仅理解为在美国对中国汇率压力下发出不得已而为之的让步承诺信号，就是人民币对美元的汇率升值。国内 A 股市场、商品市场及海外市场反应强烈，上海的银行间货币拆放利率大幅拉升，美国原油现货及盘中期货随即上扬。并且，人民币与美元汇率经历了"过山车式"的起伏震荡。

附 人民币汇率制度的演进

1996—2005 年人民币对美元基本保持固定。

1979—1985 年，实行内部双轨固定汇率制，官方汇率：1 美元＝1.5 元人民币，贸易内部结算汇率：1 美元＝2.8 元人民币。

1985—1993 年，实行爬行盯住自由浮动双轨汇率制，官方汇率爬行盯住美元，外汇调剂市场汇率自由浮动。

1994 年汇率并轨，实行以市场供求为基础的单一的有管理的浮动汇率制度。

1994—1997 年，人民币对美元汇率升值 4.8%。

1997 年亚洲金融危机后，实行盯住美元的固定汇率制度，1 美元＝8.28 元人民币。

2005 年 7 月 21 日起，开始实行以市场供求为基础，参考一篮子货币进行调节，有管理的浮动汇率制度。2005 年 7 月 21 日 19 时，人民币对美元升值 2.1%，即美元对人民币交易价格调整为 1 美元兑 8.11 元人民币。

报　关

进出口收发货人、进出口运输（工具）负责人、进出境物品所有者或其代理人向海关办理货物、物品或运输工具进出境的手续及相关海关事务的过程，称为"报关"，包括向海关申报、交验单据证件,并接受海关监管、检查等。

报关是履行海关进出口手续的必须环节之一。船舶、飞机等通常由船长或机长签署到达或离境的报关单,交验载货清单和空运、海运单等单证向海关申报,作为海关对装卸的货物和上下旅客实施监管的依据。货物或物品则应由其收发货人或其代理人按照货物的贸易性质或物品类别填写报关单,并随附有关的法定单证及商业和运输单证报关。若属保税货物,则按"保税货物"方式申报,海关对应办事项及监管办法与其他贸易方式的货物有所区别。

美元、欧元与"中国元"

把未来世界占统治地位的三大货币美元、欧元和"中国元"拿来比较,即可发现其中差异悬殊。

首先美元是金本位制度下的货币,而人民币是纸币本位制度下的货币。两者依据的金融平衡工具不同。美元凭借黄金储备,而人民币凭借官方政策。其次是比值悬殊,实际是价值量的悬殊,尽管历年来美元与人民币比值一路呈逐年下降趋势,亦即人民币与美元比值一路呈逐年上升趋势,而今 1 美元比值仍在相当于6.82—6.78 元人民币之间,美元的含金量依然远远超过人民币多倍。其三是国家经济实力悬差正在不断改变。尽管按一般常理,本币汇率上升(即升值),可能引起物价下调或平抑,但人民币恰恰在与美元对冲连年升值的情势下,国内物价连年上涨。而且,内需不足,单就国内市场来看是相对生产过剩物价应当走低。这种特例的出现,与国内经济连年高速增长,利益集团不断推动物价上涨有着直接关系。

美元与人民币的汇率比值,既非官方汇率,又非市场汇率,是另一种"官方博弈汇率",人民币对美元仅是在交割方面的"单边"升值,而非人民币真正价值量在升值,人民币实则一直在国内通胀中悄然贬值。人民币对美元的升值,是中国在美方压力下的官方政策行为或强制行为,并非市场作用使然。所以不合常规和情理。还有,按常理,本币升值,抑制出口,但就在人民币连年对冲升值的过程中,中国出口量或出口额连年增加,只在美国金融危机来临时才减少!减少是市场的原因而不是汇率的原因。这种怪现象的背后有着深层复杂的因由。也就是说,人民币与美元对冲升值,中国是不情愿,但又不得已而为之的。人民币对美元升值反而中国出口不断增长,是因为中国出口商品特别廉价,对国际市场的影响超过汇率对出口的影响。人民币对美元的"升值"其实是一种假象,并不能反映人民币与美元比值的真实价值。美元对人民币相应"贬值"后,美元在美国国内及除中国以外的国际市场并未贬值,而只是中国以美元为唯一的近3万亿美元的外汇储备交割货币,因相对贬值而大幅缩水,本来就以廉价而赚得的外汇微利只剩下本钱而再无利润。在某种意义上说,人民币对美元的升值是阴谋更是"阳谋"。

人民币对美元"情有独钟",对欧元却"不屑一顾",这不能不说是巨大遗憾!中国经济对美国过度依赖,体现在:一是一直仅以美元作为唯一外汇交割货币,而丝毫没有准备外汇多元化交割,譬如将欧元作为外汇交割货币之一种,或则人民币准备进入国际舞台以实现与世界第三大经济体实力相当的中国货币国际化、交割对等化和外汇储备多元化;二是对美国科技的知识产权高价购买,而忽视充满智慧的中华民族自主创新,甚至盗版和盗用别国技术及知识产权行为在民间依然故我;三是过于偏重对美廉价出口甚至依靠美国向别国转口,而较轻视对欧洲发展合作;四是迷信般购买美国股权和债券而自陷迷途。在美元、欧元和中国人民币三足鼎立的世界,人民币躲在深闺,除与美元在"私房"里"纠缠不休"以外,与财富量最大、话语权最多而呈集群优势的欧元却"老死不相往来",这不能不说是全球亚、美、欧经济平衡及贸易平衡中的一大失落和战略缺憾。

只有外汇储备多元化，才能从第三方消解中美汇率对抗。目前，中国作为世界最大外汇储备国，拥有美元资产占 80% 以上的外汇资本，其他如日元、澳大利亚元、加拿大元、瑞士法郎、英镑等 10 余种外汇共占外汇储备的 20% 左右，唯有集聚多在世界发达国家行列的 27 个成员国的欧元尚属空白。2010 年初，陷入国债危机的欧盟新成员国希腊，竟通过在金融危机打击下苟延残喘的美国高盛投资银行公司作为中间商向中国游说兜售 250 亿欧元的巨额希腊国债。中国不一定要购买这种危机国债，但完全可以通过将希腊作为桥梁的中欧贸易而挺进欧元市场，并相机救活希腊经济。

"人民币"如何以计划经济窠臼中的政治色彩货币概念，改名赋姓为市场经济概念的"中国元"（可简称"中元"），人民币——中元如何昂首挺胸、理直气壮地走向国际舞台，颇值新政思量。其实，许多迹象表明，未来世界经济的砝码正在以不可逆转之势倾斜向东方中国，在 2008 年美国诱发的世界金融危机和经济危机面前，东南亚一些国家和地区已在悄然将人民币作为它们的准外汇储备货币之一。人民币——中元走向世界，并非中国的一相情愿，而是世界经济格局正在改变和全球经济一体化使然。

早在 1993 年 11 月 14 日，十四届三中全会通过的《中共中央关于建立社会主义市场经济体制若干问题的决议》中就明确地将实现人民币可兑换作为中国外汇管理体制改革的最终目标，指出："改革外汇管理体制，建立以市场为基础的、有管理的浮动汇率制度和统一规范的外汇市场，逐步使人民币成为可兑换货币"。人民币——中元走向国际兑换货币，正是大国崛起的大国责任担当。经济实力强大的国家的货币跨越国界，成为国际上普遍认可的计价、结算、储备和国际支付手段，及市场干预工具的过程，即是国内货币国际化过程。货币国际化，实际上是国际市场对该国货币选择的结果,也与该货币发行国的经济实力和在国际经济中的地位紧密关联。中国货币国际化,有既定远期目标,有国际市场催唤,却迄今未呈现实际操作准备,其巨大经济总量跃居全世界第三位和人均 GDP 远在全球第 99 位的超大悬差,我们的经济运行能力与对货币国际化的信心需要双重提升,增强综合经济实力和提高国际经济地位是关键。

2010 年 6 月中下旬的"汇率弹性"政策所激发的宽幅双向波动,在某种意义上可以显露出高速增长的中国经济现状中人民币/美元的长期缓慢升值预期。但对于全球流通的美元和未跨国流通的人民币而言,尚不能单从美元来衡量人民币汇率变化,也不能简单地以美元对欧元汇率变化来计算人民币对欧元的汇价间接变化,而应当从双边汇率转向多边汇率,更多地关注"一篮子汇率"变化,来检测人民币单边升值预期及人民币真实汇价对进出口的影响。

人民币汇率变化与外汇储备保值之间,有着千丝万缕的联系。外汇储备保值与增值当然还与外汇管理及外汇货币资本经营等诸因素密切相关。

游资与热钱

游资,顾名思义,流动的资金。标准意义的"游资"是指国际间一国或地区巨额流动资金瞬间迅猛入侵另一国家或地区的资本市场及特殊商品市场,以牟取暴利为目的,得手后又迅速撤出他国的投机行为过程。这一闪电般的过程使被侵国猝不及防,可能引起资本市场短时剧烈震荡,蒙受巨额损失,或致价格扭曲性飙升而再暴跌。

投资资本市场或特殊商品市场高频率流动炒作的资金则称之为"热钱"。

游资的进入，与汇率浮动密切相关。本币升值，境外游资就如洪水猛兽般地快速入侵。用于连续炒作的游资，也是热钱的一种。

国际游资大规模频繁流动，极大增强了国际金融市场的流动性，有利于提高市场运作效率；因其在国际金融市场对高利润的疯狂追逐，推促着经济金融全球化进程。但国际游资对一国的宏观经济危害也是巨大的。其突发性地造成货币形势急剧不利变化，可能导致国内经济不稳定，对货币升值预期的企求致使国内货币供给扩张。当其闪电般侵入时，加剧通胀；当其鬼魅般撤出时，又使被侵国顿陷紧缩之困扰。无论1994年墨西哥金融危机，1997年东南亚金融危机，还是2008年越南金融动荡，都是国际游资惹的祸。人民币升值预期，低风险与高回报的中国货币经济环境和高速增长形势，使国际游资大量涌入，特别是瞄准黑幕重重的中国股市和畸形发展的中国房地产市场的时常偷袭，对中国宏观经济、货币体系及金融市场造成巨大冲击，加剧国内资产价格波动，为通货膨胀推波助澜，在一定程度上扰乱了正常的经济秩序，甚而致使缺乏经验的宏观调控一时软弱无力。

低价战略、倾销与反倾销

倾销是指一个国家或地区的生产商或出口商，以低于其国内市场价格或低于成本价格，将其商品抛售于另一国家或地区的经济行为。1994年《关贸总协定》第6条协议对此有规定，如果在正常贸易过程中，一项产品从一国出口到另一国，该产品的出口价格低于在本国内消费的相同产品的可比价格，亦即低于其正常价值进入另一国的商业渠道，则被认为在对该产品进行倾销。出口国产品低于正常价值或公平价格的倾销行为，给进口国的有竞争能力的同类产业造成了损害，包括实质性损害、实质性威胁和实质性障碍。这种损害与低价销售构成因果关系。倾销的目的与动机，首先是为了销售过剩产品,争夺国外市场,扩大出口。倾销是不公平竞争行为,在政府鼓励出口政策前提下,生产者为获得出口退税和政府补贴,往往以低价销售产品,可能最终导致挤垮和消灭竞争对手之后,再以高价格来获取垄断高额利润。

倾销有不同的种类。从其表现形式可以分为突发性倾销、间歇性倾销和长期持续性倾销,从其动机和目的可以分为善意倾销与恶意倾销,从双方竞争与需求角度可以分为主动型倾销、被动型倾销和两相情愿型倾销等。

突发性倾销又称短期倾销,为防止某一商品大量积压而危及国内价格结构,在短期内向海外市场大量地低价抛售该产品。这种倾销对进口国工业的损害是暂时的,进口国的消费者亦可以从中得到低价消费的好处,属于半善意倾销,因而无可厚非。

间歇性倾销又称掠夺性倾销,往往为争夺某海外市场的垄断地位而对某一具有竞争性的商品,以低于边际成本的价格向该进口国市场实施抛售,待将产品竞争对手逐出该国市场后再待价而沽实行垄断高价。这种倾销具有险恶的掠夺意图,其对进口国工业的损害及对进口国内他国同类进口商品的打压后果超出了该进口国消费者获得的好处,属于恶意倾销,因而必须受到《反倾销法》的遏制。

持续性倾销又称长期倾销,某一商品的生产商为了实现规模经济效益而大规模生产,为了维持国内价格结构和获取海外市场长期支持而将其中一部分商品长期低价向海外市场销售,海外市场也长期相对乐意接收这种倾销。这种倾销对进口国工业只有被迫转产或自愿停产之际的一次损害,之后进口国消费者从中获取好处已不断累积而成为"习惯",因为这是两厢情愿式的"第三种倾销",多不应受到反倾销法的遏制。

短期突发性倾销是被动型善意或半善意倾销。间歇性掠夺式倾销是主动型恶意倾销。长期持续性倾销是两相情愿式的倾销。

长期持续性的第三种倾销,是发展中国家为完成国家及民间资本的原始积累,积极消除以较低经济水平为起点的高速发展所造成的国内生产相对过剩,而为适应或满足发达国家"工业退出、三产主导"结构需要和购买力极强的消费需求,而长期将各类商品低价销售给发达国家的经济过程。

中国改革开放三十多年,一直在做这种善意的长期性持续性倾销。倾销是个中性词。由于国内媒体、专家和政府发言人为了护短或认识不足,而多年来矢口否认本国的倾销行为,表现出不自信和不诚信。只要有市场经济、对外开放和全球经济一体化,只要国与国之间经济发展不平衡,就有善意的第三种倾销存在的现实性与合理性。尽管倾销有其不合理成分,但尤其发展中国家如果经济不发展就更不合理。两害相权取其轻。

中国对美国的倾销,美国乐在其中。一方面,中国沿海民企和"三资"(中外合资、中外合作和外商独资)企业及"三来一补"(来料加工、来单加工、来技加工和补偿贸易)企业,利用经济基础相对薄弱的发展中国家廉价的劳动力、廉价的原材料和高昂的环保代价与极少的环保投入即整个廉价的生产成本,大规模生产大量的小商品尤其生活品,低价销往美国等发达国家。美国等发达国家从中国的出口商品生产过程中,又赢取较高的知识产权利润,作为进口国又享有廉价的商品消费,又无须付出如果在其本国生产即必须依法支付的较高劳动力成本和必须依法支付的高昂的环保成本,而实施"工业退出型"经济结构政策,将中国当做"世界工厂"和"世界车间",所以美国等发达国家对中国的第三种倾销是心甘情愿地接受的;并且表面上又可以汇率为要挟,可以作为逼迫人民币对冲升值的筹码之一。另一方面,中国依靠善意的长期倾销,以避免国内因内需不足、购买力不足而致货品囤积和经济低迷。

略举二例即可窥见"世界车间"的惊世之举。2005 年,中国向欧洲出口一件衬衣只赚 0.35 美元,按当时汇率即为 2.89 元人民币。照此计算,要出口 8 亿件衬衣才能换回一架民航客机 A380。据商务部 2007 年统计,中国制造的 DVD 占世界生产量的 90%,一台中国产 DVD 的平均出口价格为 32 美元,其中,生产成本为 13 美元,18 美元作为专利使用费支付给外国,中国出口一台 DVD 得到的利润只有 1 美元。廉价出口并非主观倾销,而是须支付高昂的知识产权专利费用,中国科技自主创新能力没能有效发挥,向发达国家奉献的是廉价劳动力的血汗,赚回的是蝇头微利。2.3 亿农民工 30 年来聚沙成塔,换来数以万亿美元计的巨量外汇储备。

当改革开放 30 年,也同时对发达国家持续性倾销 30 年后,中国外汇储备高达近 3 万亿美元而成为最大外汇储备国,国家及发达地区民间的资本原始积累已然完成,中国对美国形成巨大的国际收支"双顺差"。高汇储与高顺差已累积成为尾大不掉的危机前兆,中国经济处于转型拐点,我们必须承认倾销和正视倾销,而且逐渐走出倾销情结和倾销惯性,一边保证出口量、增大出口额,并且更为重要的是同时提高出口商品附加值和适时提高出口商品价格,一边适当提高国内生产的劳动力价格即员工工资,尽量避免透支资源,逐渐降低环保代价,同时平抑国内商品价格,并且通过提高全体公民收入来扩大内需,增强国内消费能力,从而提高国内生活质量和公民幸福指数。长期倾销,决非永久倾销。这也是从长计议主动反倾销的积极表现。从善意长期倾销到渐次退出倾销,是经济发展的必然过程。

为反倾销,严格地说是反恶意倾销而采取一系列积极合理措施是非常必要的,但如果反倾销措施超过其合理范围或合理程度,就演化成为一种贸易保护主义措施。过激的贸易保护主义对国际贸易扩展造成障碍,不利于国际经济良性发展。征收反倾销税,是反倾销的惯常做法。最经典的案例是加拿大征收美国土豆反倾销税案。1962年由于气候原因，美国农产品提前收获，当美国土豆低价销售给较晚才到收获季节的加拿大，加拿大以美土豆低于"正常价值的出口价格"为由，征收美国出口给加拿大土豆的反倾销税。美国提出反对意见，认为加拿大的征税形成了"非关税贸易壁垒"，申请取消此反倾销税。1963年1月2日，加拿大取消了该项征税。除此合法程序反倾销和反"反倾销"外，还有本世纪初的非法反倾销实例，西班牙民间为反对中国温州商人的皮鞋等商品的倾销行为，而纵火烧毁位于西班牙的温州商城。对于与美国等自由资本主义国家不同的欧洲福利资本主义国家，倾销对进口国商人的打击是沉重的，因为生产付出较高劳动力成本，倾销可致进口国同类产业破产。不过，无论如何，反倾销都应当依法行事。中国长虹彩电亦多次遭遇西方国家反倾销起诉。长虹彩电生产商作为民族产业的一面旗帜，在国内一窝蜂地进口上马38条彩电生产线的强力竞争情势下，一度只有走向西方国家倾销的旁门左道以自保。经过多次的应对反倾销谈判，终于表明持续倾销行为之动机是善意的而达成谅解。长虹低价战略只是权宜之计，推进技术创新，提高产品技术与品牌附加值才是最终出路。后来，长虹又推出背投、纯平高清等离子或数字彩电等一系列新产品，再次渡过难关。

中国和德国目前是全球领先的两个出口大国，去年双方的贸易总额达到710亿欧元。中德两国企业的不同境遇，可以管窥中欧经济合作的对等性尚有不小差距。中国企业可以很方便地进入德国市场，中方还未让德国企业在中国享有同样便利。进一步对外开放国内市场，双方在经济领域还有很多重要问题需要澄清，比如知识产权保护、防止压价竞争以及制定合理汇率等。欧洲批评中国政府对出口实行补贴并且由国家人为控制汇率，从而压低价格，以倾销形式增加出口竞争力。这也是影响欧盟至今未最后承认中国的市场经济地位之重要原因之一。

定价权与国际贸易话语权

对于稀缺资源产品,恰恰不应该倾销。而中国对稀缺资源稀土矿产品也莫名其妙地倾销,把稀土当泥土贱卖,出口价格才 3 元多人民币每公斤,成为国际贸易笑话。后来才意识到,对于稀缺资源产品出口,应当适时恰当掌握国际贸易定价权和话语权。惟其如此,才能实现资源的全球性优化配置。

四川攀枝花的钒、钛矿,亦属稀贵金属、稀缺资源,因而钒、钛产品出口的国际定价权和话语权也尤为重要。

对于发展中国家,定价权与话语权的确立,实则是对其在国际经济社会的地位和作用的确认。

走私与入世

走私几乎让远离国际贸易口岸的内陆广大地区谈"私"色变,但在沿海初始发展期却司空见惯。中国加入 WTO 谈判之前,大多数进口商品关税高达200%以上,计划经济语境下极端的贸易保护主义对经济发展是十分严重的制约和阻碍。高昂的关税壁垒是走私的首要原因。逃避关税的巨额利润驱使走私者铤而走险。没有了关税壁垒,就很少有普通资本品和普通生活品的走私,只剩下走私毒品、军火等违禁物资犯罪。

入世即加入世界贸易组织的谈判过程尤为复杂,申请入世的国家必须为消除贸易保护主义有充分的前期准备和积极表现,并且按照规定的时间表依次一一与世贸组织各成员国谈判并签署合作条约,必须与每一个成员国都达成协约与共识,才准予入世。入世初期又须按协约分期逐年消除关税壁垒,以至于实现零关税的自由贸易。自由贸易是传统自由主义经济和新自由主义经济思想的一贯主张。凯恩斯主义基于战时经济条件下的国家利益考虑，主张在自由贸易前提下对某些特定进出口商品予以适度的贸易保护。

入世后的成员国，还有享受最惠国待遇的可能，和有待老成员国对新成员国的"市场经济地位"的承认。

第 十 章

统计与计量经济学简论

——应用经济学的老生常谈

GDP、GNI 与 GNP

GDP 即国内生产总值或地方生产总值。港台地区也有翻译成"国内生产毛额"或"本地生产总值"的。通常对 GDP 的定义是一定期时间内(一个季度或 1 年)一个国家或地区的经济中所生产出的全部最终产品和提供劳务的市场价值的总值。

GNI 是国民总收入。在经济学中常以 GDP 和 GNI 作为共同衡量一个国家或地区的经济发展综合水平的通用指标。

国内生产总值一般包含三种形态,即价值形态、收入形态和产品形态。从价值形态看,GDP 是所有常驻单位在一定时期内生产的全部货物与服务价值,与同期投入的全部非固定资产货物与服务价值的差额,即所有常驻单位的增加值之和;从收入形态看,GDP 是所有常驻单位在一定时期内直接创造的收入之和;从产品形态看,GDP 是货物与服务的最终使用,减去货物与服务进口之差。定性分析结论为,GDP 反映的是国内经济各部门的增加值之总额。需要强调的是,GDP 是用最终产品计算的,不包括中间加工产品和中间服务,所计算的产品和服务是直接用于消费与使用的,不能再作为原料或半成品投入其他产品和劳务的生产过程中去的消费品和资本品,原材料、燃料等中间产品原则上都不能计算在内,国内一些地方政府却将此中间环节列入而使其数据高于中央统计数额;GDP 又是一个市场概念,各种最终产品的市场价值是在市场上达成的交换价值,都以货币来衡量,并通过市场交换来体现,一种产品的市场价值就用这种最终产品单价乘以其产量而获得;GDP 仅指市场活动导致的价值,非市场活动包括非法交易活动以及合法的家务劳动、自给自足的生产等都不计算在内;GDP 计算期内生产的最终产品价值是流量而非存量;GDP 不是实在的流通财富,只用标准的货币平均值来表示创造财富的多少,生产出来的东西不一定全部转化为流通的财富。所以在实际计算中,对 GDP 进行修正使其更臻完善的办法是计算有效累积,把当年度 GDP 总额减去无效 GDP 和消失的 GDP,使其更能较准确地反映一个国家和地区的富足程度、增长速度和发展效率。

决策失误、决策浪费而致形象工程和资产闲置,以及政府转移支付自然灾害所造成的损失,前者是无效 GDP,后者相当于消失的 GDP,都应在 GDP 总额的修正计算中减去。

GDP 的核算方法有三种至四种,常用的三种计算方法是支出法、生产法和收入法,三者各有利弊得失。

支出法又称为最终产品法或产品流动法,是从产品使用角度,把一年内购买的各项最终产品的支出加总而计算出该年度内最终产品市场价值,若用 Q_1、Q_2……Q_n 代表各种最终产品的产量,P_1、P_2……P_n 代表各种最终产品的价格,则可使用支出法核算 GDP 公式:$Q_1P_1+Q_2P_2+……Q_nP_n=GDP$;现实生活中,产品和服务的最后使用,主要是居民消费、企业投资、政府购买和净出口四方面的支出之和,若用 C 表示居民消费,I 表示企业投资,G 表示政府购买,

X-M表示净出口(X表示出口、M表示进口),可用如下公式核算: C+I+G+(X-M)=GDP。支出法计算的国内生产总值划分为最终消费、资本形成总额和货物与服务净出口总额,反映了本期产出的国内生产总值的使用与构成。最终消费包括居民消费与政府消费。居民消费又包括实物消费与虚拟消费等。通过支出法计算GDP,可从中计算出消费率与投资率。消费率是最终消费占GDP的比率,即以最终消费总额除以GDP总值而得的百分率;投资率资产形成总额占GDP的比率,即以资本形成总额除以GDP总值而得的百分率。从消费率和投资率,可以管窥和借以调整投资与消费的比例关系,为如何以扩大内需为重点的扩大消费需求提供数据参照。

计算GDP的第二种方法生产法,又称为部门法,是按提供物质产品与劳动的各个部门的产值来计算国内生产总值,这种方法反映了国内生产总值的来源。此种计算方法要把各生产部门使用的中间产品的产值扣除,只计算所增加的价值,商业、服务部门也只按增值法计算。卫生、教育、行政、家庭服务等部门则按工资收入计算其服务价值。把生产、商业、服务及行政事业各部门的生产、商贸增值与服务价值加总,再与国外要素的净收入相加,虑及统计误差项,就得到以生产法计算的GDP总额。

第三种方法计算GDP的是收入法,又称之为要素支付法或要素成本法,是从收入角度,把生产产品和提供劳务过程所得的各种收入相加,亦即把劳动者所得的工资、土地所有者得到的地租、资本所得的利息以及企业家们所得的利润相加来计算GDP。企业的增加值即要素收入加上资产折旧,再加上政府征收的间接税和企业转移支付,对产品销售征收的间接税,包括周转税、货物税和企业捐款与呆账都会转嫁或转移到消费者身上,则可视为成本,资产折旧可看做总投资,以及非公司企业主、自由职业者的收入包括其工资、利息、利润、租金等混为一体,一起加总的公式有三:

GDP=生产要素收入+非生产要素收入,或 GDP=工资+利息+利润+租金+间接税+企业转移支付+折旧,或者,GDP=劳动者报酬+生产税净额+固定资产折旧+营业盈余。

GDP 的上述三种计算方法,皆属西方国民收入核算体系(SNA),以西方经典经济理论为依据,认为创造物质产品和提供服务的劳务活动都是创造价值的生产活动,将国内生产总值作为核算国民经济活动的核心指标。该体系把一切有偿劳务的市场价值都计入 GDP,并且避免重复计算,区分名义 GDP 和实际 GDP 的差额,但对非市场交易、休闲安全与享受和环境污染程度等无法反映,是为缺憾。

另有一种已过时的国民收入核算体系(MPS),曾一度在前苏联、东欧及中国计划经济时代使用过,称之为中央计划经济各国的物质产品平衡体系,以马克思的再生产理论为依据,将社会总产值和国民收入作为反映国民经济活动总成果的基本指标,与高度集中的计划经济体制相适应。其缺陷在于不能反映信息、劳务等非物质生产部门的发展,不能反映社会资金运行情况和国民经济循环全貌及各个环节间衔接情况,不利于评价综合国力与合理调整产业结构,不利于国家宏观经济管理与调控,不利于国家掌握整个国民经济运行的综合平衡。上世纪 90 年代已纷纷放弃这种模糊而僵化的 MPS(物质产品平衡表)核算体系,而全然采用基于要素价值理论而更加科学化的 SNA(国民账户)核算体系。

无论以 SNA 体系中的支出法、收入法还是生产法计算 GDP,理论上结果应该相等,但实际上有着误差,每一种方法中或许都会产生重复计算之弊,应当适时作调整。GDP 数据结论的最后获得与确定,要经历初步估计、初步核实和最终核实三个过程,每个时期所公布的 GDP 数据都有其特定含义与价值。

中国是全世界唯一以生产法和支出法相结合计算 GDP 的国家。

　　GDP 与汇率有不可割舍的关系,当本币汇率下跌,就会冲减 GDP 的净出口值从而使 GDP 最终值减少。例如日本经济从 1970 年到 2000 年 30 年间 GDP 增长了 23 倍,即从 2068 亿美元增加至 47661 亿美元,平均年增长 11%;2005 年达到 46638 亿美元,2001—2005 年 5 年间年均增长 2%,但 2005 年日本 GDP 绝对值反而减少了 1000 亿美元。原来日元从 1995 年兑美元比值最高达 78∶1,随着经济泡沫的破裂使 2005 年日元兑美元贬值到 115—118∶1,故而净出口值下降导致 GDP 绝对值下调。

　　GDP 与银行利率也不无关系,若一国 GDP 大幅增长,表现出国民经济蓬勃发展,但此时中央银行就可能提高利率而紧缩货币供应,国家经济利好及利率上升增加了该国货币吸引力;如果一国 GDP 出现负增长,则显示该国经济似有衰退迹象,央行可能降息以刺激经济再增长,利率下降与经济萎靡不振则意味着该国货币吸引力减低。经济高增长可能推动汇率上升,经济低迷可能导致汇率下跌。将 GDP 的数量与质量共同比对考查,方能确认一国或地区的经济增长方式和经济结构是否合理与优化。

　　GDP 的最大缺点就是不能反映资源的耗用和生态环境的承载,亦即只能反映经济增长数量、速度和效率,无法反映经济增长的品格、质量和效益。

　　与 GDP 相应的还有一个重要概念 GNP。GNP 即国民生产总值,与国内生产总值 GDP 一字之差,意思也有差别。

　　GDP 反映出国家经济结构中内资与外资的比例和经济外向度及经济对外依存度,表现出民族工业的发展与发达程度,因为 GDP 包括外资企业生产与净出口的产品与服务价值。对外开放也是双刃剑。对外依存度过高,经济受外资企业和境外市场所掣肘,使大量收益流入国外。

　　GNP 是把外资企业的产品和服务收入不计于内的国民经济核算方式,只反映内资企业生产状况和国内竞争力的水平,从而反映民族工商业的自主作用。GNP 还可以间接反映科技创新能力等指标。

与 GDP 和 GNP 相关联的数值还有人均 GDP、城市居民人均纯收入和农民人均可支配收入,以及社会商品零售总额、人均零售消费额等。

1978—2008 年中国支出法 GDP 及人均 GDP

年份	GDP (亿元)	人均 GDP (元)	GDP (亿美元)	人均 GDP (美元)	GDP (亿美元)	人均 GDP (美元)
1978	3606	377	2282	239	2142	224
1979	4093	422	2728	281	2632	272
1980	4593	468	3002	306	3065	312
1981	5009	504	2862	288	2939	296
1982	5590	554	2911	289	2954	293
1983	6216	608	3139	307	3146	309
1984	7363	710	2630	254	3174	307
1985	9077	864	2836	270	3091	295
1986	10509	985	2825	265	3043	286
1987	12277	1132	3300	304	3299	305
1988	15389	1397	4137	376	4134	377
1989	17311	1548	3668	328	4598	413
1990	19348	1704	3706	326	4045	358
1991	22577	1962	4158	361	4241	371
1992	27565	2366	4794	411	4999	432
1993	36938	3134	6369	540	6411	549
1994	50217	4213	5943	499	5827	494
1995	63217	5247	7598	631	7570	635
1996	74164	6091	8935	734	8920	741
1997	81659	6638	9862	802	9850	810
1998	86532	6967	10451	841	10452	852
1999	91125	7275	11005	879	11008	889

续表

年份	GDP（亿元）	人均GDP（元）	GDP（亿美元）	人均GDP（美元）	GDP（亿美元）	人均GDP（美元）
2000	98749	7821	11926	945	11928	956
2001	108972	8568	13161	1035	13166	1047
2002	120350	9399	14535	1135	14540	1149
2003	136399	10587	16473	1279	16479	1293
2004	160280	12367	19358	1494	19365	1510
2005	188692	14473	23382	1793	23027	1785
2006	221651	16907	28380	2165	27799	2142
2007	263094	19963	36040	2735	34603	2650
2008	306860	23106	44928	3383	43270	3292
数据来源：中国统计局			数据来源：联合国统计司			

2009年各省、区、市按GDP总量排名（2010年2月26日）

排名	省区市	GDP（亿元）	增长率（%）	常住人口（万人）	人均（元）
1	广东	39082	9.5	9544	40949
2	江苏	34061	12.4	7625	44670
3	山东	33805	11.9	9367	36090
4	浙江	22832	8.9	5120	44594
5	河南	19367	10.7	9360	20692
6	河北	16912	10.0	6943	24358
7	辽宁	15066	13.1	4298	35053
8	上海	14901	8.2	1858	80199
9	四川	14151	14.5	8127	17413
10	湖南	12931	13.6	6355	20347
11	湖北	12832	13.2	5699	22515
12	福建	11950	12.0	3581	33369
13	北京	11866	10.1	1695	70005
14	安徽	10053	12.9	6118	16432

排名	省区市	GDP（亿元）	增长率（%）	常住人口（万人）	人均（元）
15	内蒙古	9700	17.0	2405	40333
16	黑龙江	8288	11.1	3824	21674
17	陕西	8187	13.6	3748	21843
18	广西	7700	13.9	4768	16150
19	江西	7589	13.1	4368	17375
20	天津	7501	16.5	1115	67272
21	吉林	7200	13.5	2730	26374
22	山西	7100	6.0	3393	20925
23	重庆	6527	14.9	2839	22990
24	云南	6168	13.6	4514	13665
25	新疆	4270	8.0	2095	20382
26	贵州	3887	11.0	3793	10248
27	甘肃	3380	10.0	2619	12906
28	海南	1647	11.7	854	19277
29	宁夏	1335	11.6	612	1606
30	青海	1081	10.1	521	9588
31	西藏	437	12.0	284	15387

2009 年全国各省、区、市 GDP 排名与 GDP 含金量排名

省区市	GDP		人均 GDP		GDP 含金量（居民收入幸福感指数）	
	总量/亿元	位次	总量/元	位次	单位 GDP 人均可支配收入比	位次
上海	14900.93	8	80198	1	0.455	1
北京	11865.93	13	72663	2	0.450	2
海南	1646.60	28	19486	23	0.448	3
黑龙江	8288.00	16	21673	18	0.442	4
浙江	22832.43	4	45123	4	0.439	5

省区市	GDP		人均 GDP		GDP 含金量（居民收入幸福感指数）	
	总量/亿元	位次	总量/元	位次	单位 GDP 人均可支配收入比	位次
安徽	10052.86	14	16431	26	0.438	6
江西	7689.22	19	17374	25	0.437	7
广东	39081.59	1	41360	6	0.435	8
西藏	441.36	31	15540	28	0.435	8
重庆	6528.72	23	23184	13	0.425	9
贵州	3893.51	26	10349	31	0.422	10

2009 年世界各国（地区）GDP 总值排名

1	欧盟 European Union	164755.80 亿美元
2	美国 United States	142587 亿美元
3	日本 Japan	50730.45 亿美元
4	中国 China	49092.81 亿美元
5	德国 Germany	33575.63 亿美元
6	法国 France	26797.60 亿美元
7	英国 United Kingdom	21870.18 亿美元
8	意大利 Italy	21205.80 亿美元
9	巴西 Brazil	15769.48 亿美元
10	西班牙 Spain	14661.27 亿美元
11	加拿大 Canada	13394.74 亿美元
12	印度 India	12329.25 亿美元
13	俄罗斯 Russia	12282.01 亿美元
14	澳大利亚 Australia	9892.54 亿美元
15	墨西哥 Mexico	8759.45 亿美元
16	韩国 Korea,South	8328.83 亿美元
17	荷兰 Netherlands	7942.02 亿美元

18	土耳其 Turkey	6176.11 亿美元
19	印尼 Indonesia	5418.50 亿美元
20	瑞士 Switzerland	4932.33 亿美元

CPI、PPI、通胀、通缩及通胀预期

CPI 即消费物价指数,专指根据反映与人民生活水平密切相关的商品及劳务价格统计出来的物价变动指标,它是衡量通货膨胀的重要工具,通常以百分比来表示。构成 CPI 指标的商品有九类:食品、酒及饮料、住宅、衣着、教育与通信、交通、医药、卫生与保健、娱乐、其他生活资料及服务。CPI 又可细分为两种不同物价指数:一是工人和职员的消费物价指数,称之为 CPI—W;另一种是城市消费者物价指数,称之为 CPI—U。

CPI 计算公式为:CPI = 某组固定商品当期价格计算的价值÷某组固定商品基期价格计算的价值×100% – 1。譬如。2005 年某家庭每月购买一组日常生活消费品的费用为 1000 元,2008 年该家庭每月购买同样一组日常生活消费品的费用为 1200 元,那么 2008 年消费物价指数 CPI = 1200÷1000×100% – 1 = 20%,即基本生活消费品上涨了 20%。

PPI 即生产价格指数,专指生产资料价格上涨幅度。

有一种新的物价指数计算方法叫"核心 CPI",即从一般消费物价指数 CPI 和生产价格指数 PPI 中剔出食品和能源两项而计算出的综合物价指数。

通胀即通货膨胀,一般当年度比上年度 CPI 增幅>3% 即视为"通货微膨胀",跨年度 CPI 增幅>5% 即视为"严重通货膨胀"。

中国现行公布的 CPI 权重,未计入住宅价格,而食品价格即成为主要权重,故而不能真实地反映通货膨胀率。

当一个时期内 CPI 波动较大,一度通胀率过高,公众的购买热情受到抑制,内需更加不足,同时储蓄负利率加重;一度物价下降,又告别储蓄负利率,通货紧缩即出现。当市场流通货币减少,民众货币所得减少,购买力下降,引起物价下跌,就造成通缩。

通缩的标志不仅是 CPI 年度比转为负值,而且物价月环比连续下降,可能伴随货币供给量下降,导致有效需求不足甚而至于经济全面衰退。测度通缩,首先反映物价总指数,包括国民生产总值物价平减指数、生产(者)价格指数和消费(者)价格指数。

按其发生程度不同,通缩可分为绝对通缩和相对通缩。相对通缩是物价水平虽然下降但还在零值以上的"低正增长"而通货相对不足;绝对通缩是物价水平下降至零值以下而造成经济萧条。零值则是相对通缩与绝对通缩的临界点。绝对通缩按其影响程度分有轻度、中度和严重通缩。无论轻、中、重度通缩,物价水平都已负增长。轻度通缩一般指物价负增长-5%以下,持续时间在 2 年以内;中度通缩指物价下降幅度在-10%—-5%之间,持续时间超过 2 年;重度通缩指物价水平下降幅度超过两位数百分点,持续时间超过 2 年甚至更长。通缩还可按其产生的原因而分为需求不足型通缩和供给过剩型通缩。按表现方式不同,通缩亦可分为显性通缩和隐性通缩。通缩的成因有:从紧的货币政策和消极的财政政策,经济周期性变化,投资与消费的有效需求不足,新技术的不断采用和劳动生产率的迅猛提高,金融体系效率降低,体制僵化与制度缺陷使公众失去对未来的信心,单一汇率制度的误区等。

无论通胀还是通缩,都可能是货币病态,对经济发展都可能有不同程度的损害,而且通缩比通胀的危害更甚。但,任何国家的市场经济在原始积累快速发展阶段都会时而通胀。新自由主义学派误认为通胀与通缩仅仅是"政府干预过多,政策失当的产物",其实并非如此绝对,政府失去对市场经济的科学的宏观调控,同样会产生通胀或通缩。凯恩斯主义的有效需求论,倡导政府以积极的财政政策和适当宽松的货币政策及相对灵活的物价处置方式扩张有效需求。其实,财政政策与货币政策有机结合,才是治理通胀、阻止通缩的良方。

如果 CPI 稳定,就业充分即失业率低,GDP 增长快,整个国民经济和社会发展就可能呈现繁荣状态。但是,如果长期以来,GDP增长很快,就业相对稳定,CPI 也相对稳定,而工资收入增长太慢、零增长或负增长,或者公众收入水平增加幅度远低于 GDP 增长速度,并不能说明"政府调控自如,市场反应理性",反而势必造成生产过剩、内需不足,经济虽繁荣而生活不小康。如果 GDP 连年高速增长,工资收入不增长,CPI 却涨幅过大,就会造成生产与生活失衡,内需严重不足,潜伏着经济凝滞和社会矛盾激化的危机。

CPI 是关乎民生最基本又最敏感的问题。而作为消费物价指数的 CPI 与物价本身直接关联。中国的物价怪现象层出不穷,物价不公平现象十分严重,直接影响 CPI 的涨幅,也直接关涉内需不足。中国物价不公平表现在多个方面。一是源于生产价格与服务价格的垄断:石油国际市场价格下挫,中国燃油价格还在上涨;各行政部门乱收费名目繁杂,物流成本高达国民生产总值的 20% 以上,高出日、美、欧等发达国家和地区 1 倍多。生产与服务价格的垄断畸高的传导,势必造成消费价格非正常上扬。二是同一地区同类商品在不同卖场的价格落差巨大。譬如成都市商业的物价落差现象尤为突出。一件同样的服装,同在荷花池金荷花批发市场批进,一级批发价为 20 元,在街道小店一般零售价为进价的 2—3 倍,即 40—60 元,若在摩尔百盛零售价则为进价 5 倍即 100 元,若在太平洋商厦其零售价为进价 8 倍即 160 元,若在伊藤洋华堂零售价为进价的 10 倍即 200 元,若在王府井商城零售价为进价的 12 倍即 240 元,大卖场商品价格远大于其价值。三是中国制造,外国便宜。国内动辄几百元乃至上千元一双的登山鞋,在美国的大商厦里曾以 2.99 美元(合约人民币 25 元左右)出售,说明中国商品在人力成本极低的国内,中间环节的暴利之高,而且影响其价格畸高的物流成本过高,商铺房租等销售成本也过高。把中国广州的货物从海上运至大西洋彼岸的美国的运输费用,比从广州运到北京的运费要低。成都的大商场开发方或整体租赁方、总经营方自己并不具体卖货,而是在搞商业房地产经营,通常只把柜台拆零转租给各小型商贸公司,营业人员由小商贸公司选派并支付工资,每天的营业额向总经营方上交提成。譬如摩尔百盛公司除收取每月较高昂的柜台租金外,对租户每天每件商品出售即要提取售价的30%作为"管理费",获得双重收入,商品零售物价自然拉高。伊藤洋华堂也出租柜台,把从成都当地批发的商品卖出很高的价钱,其经营业绩之突出,以至于每任成都店堂总经理都要直升中国区总经理。成都作为公众平均收入水平不算高的西部最大消费城市,商场奇怪的经营模式和物价的不正常落差,直接影响到居民的生活质量和 CPI 上涨。

通胀预期,是通货膨胀的可能性预测。生产价格垄断、物流成本偏高和价格不公平等因素,都会使通胀预期提前,通胀压力加大。通胀预期的内涵,更应强调当人们估计到通胀的即将到来,而积极准备防患于未然,然而改变消费与投资行为防范通胀的措施本身又可能造成资产价格的上升,即对通胀预期的防范的同时又将加快通胀的到来。通胀预期是一个悖论。也许通胀本身就注定伴随经济高增长的过程。通胀预期的基本计算方法是,把前几年的通胀率相加再除以年限所得一个算术平均数。

基尼指数与戴尔指数

基尼指数也称基尼系数,是 20 世纪意大利经济学家基尼1912 年根据劳伦茨曲线而定义的判断收入分配公平程度的指标。在全民收入中,用于进行不平均分配的那部分收入占总收入的百分比。基尼指数最大值为1,最小值为0。基尼指数若为1,表示全民收入分配绝对不均等,100%的收入被一个单位的人占有了,当然这是假设条件;若基尼指数为0,表示全民收入分配绝对平均,即人与人之间收入完全平等,没有任何差异,这同样是假设。1和0都是基尼指数的上下临界点。因此,基尼指数实际只可能介于1和0之间。

基尼指数的计算,是按劳伦茨曲线定理,设实际收入分配曲线与收入分配绝对平等曲线之间的面积为A,实际收入分配曲线右下方的面积为B,以A÷(A+B)的商表示全民收入分配不平等的程度。这个得数称之为基尼指数或劳伦茨系数。基尼指数实则是收入分配平等程度的定量分析标准。如果A为零,基尼指数即为零,表明收入分配完全均等,如果B为零,基尼指数则为1,表示收入分配绝对不平等。收入分配越趋向平等,劳伦茨曲线弧度越小,基尼指数也越小;反之,收入分配越趋向不平等,劳伦茨曲线弧度越大,那么基尼指数也越大。

目前,国际上用以分析和反映全民收入分配差距的方法和指标很多,基尼指数是运用最广泛、表达最直观的一种,给出了反映全民收入分配的贫富差异程度的数量界线,可以较客观、很直观地反映和监测居民间的贫富差距,预警、预测和防止全民贫富两极分化。作为衡量一个国家和地区社会公平和经济社会协调发展的某种标尺,而得到世界各国广泛认同和普遍采用。

基尼指数——劳伦茨曲线图中的绿线代表绝对平均状态下,低收入人群所占人口百分比和总收入百分比之间的关系;红线代表实际情况,蓝线代表绝对不平均状况。图中红线与绿线中间的面积越小,收入分配即越趋向平等。

中国学者对基尼指数的具体计算方法作了详尽探讨,提出了十余个计算公式。其中,山西农业大学经贸学院张建华设计出最简便的公式:假定一个数量的人口按收入由低到高顺序排队,分为

人数相等的几组,从第 1 组到第 i 组人口累计收入占全部人口总收入的比重为 Wi,则:

$$G = 1 - \frac{1}{n}(2\sum_{i-1}^{n-1} Wi + 1)$$

按照联合国有关组织的规范,通常以基尼指数 0.4 作为收入分配差距警戒线,根据黄金分割率,其警戒线准确值应为 0.382。即超过最高警戒线 4,经济社会潜伏危机最终可能引发不可逆料的负面效应,经济发展最终停滞,社会矛盾必然激化。一般发达国家尤其福利资本主义国家基尼指数在 0.24—0.36 之间,唯有新自由主义和垄断资本主义国家美国,基尼指数达到 0.4。经济高速发展、竞争很不公平的发展中国家中国的基尼指数连年走高,从1990 年的 0.28 增至 2010 年预计的 0.59,贫富差距甚为严峻,社会仇富心理日剧,民众与官方及开发商在土地利益上的博弈所引发的群体性事件层出。关于收入分配基尼指数公认指标和中国基尼指数猛然上升的状况,参见下面二表一图:

联合国基尼指数反映收入分配合理程度规定列表

基尼指数	0	<0.2	0.2—0.3	0.3—0.4	0.4—0.5	>0.5	1
合理程度	绝对平均	过于平均	比较平均	相对合理	差距较大很不合理	贫富悬殊极不合理	绝对不平等

中国近 20 年来基尼指数不合理上升情况列表

年份	1990	2003	2004	2007	2009	2010
基尼指数	0.28	0.46	0.47	0.47	0.5	0.59?

中国基尼指数连年走高,反映出全民收入分配越来越不合理,社会越来越不公平,其原因至少有四:一是财富获得的不公平竞争,关系与权力、权力寻租、权钱交易、暗箱操作、投机炒作成了少

基尼指数

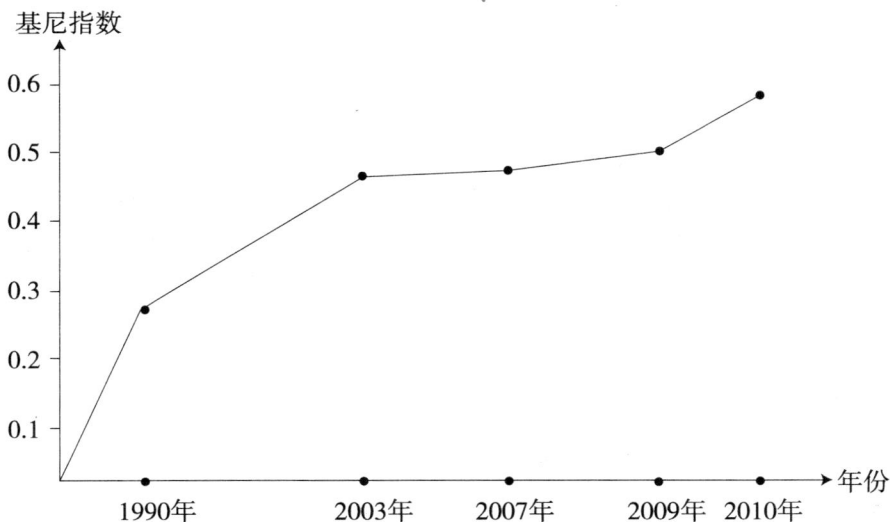

1990—2010 年中国基尼指数上升曲线图

数人一夜暴富的根源,财富极易集中于少数人甚至极少数人手里;二是全民工资收入偏低,中国已成为世界第三甚至第二大经济体,GDP 增速全球第一,但工资收入仍然居于全世界中低水平,不及日、美发达国家的 1/50,全民收入增长远低于 GDP 增幅;三是从改革前的"工农业产品价格剪刀差"变成了改革开放以来的"城乡土地收益剪刀差",城乡收入差距成了天渊之别;四是税收调节机制缺位,对个人所得税制度设计不合理,税收公平调节功能失调,存在强化收入不均等之倾向,富人纳税总量少,穷人纳税总量多,税收只控制显性收入而对隐性收入失控。

仅举数例即可回答基尼指数缘何如此之高。例一,2000 年,浙江省上虞市土地收入共计 2.19 亿元,用于给农民的征地补偿仅为 591 万元,征地补偿支出仅占卖地财政收入 2.7%,廉价征地转手即寸土寸金。全国城乡土地收益剪刀差,使其 2000—2002 年三年内城市从农村剥取巨利 9300 亿元。1990 年至今,近 20 年来,全国城市征用农村土地 9800 万亩,从农民手中获取土地利益以

10 万亿元计。例二,1990 年以来,中国官员每年群体腐败收入高达万亿元以上,甚至保持在 GDP10% 的比例。官民收入悬殊。例三,2002 年,中国 GDP 达到 10 万亿元人民币,其中全民总收入 5.6 万亿元,这其中城乡居民工资总收入仅占 1.2 亿元,另外 4.4 万亿元财富被非正常分配而流入少数个人手中。按劳分配原则早已失灵。中国 GDP 的 1/4 给予 99% 的人口所占有,而 GDP 的 1/3 给予 1% 的人口所占有。全国有 3000 个超富豪级家庭掌控了总值为 1.7 万亿元人民币的资产,亦即每个暴发户家庭平均拥有 5.65 亿元人民币。基尼指数当然走高。

新自由主义经济思潮在中国甚嚣尘上,把公平与效率人为地对立起来,居然得出"要公平就没有效率,要效率就没有公平"的荒谬结论,误导决策者,也为广大公众设置了障眼法。许多发达国家、法治国家和福利国家,社会公平甚至"按需分配与按劳分配相结合"的模式已经实现,既有效率,更有公平。李嘉图、凯恩斯等近现代经济学大师早已超越了的产生于资本主义原始积累初期亚当·斯密的"经济人假定",而今拾人牙慧者却依然将"经济人假定"奉为圭臬,只把人当成"经济动物",而忽视人的社会属性和道德属性。这种谬识与误导致使物欲横流、唯利是图、贫富悬殊的社会滑向危险的边缘。资本主义的中高级阶段一边是福利资本主义或民生资本主义,一边是垄断资本主义。前者基尼指数低,社会财富分配公平程度高;后者基尼指数较高,社会财富分配不太公平,出现两极分化倾向。社会主义市场经济是前所未有的伟大探索,其未来走向是趋向权贵资本主义,还是趋向福利社会主义? 可以肯定地回答,福利社会主义更符合社会主义市场经济的本质与初衷。无论是资本主义中高级阶段还是社会主义初级阶段市场经济环境,从长远趋势看,都只有依靠社会公平来激发经济效率,不公平的效率是急功近利的短期行为,公平的效率才有可持续发展和长治久安。只有公平的收入分配和公平的竞争,才有经济社会稳定与发展共生并举,才能更大地激发市场的有效需求、全民的创富热情和对未来的信心,才会有经济社会持久的繁荣昌明。因为人,不仅是"经济人",也是"社会人",不仅有对财富占有的本能的渴望,也有潜在的公平意识和道德欲求。

深化税制改革,可以弥补收入分配中的制度缺陷,使税收调节分配收入的功能在居民收入、存量财产、投资收益等各个环节得以有效发挥,将个人所得税配以财产税、社会保障税藉以调节财富再分配。逐年提高个人所得税线,使个人纳税额与个人财富占有额成正比。反腐倡廉与高薪养廉并举,以降低官员的利益追逐欲念和职业风险。较大幅度提高全民工资收入,适时出台《最低工资保障法》,提高商品与服务的劳动力成本而同时减少过大的社会平均交易成本,降低交易与流转税费和物流成本,使社会经济成本趋于合理化。实施富民惠民工程,推行公共设施和公共服务均等,使城乡共享城市文明成果,完善社会分工,提升城市化水平,努力发展多元产业而增加更多就业机会,都是财富再分配的积极措施。平抑基尼指数上扬,促进社会公平稳定,是时下中国的当务之急。

帕累托指数,是对收入分布不均衡程度的度量指标,是基尼指数的补充。

戴尔指数,是另一个衡量经济不平等的统计量,由计量经济学家亨利·戴尔导出。假设 X_i 为第 i 个人的收入,为平均收入,N 为人口数量。加总符号第一项为个人在总收入中所占比例,第二项为该个人相对于均值的收入。如果每个人都有相同收入,即等于均值,则指数为零,如果某个人拥有所有收入,则指数为 $\ln N$。公式:

$$T = \sum_{i=1}^{N} \left(\frac{x_i}{\sum_{j=1}^{N} x_j} \cdot \left(\ln \frac{x_i}{\bar{x}} \right) \right)$$

可分解公式:

$$Tr = SKT_{Tk} + \sum_{k=1}^{m} SK1n \frac{\bar{xk}}{x}$$

$$T_L = \frac{1}{m} \sum_{k=1}^{m} T_{LK} + \frac{1}{m} \sum_{k=1}^{m} 1n \frac{\bar{xk}}{x}$$

戴尔指数是某个子群体中不平等的加权和。一国的不平等就是每个省（或每个州）的不平等加权和，由该省（州）收入相对于国家总收入的比值来加权。如果人口被划分为 m 个群体，SK 为群体 K 的收入比例，T_K 为该子群体的戴尔指数……基尼指数更加直观，但没有戴尔指数容易分解。

恩格尔系数及其中国现状

恩格尔系数是食品支出额占个人消费支出总额的比重。19世纪德国统计学家恩格尔根据统计资料，对消费结构变化总结出一个规律：一个家庭收入越少，一个国家越贫穷，家庭收入中或总支出中用于购买生活必需食物的支出所占比例越大；随着家庭收入的增加，家庭收入中或总支出中用于购买食物的支出比例就会下降，家庭和国家就越富裕。

公式为：食物支出金额÷总支出金额×100% = 恩格尔系数

恩格尔系数是衡量一个国家、地区或家庭经济富裕程度的定量分析手段。中国从上世纪 80 年代初开始引入恩格尔系数概念。恩格尔系数与生活必需品物价涨幅息息相关，也是通货膨胀与通货紧缩的晴雨计。

1978 年，中国城镇、农村居民家庭恩格尔系数分别为 57.5% 和 67.7%，2005 年分别为 36.7% 和 45.5%，2008 年分别为 37.9% 和 43.7%。

根据联合国粮农组织提出的标准，恩格尔系数在 59% 以上为很贫困，50%—59% 之间为较贫困，40%—50% 之间为温饱，

单位：%

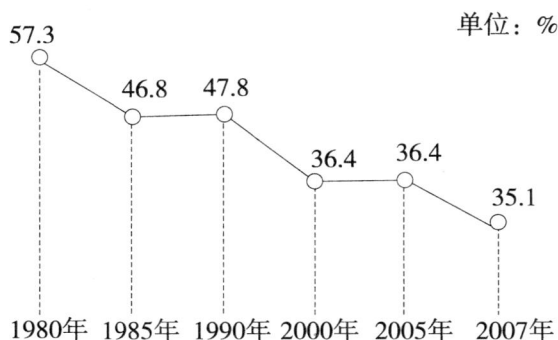

1980—2007 年中国恩格尔系数变化图示

30%—40% 之间为小康,低于 30% 为富足。

失业率与奥肯定律之变迁

1962—1968 年,美国经济学家阿瑟·奥肯在为约翰逊总统经济委员会分析失业与经济增长的关系时,提出了奥肯定律,用以描述失业率与 GDP 和 GNP 之间的交替关系。奥肯定律认为失业就意味着生产要素的非充分利用,失业率的上升会伴随着实际 GDP 的下降,描述了失业率与经济增长之间存在一定的相对稳定的关系之经验性规律。

奥肯定律认为:(一)当 GDP 增长率高于 2.25% 时,GDP 每增加 2%,失业率就下降 1 个百分点;当 GDP 增长率低于 2.25% 时,GDP 每减少 1%,失业率就上升 0.5 个百分点。为什么产量增加 1%,而就业人数上升不到 1% 呢? 奥肯解释为,可能产量增加是通过工人加班加点即延长有效劳动时间来达到的,或机器化生产和技术革新提高劳动生产率来实现的,而不一定非得增加就业人数,并且也可能增加了第二职业人数,从而使就业人数量小于产量增加的百分比。(二)失业率每高于自然失业率的 1%,实际 GDP 低于潜在 GNP 的 5%,假如失业率为 8%,比自然失业率高 2%,那么按奥肯定律，实际 GNP 就比潜在 GNP 低 6%。（三）当实际 GDP 比潜在 GDP 增长高或低 2%，失业率就会上升或下降 1%。奥肯定律比较准确地计算和预测了美国的失业率与经济增长关系与幅度，并强调如果把失业率从 7% 下降到 4%，即会使全国经济增长受益匪浅。萨缪尔森与诺德豪斯合著的《经济学》第 16 版对奥肯定律作了确切表述。

但是，奥肯定律只适用于当代美国等发达的资本主义国家，失业率主要受经济增长的影响，而受其他变数影响很少，当经济高度发达和高度城市化，经济增长幅度减缓并相对稳定，国内人口及劳动力数量居中既不稀缺也不过量，失业率统计包括了城乡总失业率在内，而且实际 GDP 与潜在 GDP 增长几乎相当等前提下，奥肯定律才会有效显示出可行性与合宜性。任何科学规律超越假设条件都会茫然不知所措。不同国情、不同时代和不同发展时期，有着不同的经济规律，只可借鉴不可克隆，任何生搬别国的经济原理来硬套本国的经济现象或机械模仿，简单照抄的做法都是迂腐可笑的。

"潜在 GDP"概念由奥肯首度提出。GDP 是指一国在一年或一季度内所生产的最终产品与服务（劳务）的市场价值之总和。潜在 GDP 是在保持价格稳定前提下，一国经济所生产的最大产值。潜在 GDP 亦称为"充分就业 GDP"。所谓充分就业，即指所有愿意在现行工资条件下就业的人都就业。美国在 20 世纪 90 年代视失业率为 5.5% 即为"充分就业"。潜在 GDP 由一国经济的实际正常生产能力所决定，而实际正常生产能力又决定于可获得的资源（包括劳动、资本、土地等）和技术效率。潜在 GDP 常常趋于稳定而缓慢增长，而实际 GDP 则在经济周期内波动很大。当经济高涨即快速发展时，实际 GDP 远高于潜在 GDP，当经济僵持或衰退时，实际 GDP 会低于潜在 GDP。美国 1979—1982 年经济滞胀，实际 GDP 为零增长，而潜在 GDP 每年增长 3%，3 年共增长

9%，根据奥肯定律，参考当时失业率与自然失业率，实际 GDP 比潜在 GDP 增长低 2%，失业率将会上升 1 个百分点，那么这 3 年内实际 GDP 比潜在 GDP 共低 9%，失业率变动 = -1/2（实际 GDP 增长率 - 潜在 GDP 增长率）= -1/2（0-9）= 4.5%，即失业率在 1979—1982 年 3 年内预计上升 4.5%。1979 年失业率为 5.8%，1982 年失业率即可能为 5.8% + 4.5% = 10.3%。后来美国官方公布 1982 年实际失业率为 9.7%，与奥肯 10 年前的预测相当接近。

　　上述例证可以看出，奥肯定律不是简单地描述失业率与 GDP 变化的数量关系，而是详细分析和计算失业率变动与实际 GDP 和潜在 GDP 之间的差额的数量关系。当实际 GDP 与潜在 GDP 数量相当，失业率变动 = -1/2（实际 GDP 增长率 - 潜在 GDP 增长率）= -1/2×0 = 0，失业率不变。那么，当实际 GDP 增长率为 5%，潜在 GDP 增长率为 3%，失业率变动 = 1 - 1/2（实际 GDP 增长率 - 潜在 GDP 增长率）= -1/2×2 = -1，即失业率下降 1%；当实际 GDP 增长率为 -1 时，潜在 GDP 增长率为 3%，失业率变动 = -1/2（实际 GDP 增长率 - 潜在 GDP 增长率）= -1/2（-1-3）= 2%，即失业率上升 2%。一些西方经济学家对奥肯定律的计算多有曲解与误会，包括多恩布什所著《宏观经济学》第八版和斯蒂格利茨所著《经济学》第二版中的描述，都未涉及潜在 GDP 而简单估测经济增量与失业率的数量关系，其结果都是错误的。中国的经济学者们大多也犯如此同样错误而迷惘于奥肯。

　　根据奥肯定律，可以推演出实际 GDP 增长率计算公式，设失业变动率为 A，实际 GDP 增长率为 x，潜在 GDP 增长率为 y，即 A = -1/2（x-y），那么 x = y - 2A，即实际 GDP 增长率 = 潜在 GDP-2，失业率变动。如果已知潜在增长率为 3%，那么，实际 GDP 增长率 = 3% - 失业变动。如果失业率不变，那么 x = 3% - 2×0 = 3%，实际 GDP 增长为 3%；如果失业率上升 2%，那么 x = 3% - 2×2% = -1%，实际 GDP 增长率下降 1%；如果失业率下降 1%，那么

x＝3%－2×（－1%）＝3%＋2%＝5%，实际 GDP 增长率为5%。

在当今经济超速发展的中国，奥肯定律所得结论前半部分"为防止失业率上升，实际 GDP 增长必须与潜在 GDP 增长同样快"，似乎尚可印证一些道理，而奥肯定律所得后半部分结论"为使失业率下降，实际 GDP 增长必须快于潜在 GDP 增长"就显然失灵了。当今中国，经济高速增长，即实际 GDP 增长远快于潜在 GDP 增长，但失业率还在持续上升。这就是中国发展的"奥肯悖论"或"奥肯迷惘"。

中国失业率与国民经济生产总值增长率恰恰与奥肯的反向变化规律相反，而失业率与经济增长成正比，出现全然背反率。改革开放30年，中国经济保持年均增长率9.4%以上，但并未带来就业的相应增长，失业率反而随经济增长而上升，就业率随经济增长而下降。1985—1990年，中国 GDP 年均增长率为9.89%，同期就业人口平均增长率却仅为2.6%；1991—1995年，中国 GDP 年均增长率11.56%，同期就业人口增长率下降为1.23%；1996—1999年，中国 GDP 年均增长率为8.30%，同期就业人口增长率下降为0.96%，中国 GDP 增长对就业的拉动作用呈连年减少之趋势，与奥肯定律背道而驰的原因何在？其实，奥肯定律也不适宜于100年前的欧美，当资本主义原始积累和机器化生产促使经济高速增长时期，经济扩张也并不表现为就业机会增加，反而导致大量失业。中国改革开放以来就业增长率下降而失业率上升和经济持续高速增长的非正常状况，与资本主义上升时期还有很大的差异。

与欧美游牧文化背景下农牧经济转向工业化经济不同，中国从农业大国跨上工业化、城市化快车道。从三次产业吸纳就业的能力分析，中国农村实行联产承包责任制和包产到户，大量农村剩余劳动力涌向城市和工业，使城市"非农"人口就业面临拥挤。农村第一产业——农业吸纳就业能力大幅度下降速度远远超过城市第二、三产业即工业、服务业吸纳就业能力的提升速度，迫使第二产业即工业的吸纳就业能力实际下降。加之第二产业的资本投入和技术改造更使工业吸纳就业的总量呈减少趋势。而第三产业即大服务业的吸纳就业能力很强,但中国第三产业发展远不能适应经济增长和就业需求。城市政府以过重的工业情绪即"霍夫曼情结"渴求工业带来的 GDP 及财政收入政绩,对第三产业发展不够重视。第三产业在经济结构和产业结构中的比率不高,与城市及工业扩张速度配套失衡。即使发展第三产业呼声日隆,却在近10余年间,地方政府醉心于第三产业中比第二产业获取利益和政绩更快更猛的房地产业增量,"卖地财政"对政绩与暴利的追逐,漠视或忽略了第一、第二产业和第三产业除房地产外的其他服务业多元综合均衡发展,而房地产业本质是准金融性质的投机性投资行业,主要靠资本运作、透支土地资源和利用城市征用农村土地而转手出售的巨额剪刀差,房地产夸张炒作而虚拟成分过重的房地产经济形成泡沫经济,所使用的劳动力极少,对就业拉动力微乎其微,大量的资本流动却只有很少的劳动使用,这种错以房地产为"支柱产业"的地方经济变态结构,是中国经济高速增长而失业率反而上升的重要原因之一。中国发展的不确性,常常被西方人士所误读。

德国经济学家路德维希·艾哈德曾误认为中国失业率上升"不是结构问题而是总量问题"。其实,中国的失业,既因结构严重失衡,又因劳动力供需失衡。劳动力总量太大,人口众多而劳动者素质普遍偏低,城乡劳动力就业竞争不在同一平台,农民工的非国民待遇和城乡巨大差别以及城市化的诱惑,或者说城乡生产方式与生活方式的巨量不平衡,劳动力"数量过剩"与"质量短缺"、供给膨胀与需求萎缩,都是失业率随经济增长而上升的背景和因由。所以中国的失业既是结构问题,又是总量问题。

不能忽略的是体制转轨所带来的隐性失业显性化现象。计划经济旧体制下,人浮于事,劳动力效率极为低下,当时有效劳动需求量远远小于名义上的"全就业"人数。市场经济使隐性失业显性化,利益激励机制使劳动效率大大提高。农村十天农活三天可以做完。产业工人计件工资的商品产出量远大于过去定量工资的生产效率。这时经济增长所带来的有效劳动隐性就业增加,并非显性的名义就业人数增加,而是有效劳动量的增加,表现为对冗员的充分利用和对历史遗留问题的消化;另一方面,承包责任制与计件工资制等劳动管理体制变革,使劳动者主动延长有效劳动时间而同样使单位有效劳动量增加,客观上使名义劳动力人数减少而显得劳动力更加过剩,从而使就业压力增大,失业率上升。

仍就回到总量问题,中国农村剩余劳动力成千万上亿计涌向城市第二、三产业挤占就业岗位,失业率统计又只统计城市非农人口而不统计农村失业人口。农村人口"转业",是时下中国失业与转就业、再就业统计的最重要参数。实际上在信息化的今天一切信息将透明化,已没有掩饰庞大的失业人数之必要,而关键在于如何应对失业和解决失业问题,增加就业。

调整、优化产业结构,扶植新产业,营造产业集群,面对国内丰足有余的劳动力资源和针对发展中国家的实际情况,可以在一个相当长的时期内大力发展劳动密集程度相对较高、资本密集程度和技术能力适中的产业,增加劳动含量,提高劳动投入的贡献率,并通过技术改造,产业园区配套和上、下游产业链的延伸,并且倾力发展就业弹性最大、吸纳劳动力最多的第三产业,都可以创造更多的劳动机会以扩大就业。区域产业集群化、集群产业多元化和社会分工精细化,都是扩大就业的宽广途径。投资增长拉动上下游产业扩张、出口增长和内需增长也是拉动就业的最重要力量。另外,应推行全民福利国家保障,适时提高全民工资收入以符合经济增长的幅度,从而可缩短人口众多、劳动力过剩的人口大国和经济大国的单个劳动力每日、每周有效劳动时间,稍微提前退休和减轻生活压力,增加消费能力,也能促进扩大就业、减少失业。

　　既然经济增长不一定能转化为就业机会的增加,亦即奥肯定律不适用于发展中国家,那么,经济增长对就业拉动的效果可以用另一种指标——"就业弹性系数"来考量。就业弹性系数的阶段上升或持续下降,可以表明经济增长对就业的吸纳能力的增强或减弱。所谓就业弹性系数就是就业增长率与经济增长率之对比,公式为:就业弹性系数=就业增长率/经济增长率,其计算结果表示 GDP 每增长 1 个百分点所带动就业增长的百分点。稳定就业弹性系数必须倚重优化产业结构,转变增长方式,努力发展第三产业以充分扩大就业。如果就业弹性系数一定,提高经济增长率即可提高就业率而减少失业率;如果经济增长率一定,提高就业弹性系数也就能够减少失业率而提高就业率。这可以称之为"新奥肯定律"。

　　市场经济的宏观经济政府调控目标"四高二低",即为:高 GDP 增长率、高人均 GDP、高人均收入、高 GDP 质量和低失业率、低通胀率。就业率考量着政府执政能力和国家社会经济发展潜力。

区域平衡发展指数

　　针对中国区域经济发展的东、西部差异性,笔者继已出版的专著《策划重庆,策划四川——构筑中国经济第四增极》之后,在这里再次提出区域发展指数概念,即中西部内陆地区 GDP 及人均收入分别与东部沿海地区 GDP 及人均收入的比值的加权平均值,作为衡量地区发展差异的量化指标。核心值 L=中西部地区 GDP÷东部沿海地区 GDP,参考值 B=(中西部地区城市居民人均可支配收入+农民人均纯收入)÷(东部沿海地区城市居民人均可支配收入+农民人均纯收入)。这两个比值越小,说明西部比东部发展落后程度越大,经济差距越大;反之,比值越大,西部比东部发展差异越小;如果接近 1,则相对平衡。

第十一章

结构与危机经济学得失论

——国家经济骨骼补钙与肌体诊断

经济结构及结构调整

经济结构是国民经济的组成与构造,是由许多系统构成的多层次、多因素的复合体。影响经济结构形成的因素很多,首先是所有制和国家及地方政府的经济规划与发展策略左右着经济结构,社会对最终产品的需求以及科学技术进步等对经济结构变化也有重要影响。经济结构合理,就能充分发挥经济优势,合理配置资源,有利于国民经济各部门协调发展。结构不合理,在短期内也许会推动经济高速增长,但这种高速增长的不合理结构经济是畸形发展的,必将埋潜隐患,透支资源,毁损环境,形成泡沫,造成资源浪费短期行为,最终或者阻滞经济良性发展,或者触发诸多社会矛盾。经济结构是国家经济的骨架。经济结构状况是衡量国家和地区经济发展水平与优势的重要尺度。不同经济体制、不同经济发展趋向的国家和地区,经济结构状况差异很大。

特定的社会制度、经济体制、经济水平和技术条件,要求与其相适的特定经济结构。经济结构各组成部门之间有机联系、相互制约,当杜绝随意性。判断一国经济结构是否合理,主要看其是否合乎本国国情,是否能够充分利用国内外一切有利的发展要素,能否合理有效利用人力、物力、财力和自然资源,能否保证国民经济各部门协调发展,能否推进科技进步和生产力的提高,是否既有利于促进近期经济快速增长又有利于经济长远发展。

经济结构的划分,有多重角度和多个复合层次。

从一定社会生产关系的总和及不同的生产资料所有制经济成分的构成与比重来考察,可分为公有制主导经济、私有制主导经济和混合经济。

从国民经济各部门和社会再生产的各个方面的组成与构造来考察,可以分为产业结构(一、二、三次产业构成,轻、重工业构成等)、消费结构、技术结构、交换结构(价格结构、进出口结构等)、劳动力结构、分配结构(积累与消费的比例、不同阶层收入的比例)等。

从所包含的范围来考察,可以分为国民经济总体结构、部门结构、地区结构以及企业结构。

从不同角度进行专门研究的需要来考察,又可分为经济组织结构、产品结构、人员结构、就业结构、投资结构、能源结构、材料结构等等。

从消耗能源等资源的不同还可分为高耗能经济和低碳经济,从经济结构性质、作用及表现形式可分为实体经济与虚拟经济按不同比重相结合的结构。

经济结构调整,即根据国民经济良性发展之需要,对国民经济各领域、各部门、各地区和各种经济成分之间的对比关系与结合状况进行调整及再配置,借以改善各物质部门之间的有机联系及比例关系,倚重国民经济宏观战略规划和技术进步的主导作用,促使国民经济结构趋于合理化,推动国民经济健康发展。

　　研究当前中国国民经济发展状况和经济结构现状,必须从进一步深化经济体制改革的大处着眼,从所有制关系的深度入手,从世界科技进步和全球经济一体化及国际经济结构重组的趋势通盘考虑,着重于全面提高国民经济整体素质、GDP 质量和发展效益,调节商品市场指向,节能减排,建立公平竞争机制与创设公平分配条件,借重外倾力,挖掘内生力,增强综合国力和国际竞争力,对经济结构进行战略性调整。国民经济高速增长过程中伴生着层出不穷的结构矛盾,需要适时调整和下真功夫,调整经济结构是相当长一段时期彻底解放生产力和国民经济可持续发展的迫切任务。

实体经济与虚拟经济

　　通常把物质产品、精神产品与服务的生产、流通等实际经济活动和传统经济方式称之为实体经济。实体经济包括农业、工业、交通、商业服务、建筑业等物质生产与服务部门,也包括教育、文化、艺术、科技、信息、体育等精神产品生产与服务部门。实体经济始终是人类社会赖以生存与发展的基础。实体经济为一国市场稳定运行、生产不断延续提供了最广泛的基本条件。实体经济指标的偏差往往最快最直接反映到社会生活各个领域,与企业生存和民生疾苦紧密关联。经济结构越是要经历深刻变革,实体经济稳健运行对于维护社会经济秩序往往越加重要。

　　实体经济可以归纳出如下特点:有形性、主导性、时空性、载体性和相对下降性。以物质资源及精神产物的生产经营为首要内容的实体经济,在国民经济发展过程中表现为提供基本生活资料、提高人的生活水平和增强人的综合素质等三大基本功能。

　　实体经济兴旺发达的标志是生产力彻底解放,经济高速而健康增长,物质产品和精神产品极为丰富,物质精神产品与服务的生产与流通没有体制障碍与结构失衡,城乡居民充分就业,且收入增加、分配合理,对未来的信心十足,投资与消费双双强劲。而实体经济衰退的表现为失业率增长,经济负增长,居民预期收入减少,消费信心严重受挫,消费水平下降,消费支出增长停滞,企业投资与商品市场双双低迷。

严格地说,实体经济是传统经济和本位经济。

虚拟经济相对实体经济而言,是现代经济发展和经济虚拟化的必然产物,西方又称之为"金融深化",是货币经济或经济货币化向虚拟领域的延伸,是市场经济高度发达的结果。社会经济越发达,虚拟经济规模与比重越增大,但虚拟经济毕竟是为实体经济服务的,所以虚拟经济规模增大程度必须有一个临界点和限度,而必须保持与实体经济持衡的位置。

经济的本质是一整套价值系统,包括物质价值及价格系统和资产价值及价格系统。虚拟经济作为与实体经济相对独立的经济范畴与价格系统,以资产方式对实体经济的物质价值进行另一种表述,其价值总量是同一的,价值及价格表现是有变动的。与由成本、技术等要素支撑定价的物质价格系统迥异,资产价格系统是以资本化定价方式为基础的另一套特定价格体系,因为资本化定价,虚拟经济运行过程比实体经济具有较大波动性,要强调预期值,并且受人们心理因素的重要影响。

虚拟经济概念由虚拟资本概念衍化而来。虚拟资本即在借贷资本和银行信用制度基础上所产生,包括股票、债券等,是在资本所有权与经营权分离的基础上,资本所有者以股权形式或价值符号所持有的资本。虚拟资本可以作为商品买卖,也可以作为资本增值,但其本身并不具备价值,只是用于表述价值的价格变动的衍生工具。虚拟资本所表述或代表的实际资本已经投入到了生产领域或消费过程,而其自身却作为可以买卖的资产逗留于市场。

广义的虚拟经济的产业范围包括金融业、房地产业以及博彩业、收藏业等。凡以价值符号互为交易对象以及为此而构筑的交易平台,如银行、资金市场、证券市场、外汇市场、期货市场等,都属于虚拟经济范畴。

高度流动性、不稳定性、高风险性和高投机性,是虚拟经济的四大主要特征。

虚拟经济是虚拟资本的特有与交易活动,只是价值符号的转移。虚拟经济比实体经济的流动性要高得多。电子信息化的今天,股票、有价证券等虚拟资本进入无纸化交易,瞬间即可完成。这种高度流动性和交易高效率,加速了社会资源配置与再配置,使其成为现代经济不可或缺的组成部分。

各种虚拟资本在市场上买卖,价格的决定不像实体经济那样遵循传统的价值规律,而是更多地取决于虚拟资本持有者和参与交易者之间的心理博弈,以及对未来虚拟资本所代表的权益之主观预期,而这种心理预期不仅取决于虚拟资本所代表的物质资本的实用价值和虚拟资本自身处于不断波动中的交换价值,而且还受宏观经济大背景、行业前景、政治气候、周边环境和国民经济发展大趋势等非经济因素或非直接经济因素所左右和边际影响,不稳定性显著。

影响虚拟资本价格的因素众多。这些因素自身变化频繁无常,不遵循定规。加之,虚拟资本交易规模、交易速度和交易品种数量不断扩大,使虚拟经济的存在和发展变得更为复杂而难以驾驭,并受专业知识、信息采集手段、信息分析能力、资金拥有大小、应对时间精力及心理素质、气质性格、处置经验、判断力、决断力等多方面限制。尤当各种风险投资基金、对冲基金等大量投机性资金介入,游资与热钱的偷袭与追捧,加剧了虚拟经济投资领域的高风险性。

与其说有价证券、期货、期权等虚拟资本新产品交易虽可作为投资目的,毋宁说更离不开和更重于投机行为,为市场流动性之需要所决定。巨额资金划转、清算和虚拟资本交易均可在电子网络里转瞬完成,为虚拟资本高度投机提供了技术支持和创设了物质条件,加之新兴市场的监管能力差、防范与应对高度投机行为的措施缺乏、不成熟、不完善,通过短期投机以牟取暴利为目的的暗箱操作、黑幕交易推波助澜,使虚拟经济投机性越来越高。

既是经济的又是虚拟的,价值符号及其交换在根本上是以劳动价值为原生基础,以信用作为价值符号的发行基础而接受风险。而其交换物的交换形态并非实物,仅以价值符号为交换对象。是虚拟经济就是实体经济价值的一种游离存在方式,即资本化的虚拟现实。信息不对称,是虚拟经济领域产生交易利润之前提;信息转化为利润是虚拟经济客观存在的现象。信息价值作为复杂劳动价值而成为虚拟经济价值的组成部分。

实体经济与虚拟经济的关系,一是共生关系,二是游离关系。在现代国民经济和市场经济体系中,实体经济借助于虚拟经济而发展,虚拟资本通过信用手段为生产活动融通资金,虚拟经济影响到实体经济的外部宏观经营环境,为实体经济发展增加后劲,其发展状况制约着实体经济的发展程度;虚拟经济依赖于实体经济,为实体经济服务,是实体经济主体的辅助型经济形式,而实体经济为虚拟经济发展提供物质基础和原生价值,对虚拟经济发展提出新的要求,是检验虚拟经济发展水平的标尺。虚拟经济并非从天而降和空穴来风,必须以实体经济为依托,并在特定时期特定发展形态中只能相对游离、不得绝对游离于实体经济。实体经济是本,虚拟经济是末。假若离开实体经济,虚拟经济就是无源之水、无本之木和断线的风筝。虚拟经济与实体经济相互依存,相互促进,只能虚实相生,不能本末倒置。

有机处理和科学掌握虚拟经济与实体经济之间的关系,是市场经济条件下政府干预宏观调控的积极作为。"一视同仁,统筹兼顾,均衡发展,协调一致",是防止市场经济放任自流,从而有效规避经济泡沫化风险,确保国内经济安全的四大原则。

传统的原始经济、封建经济和陈腐僵化的计划经济对虚拟经济茫然无知或持否定和拒斥态度。而市场经济发展到一定阶段，则必须产生且必须健康发展虚拟经济，发挥其对实体经济发展的巨大促进作用，它动员储蓄转向资本化投资，有助于降低交易成本和分散经营风险，为资本流动和产权复合提供便利，加速国际经济及金融全球一体化进程，快速高效传递投资信息与调校投资方向，帮助调整国民经济结构和调节产业结构及产业控制能力，培育与繁荣国家金融市场，吸引和把控国际游资进入以刺破经济泡沫，增大 GDP 规模并创造新的就业机会。

虚拟经济是把双刃剑，既因适应实体经济发展需要而产生，又可能因过度膨胀与实体经济绝对游离，而带来对国民经济的破坏性冲击之负面影响与严重危害。虚拟经济失控而过度扩张，堕落为"虚假经济"，可能使国民经济发生动荡与危机的可能性增大，扭曲资源配置方式，降低银行抗御风险的能力，扭曲消费行为，恶化国际收支情况，导致财政风险，扩大赤字和外债，加剧贫富分化，而且虚拟货币过量发行和银行呆坏账的大量增多，动摇实体经济正常运行秩序和信用基础，从而阻碍实体经济发展，甚而引发金融危机、经济危机乃至政治危机。

发展模式与增长方式

不同的国家和地区因幅员、人口、自然资源、经济实力、制度传统、科技水平、发展规模、体制机制、执政理念和运行能力的差异，将选择、形成和表现出不同经济社会发展模式和经济增长方式。

经济社会发展模式与国家经济结构和社会结构有着天然的紧密关系，经济体制是经济社会发展模式的主导性因由。一国和地区经济社会发展模式，从经济体制的选择上可以分为传统经济模式、计划经济模式、自由市场经济模式和计划与市场相结合的即政府干预市场宏观调控模式等；从发展效率、速度等方面可分为渐进式发展模式、高速发展模式和可持续发展模式；从资源利用及资源效益角度可分为资源透支型、资源掠夺型和资源节约合理永续利用型发展模式；从经济发展动因与要素考察，有资源型、资本型、市场型、技术型、口岸型及复合型模式等；从体制改革与科技革新方面观照，有守成型、守旧型和创新型发展模式；从依靠内生力和外倾力的不同，还可分为封闭自守型、自力更生型和对外开放型发展模式。

发展模式的选择决定了国民经济的发展态势、发展活力与发展走向。

经济增长方式与经济社会发展模式大体上相对应，但表现在具体发展情势与细节上不尽相同，甚至在不同的国情、结构框架下差异很大。

中国步入改革开放新时期，义无反顾地选择了市场经济。但市场经济是一个大概念，究竟是不顾国情的不同而照搬资本主义放任自由的自由主义市场经济，还是参考西欧战时因必须强调国家作用而一度兴起的国家宏观调控的市场经济，强调从计划经济绝对公有制脱胎、转轨，而形成公、私所有制混合并行的有一定计划和政府积极干预有机调控的市场经济，决定着增长方式的高低、高速成长的 GDP 的质量和经济社会是否能够可持续发展。

改革开放三十多年，效率优先的自由市场经济发展模式和公有、私有混合所有制经济，取得了举世瞩目的巨大成就，带来了翻天覆地、日新月异的沧桑巨变，但也潜伏着不可忽视的生态环境危机、泡沫经济风险和可持续发展隐忧。三十多年间，主要表现为以东南沿海的出口主导型经济增长方式为主，辅以西部内陆地区的资源透支型输出，初步完成了国家资本原始积累及东南沿海民间资本原始积累，聚成庞大的贸易顺差和国内社会财富两极分化，东、中、西部经济社会发展很不平衡，公共基础设施、公共服务体系和城市文明共享程度的区域差异、城乡差异悬殊。

经济增长方式的偏激化和单一化,反向影响着和检验着经济结构的不合理。

外向度与内生力

经济外向度亦称为对外贸易系数、外贸依存度或外贸依存率,是指一个国家或地区的进出口贸易额占国内(地区)生产总值(GDP)的比重,反映一国或地区的经济与国际经济联系的紧密程度,是衡量一国或地区开放型经济发展规模与水平的宏观指标之一。一国或地区的经济外向度越高,这个国家或地区的经济与国际经济联系就紧密,开放程度越高,也说明这个国家或地区进出口对国际市场依赖程度高。

内生力,是与外向度、外倾力相对的经济学概念。内生力指一个国家或地区的经济发展内部实力和主观能动性,不依靠外资、进口、外来技术而自我具备的发展能量,自力更生、自主创新、自行投资、自我发展的能力。一国或地区国民生产总值(GDP)占该国或地区的国内(地方)生产总值(GDP)的比重,是衡量该国和地区的经济内生力大小的尺度之一。

内生力强,则经济对外依存度较低。发展区域经济,不仅要扩大外向度,也需增长内生力。外向度太低,则开放度低,不利于借重外力发展自我;反之,内生力不够,外向度过大,会形成依靠廉价劳动力低成本运作,产(商)品廉价外销的"外包经济"和沦为"世界工厂"、"世界车间",导致利润和财富向境外过度流失。

目前,中国东部沿海外向度太大而内生力不足,对外依存度过高;中国西部内生力不足,外向度更低。中国西部应当同时提高外向度和增强内生力。

投资增长、出口增长与内需增长

发展中国家当国家资本原始积累完成之际,即有实力大举进行公共基础设施建设投资,直接推动国民经济的投资增长,同时拉动上下游产业的连环增长。并且投入公共服务体系建设,为新一轮的可持续发展奠定物质基础和创设软硬环境条件。国家以巨额资本积累投入公共基础设施建设,也是国有资产增值和国有资本扩张的一种手段。国家投资公共基础设施,大大改善区域多元产业投资环境,对于拉动民间资金社会资本对集群产业投资和产业转移投资,具有强力引领作用,形成投资增长的叠加。投资增长刺激生产、拉动就业作用显著。

出口增长是外贸出口量额的增加,包括外商独资、合资、合作企业入境发展,企业境外"三来一补"的群起效应,还有内资企业、民族工商业的产品大量外销,形成出口增长强劲态势和国际贸易顺差。经济对外依存度不断扩大。

内需增长,是国内消费需求的增长,社会商品零售总额的增加。内需增长的前提是国民收入随经济总量的增长而增加,收入分配公平,市场物价尤其生活必需消费品物价的平缓上升和相对稳定,国民充分就业,公众的消费能力和对未来的信用增强,货币的信用度较稳固,新产业扩张,新产品的增加,消费领域的拓展和消费市场的扩大,生活方式的变革和生活水平的提高。任何一个因素的不稳定,都会阻滞内需增长。对于长期以出口为主导的经济形态,内需增长相对迟缓,总体经济外向度过大,不利于内生力的激发,这种生产过剩与消费不足的不平衡,势必最终对经济可持续发展形成障碍。而且,内需严重不足,对外依存度过大,国民经济殊难经得起境外经济危机的冲击,国际经济一旦波动,国内生产就随即下滑。内需不足还暴露出国民经济的脆弱度,国内经济结构、增长方式、产业结构、分配结构和消费结构的多方面问题和弊端。扩大内需,重建国民对未来的信心,是对外开放的发展中国家尤其人口大国经济宏观调控的长期任务和迫切要求。

投资、出口与内需三者增长尤需平衡。投资增长过大,则投资过于超前或投资过剩,投资资本的资产转化过程拖长;出口增长过大,内生力则减弱,抗御国际市场风险的能力削弱,货币升值压力加大,资源开采过度,劳动力价格降低,沿海(沿边)开放口岸与内陆远离口岸区域的发展差距越加拉大,国民经济因受国外经济过多制约而畸形发展;内需是国内生产的主要目的。内需增长反映了国民生活方式随生产方式变革而改变、生活水平和消费能力随经济增长而提升。

改革开放新三十多年和西部开发新 10 年,中国经济增长模式应当是:由东部出口增长为主导、西部资源透支输出为补充的非正常模式,向投资、出口、内需平衡增长的多元复合型增长模式转型。投资增长、出口增长和内需增长的多元复合型增长模式,应是中国目前经济发展的理智选择。

公共基础设施和公共服务体系

公共基础设施是指国民经济发展赖以依托的最基本的外部条件和物质基础,诸如公共交通、电力、通信等设施的建设必须先行,而且以国家投资、政府管理为主,遵循一定的市场规律。

公共服务体系主要包括职业、教育培训、技术更新推广、科技成果孵化、公共卫生服务、信息化服务等。公共服务必须实现城乡与区域相对均衡与可以共享。公共服务体系建设应由国家引导、政府牵头、国营为主、民营为辅的半市场化或市场化运作。

只有兼顾公共基础设施和公共服务体系建设,才能营造区域经济社会发展的软硬环境,培育城市与区域综合竞争力。

战略规划与战略调整

战略原本是战争策略,其特征是重大智慧谋略的纲领。现当代将战略一词广泛引申运用到政治、经济领域,其内涵泛指国家及地方政府统领全局、左右成败的重大谋略、宏观方案和总体对策。战略既包括对既定方略的传承,也包括为适应内外形势新变化而适时作出的政策调整,或者可以说是应对国内外危机与变数而采取的新策略。

国家战略包括政治战略、军事国际战略和经济发展战略、生态环保战略等。政治、军事与国防战略尤其在现当代,对经济战略基础的倚重越来越必需。经济发展战略是国家战略的首要内容和主体形式。国家战略的制定,首要着眼点就在于:维护国家经济安全、国防安全和生态安全,确保经济快速、稳健、良性和可持续发展。

优化经济结构,转变增长方式,是国家经济战略调整的第一要务。统筹区域与城乡经济平衡发展,是国家经济战略推进的首要目标。

1996 年末日本内阁公布了一项国家战略议案,题为《为变革和再造经济结构而制订的行为计划》,重点提出国家对 15 个新型产业的宏观政策支持,包括信息通信、环境、生命工程、宇宙航天和新能源等尖端产业,也包括医疗、福利、城市环境整治、人才、住宅等民生福祉服务行业,并且把福利服务视为产业竞争力的核心要素。

1993 年美国成立了"国家竞争力决策委员会",以后每年度都提出《竞争力报告书》,为未来的产业发展适时制订战略计划。1999 年 IT 产业成为新经济的核心,出台了以 IT 产业为中心的《数码经济》报告书,表现在美国对未来技术领域的研究和开发所给予的支持比任何别的国家都积极主动,因为美国遥遥领先于世界的高科技是影响 21 世纪人类社会发展进程的两大最关键因素之一。而至 2008 年,美国新政提出经济战略重点在发达的高科技产业基础上向新能源产业转变,视新能源战略为应对世界未来发展变化的更为迫切的要务,因为作为国家经济动力的传统能源即将面临短缺甚至资源枯竭,开发新能源成为国民经济可持续发展的重大使命和首要议题,不仅机不可失,而且时不我待。谁抓住了新能源,谁就掌握了国际经济战略主动权和抓住了国家发展先机。

欧盟近年曾在葡萄牙举行首脑会议制定了《数码欧洲发展战略》,使其于 2010 年之前跻身于因特网领域里世界最强行列,包括年内欧盟国家的所有学校实现全部联网计划,限时于欧洲全域都可登录超高速因特网和广泛利用因特网电子手段提供全欧社会主要的公共服务。

中国的每个五年计划或五年规划,都是国家纲领性的阶段性战略。一些特别重大的决策还列为百年战略、五十年战略和十年战略。譬如西部开发战略,不仅是从时间进程上制定的发展步调,而且更是空间区域发展纲领。近年来国家"十大产业振兴计划",亦属国家经济发展战略举措。

发展中国家往往在战略的制定和执行过程更为注重经济增长率、增长速度,而有所忽视经济品质结构和经济综合质量效益。为改变贫穷现状而激进追求或片面追求过热的经济增长,而致使经济结构失衡、资源配置不合理、环境破坏严重和能耗过大。在初始快速发展过程中,有些负面问题是隐性的;当一个时期以后,长期累积的潜在危机始渐暴露出来。结构问题是危机的主要根源,环境问题是危机重要侧面。

战略转型和战略调整,往往是天降大任于关键时刻。

低碳经济与生产生活方式变革

生态环境保护与资源开发利用是一对矛盾。处理这一对矛盾,必将引发能源革命、产业革命和生活方式的革命。考察单位能耗与 GDP 的产出比,是对经济质量效益最权威的测度方法。

低碳经济是指在可持续发展理念引领下,通过技术创新、制度创新、产业转型、新能源开发等多种手段,尽可能地减少煤炭、石油等传统的不可再生的化石能源、矿物能源的消耗,减少温室气体排放,达到经济社会发展与生态环境保护双赢的一种经济发展形态。作为以低能耗、低污染、低排放为基础的经济模式,是人类社会继农业文明、工业文明之后走向生态文明的又一次重大进步。

发展低碳经济,是国际社会应对人类大量消耗化学能源、大量排放二氧化碳和二氧化硫引起全球气候灾害性恶化而提出的经济发展新概念,其实质是解决清洁能源结构问题和提高能源利用效率,核心问题是能源品种选择、能源技术创新和人类生存发展观念与生产生活方式再度根本性转变。经济大国首先要承担起生态环境保护的国家责任和社会责任,完成国际公约和国家规划中的节能降耗要求,并采取一系列应对与变革措施,降低生产过程、生活空间的生态系统的碳循环影响,与此同时调整经济结构、产业结构、能源结构及电力结构,发展新兴绿色工业,减少重化工业的比重,提高现代服务业的权重,实现结构升级。

中国和美国是当今世界两大能耗最大国。同样的经济产出,中国单位能耗最大。遏制高耗能、高污染和反排放,倡导发展低碳经济,已成为全球要务,中国首当其冲,迫在眉睫。

附表　发达国家与中国的单位产出能耗

单位:千克油当量/美元

年份 国家	1980 年	1990 年	2001 年
美国	0.47	0.23	0.15
日本	0.22	0.10	0.08
德国	0.31	0.16	0.13

续表

年份 国家	1980 年	1990 年	2001 年
英国	0.25	0.15	0.11
法国	0.20	0.12	0.13
意大利	0.23	0.11	0.12
中国	1.04	1.24	0.49

泡沫经济与经济泡沫

虚拟资本是以有价证券(股票、债券、不动产抵押单)等形式存在而给持有者带来一定收益流量的资本。现实资本是以生产要素和商品形式存在的实物形态资本。

虚拟资本过度增长与相关交易持续膨胀日益脱离实物资本的增长和实业部门的增长,金融证券、地产价格飞涨,投资交易极为活跃至狂热的非理性非正常经济现象,称为泡沫经济。

泡沫经济分为泡沫形成、泡沫膨胀和泡沫溃灭三阶段。

在生产资本和商品资本的实物形式中的经济运行,是不产生泡沫的,因为生产资料和商品资本都以实物形态流量为媒介,与其交换的是流向相反、流量相等的货币形态流量。当虚拟资本进入实体经济领域而使土地资产成为具有虚拟资本属性的资产,与此同时,金融与房地产业相互融合渗透,虚拟资本过度增大和相关交易持续膨胀,与实际资本脱离,与实际价值相差越来越远,就形成泡沫经济。泡沫经济是一种虚假财富,是国民经济的巨大隐患和经济危机的现代根源。

泡沫经济必须被抑制和戳破。而经济泡沫是现代经济的一种客观存在。经济成长过程中的一些非实体经济因素如金融证券、债券、地价和金融投机交易等,都属于经济泡沫,只要控制在适度范围内即接近实际价值,对活跃市场、增强流动性是有利的。泡沫较小,就是希望;泡沫膨胀无度就必然要破裂,就是绝望。当经济泡沫极度膨胀,泡沫经济才会产生。银根过于宽松,有炒作的资金来源,缺乏对泡沫膨胀的约束机制,就为泡沫经济形成提供了土壤。历次泡沫经济,要么被央行提高存款利率而促使炒作者抽回资金使泡沫戳破,要么就酿成严重经济危机。

经济危机及其周期

一国和地区或者多个国家的国民经济甚至整个世界经济发生了各种可预见或不可预见阶段性的较长时间的不断严重萎缩的现象,出现负增长,生产过剩,百业萧条,财政困难,金融动荡,购买力严重下降,失业率持续上升,此即经济危机。

凡是市场经济,必然产生危机。危机的发生,有着一定的周期性。经济危机都是累积性危机,是长期量变到特定时刻发生的突变。

资本主义脱胎于封建社会,超越传统的自给自足的自然经济而开始步入市场经济。当资本主义原始积累初步完成,自1825年英国首度爆发较大规模和普遍性的经济危机之后,1847年资本主义经济体系再度发生了首次波及世界的经济危机。直至二战前,资本主义世界或称市场经济环境里每10年左右就发生一次经济危机。经济危机频繁发生,使资本主义经济体制和社会制度遭到质疑和误解,有学者试图设想和寻求另一种经济体制和社会制度来消除危机或者跳出经济危机的宿命,虚构了计划经济体制,后来苏联等东欧国家和中国都为着一个理想或者梦想,尝试建立计划经济体制结果而事与愿违,付出沉重代价。计划经济生产效率低下,物资匮乏,是对生产力的严重束缚,是经济体制的变态,不可能发生所谓"生产过剩"的危机,而是唯有死路一条,一次性濒临崩溃,无须发生多次经济危机即已寿终正寝。长期实践证明,经济危机与经济体制密切相关,但与社会制度关系不大。经济危机是市场经济的必然产物,也是经济高速增长的结果。尤其是自由主义市场经济,更是产生经济危机的渊源。社会主义市场经济并非天生就具有免疫力,必须注意防范经济危机的可能发生。

经济危机产生的原因可能有:经济政策的失误、严重自然灾害对经济的摧毁、金融政策的偏激、资源环境严重问题、经济全球化的国际传染等等。第二次世界大战前资本主义自由市场经济,因人口增长、资源消耗及转化、科技水平不断提高而使经济总量每10年左右达到一次高峰,全社会生产过剩严重,经济在最繁荣的时刻突然急剧下降至谷底,尔后经过经济低迷期的阶段性调整,投资者重获利润,经济又恢复上升,周而复始。盖因市场经济大大解放了社会生产力,但在一国经济系统中没有产生足够的消费价值,经济危机才会发生。

根据经济危机的成因可以概括为两大类,即主动型危机和被动型危机。所谓被动型经济危机,是指一国的宏观经济管理当局即中央政府在尚未意识到和毫无准备的情势下遭遇经济持续严重衰退或大幅度货币贬值,从而引发金融危机并演化为经济全面危机的状况。被动型危机过后,该国货币很难再回升或可回升到原来水平,危机过程实则是对危机发生国的货币价值重新寻求和重新确认。主动型经济危机则是一国中央政府为了达到某种目的而采取的政策行为所导致的结果,此种情形的危机往往在当局意料之中,危机所引起的经济衰退可以视作新政实施或改革的机会成本。

选择市场经济,必然遭遇经济危机;不选择市场经济,国民经济又不能真正繁荣。这是市场经济与经济危机的天然联系在经济学中的一对悖论。从市场经济在不同社会制度形态中所经过的实践历程,可以发现,经济危机是一种社会性瘟疫,市场经济必然遭受感染。经济要蓬勃发展,国家肌体就必经考验和历练,不能因噎废食而拒绝或抛弃市场经济,而是形若一个强健的人必经风雨也必受风寒内热外感一样,关键是如何增强抗御危机的能力和实力,如何预测和防范危机于未然,如何应对和消解危机而使损失最小化。

纵观近现当代市场经济史,19 世纪至第二次世界大战前和第二次世界大战时期资本主义自由市场经济危机发生频率很高,从十年左右一次到七八年一次,甚至危机周期间隔更短,危机持续时间更久。参见下表:

19 世纪至 20 世纪二战结束前,资本主义自由市场经济的危机发生的年度周期表

危机发生年度	1825	1836	1847	1857	1866	1873	1882
周期间隔年度	/	11	11	10	9	7	9
危机发生年度	1890	1900	1907	1914	1921	1929—1933	1937—1938
周期间隔年度	8	10	7	7	7	8	4

经济危机每个周期内,分危机爆发、经济萧条、经济复苏、经济高涨四个阶段。以上一次危机爆发到新一轮危机肇始之间时段,构成经济危机周期,亦可称为"经济周期",实则是市场经济社会再生产的周期。

二战后经济危机形态和周期规律有所变化,大约近百年间爆发一次特大型危机,70 年间爆发一次大中型危机,30 年以内发生几次甚或十几次中小危机。

战前与战后经济危机特点也发生着变化。其共同点是:商品滞销、利润减少、生产急剧下降、失业大量增加,企业开工不足甚至纷纷倒闭、生产力和产(商)品遭到严重破坏或价值损失,社会经济陷入瘫痪或半瘫痪的混乱与倒退状态,生产下降和失业

增加是其共同典型特征。其不同之处：战前经济危机主要表现为生产大量过剩、通货紧缩、物价下跌、银根吃紧、利率上升、银行挤兑风潮泛起而大批倒闭；战时及战后危机中，资本主义已步入中高级发展阶段，战时已经催生国家资本主义，政府干预市场经济宏观调控的凯恩斯主义经济理论应运而兴，为消除或减低自由主义市场经济体制弊端的严重影响，运用积极的财政政策和相对灵活、适当宽松和较富弹性的货币政策对国民经济进行干预，从而延缓了经济危机的发生和减少了经济危机对国民经济的破坏程度，因为财政及货币政策诱导投资，短时加大货币发行量。遏制经济总量在危机来临前夜的再增长，使经济体内适量通货膨胀而致经济"滞胀"，滞胀与衰退两害相权取其轻，滞胀比衰退的危害要小得多。

凯恩斯之后，所谓"新自由主义"经济思潮兴盛一时，实则是老牌自由主义经济"好了伤疤忘了疼"的沉渣泛起和旧病复发，金融海啸和次贷危机正是新自由主义的标志性产物。中国经济结构失调、产业布局凌乱、增长方式偏颇、区域发展失衡、社会财富分配不公平、竞争机制不均等国家调控方法缺位和调控成效失灵，在某种意义上都可以说是书生意气、囫囵吞枣的"新海归派"中所谓"主流经济学者"拾新自由主义牙慧，不顾中国国情而误导决策的结果。

过去的经济危机，主要是生产过剩，使劳动者的需求大大落后于社会生产的增长所引发的危机。自由市场经济体系中，生产者本身不需要自己生产的商品，必须完成市场交换，经济才得以正常运转。生产者一切需求也都来自交换。自由市场经济所生产的商品可分为两大类：资本品和消费品。消费品是无须再生产的衣食住行基本生活必需终端消费品。资本品是可用于扩大再生产的商品已发生交换的土地、厂房、机器和投资性（非自住）商住房产等。消费品全社会人人都需要，而资本品并非人人需要，而是投资者用以赚钱的购买对象。但从实体经济发展到实体经济与虚拟经济势均力敌共存互动的现当代经济阶段,商品经济已以货币经济或经济货币化为主要特征时,现当代经济危机主要不源自实体经济领域,而多为虚拟经济过度膨胀所引发,表现为虚拟财富过剩,不是由过去的产品危机引发金融危机再形成经济危机,而是金融危机直接成为引爆经济危机的导火索。国债危机、主权债务危机和次贷危机等都是金融性质的危机,其实质就是虚拟经济发展失控,走火入魔而堕落为虚假经济,虚假财富大量缩水。

总之,市场经济繁荣就是危机的先兆,危机预示着新一轮繁荣的即将开始。近现当代社会经济发展史,就是经济悲喜剧的反复重演而曲折上升的循环演进过程。

计划经济是板结经济和短命经济,市场经济是充满生命活力但却会发生周期性危机的宿命经济。市场经济是近现当代人类社会无悔的选择。防止泡沫经济,杜绝虚假经济,是经济全球化时代任何选择了市场经济的国家所必须担当的职责。因为全球化是把双刃剑,既可以使经济更快繁荣,也可以使危机迅速跨国传导。

英国病、日本病、美国病、希腊病和中国病

最老牌资本主义英国,在 1825 年首度引爆向他国传染的经济危机之前,分别于 1788、1793、1797、1803、1810、1815 和 1819 年,已在国内频繁预演过中小规模的、局部的地方性的多次经济危机,以至于战后至今,老牌资深资本主义的英国经济长期委靡不振。

战后国家资本主义和垄断资本主义时期,1957—1958 年、1973—1975 年、1980—1982 年和 2008—2011 年四次世界性经济危机表现出明显的国际共同性。如果说第二次世界大战前经济危机病源起始于英国,第二次世界大战后英、美、法、西德、日诸国都

成为经济危机病源国和重度感染国，危机频出。参见下表。

第二次世界大战后至80年代各主要资本主义国家历次经济危机频发年代统计表

危机发生国	美国	日本	联邦德国	法国	英国
危机发生年	1948—1949	1954	1952	1952—1953	1951—1952
	1953—1954	1957—1958	1958	1958—1959	1957—1958
	1957—1958	1962	1961	1964—1965	1961—1962
	1960—1961	1965	1966—1967	1974—1975	1966
	1969—1970	1970—1971	1971	1980—1982	1971—1972
	1973—1975	1973—1973	1974—1975		1973—1975
	1980—1982	1981	1980—1982		1979—1982

从上表可以看出，第二次世界大战后英、美两国担当了经济危机频繁发生的肇事国。英、美、法、日、西德五国中，从第二次世界大战后至80年代，只有法国发生的经济危机次数最少。为什么？因为法国是此五国中唯一中央集权制资本主义国家，国家宏观调控能力较其他四国具有强势。战后日本自由主义经济勃兴，经济高速发展而成为"亚洲四小龙"领导国，跃居仅次于美国的世界第二大经济体，经济危机伴生是经济高速发展之必然。市场经济越奉行自由主义，经济危机发生的可能性就越大，发生频率越高，发生周期间隔越短，发生次数越多。第一次世界大战后至今，世界头号资本主义自由市场经济国家、最大私人垄断资本主义国家和世界第一大经济体美国，越来越"习惯"成为世界经济危机的始源国和极重灾国。第一次世界大战和俄国十月革命后，帝国主义时期的资本世界体系各种矛盾激化，由美国引爆了震撼整个资本主义（市场经济）世界，波及所有的殖民地、半殖民地国家的1929—1933年大危机。这次20世纪最严重的"三十年代大危机"，是第二次世界大战前夕危机总爆发。危机长达4年之久，生产下降和

失业增加都空前猛烈。整个资本主义世界的工业生产几乎下降了44%，比1913年水平还低16%，倒退至1908—1909年的水平，失业人数高达5000万人之巨，一些国家的失业率竟高达30%—50%。资本主义世界外贸总额下降66%，倒退至1913年的水平以下。美国工业下降了56.6%，其中生铁产量减少79.4%，钢产量减少75.8%，汽车产量减少74.4%，加工业工人人数减少42.7%，支付工资总额降低57.7%，全口径失业人数达1200多万人。此次有史以来最严重的世界性经济危机，使得德、意、日三国法西斯主义乘机上台，为转嫁危机于他国，而相继发动侵略战争，直至1939年爆发第二次世界大战。1929—1933年危机过去之后，转入了长达10年之久甚至更长时间的全球经济"特种萧条"期。第二次世界大战前夕的经济还没有真正复苏的1937—1938年又爆发了新的连环危机，直至1939年第二次世界大战爆发才被打断。1929—1933年大危机发生在国家垄断资本主义发展不足，自由市场经济"自动调节"还占主导地位的情形之下。由此证明，资本主义的基本矛盾即社会化大生产和生产资料被少数私人占有之间的矛盾及其他种种矛盾尖锐化复杂化达至无以复加的程度。如果不由国家介入干预和宏观调节，则自由放任的资本主义制度岌岌可危。以1929—1933大危机为转折点，二战期间及二战后，国家垄断资本主义得以重大发展。

1929—1933年大危机的背景，是20世纪20年代中期世界经济发展的局限性和不稳定性，盲目扩大的生产容量，相对稳定国际国内市场的矛盾尖锐激化。这场危机以美国股票狂跌开始，旋风般冲击全美，席卷整个资本主义世界。危机发生时，各国采取以邻为壑的短期政策，没有联手应对，致使危机成为长期性、普遍性和空前破坏性的危机，给世界经济发展留下深刻教训。危机给各国的资本家和广大劳动者带来巨大灾难，激起劳动者对资本主义制度的不满，罢工风潮、群起示威和农民运动高涨，殖民地和半殖民地国家人民掀起反对帝国主义危机转嫁的斗争高潮。与此同时，法西斯主义趁火打劫，进行侵略他国的军国主义武力扩张，给世界造成空前战争灾难。经济危机使资本主义各国之间的矛盾日益加剧，关税战、倾销战和货币战导致资本主义世界不断分化而出现各种跨国货币集团和经济集合体。1933 年 6 月，66 个国家汇聚伦敦，召开世界经济会议，试图稳定货币和实行关税休战，结果弄巧成拙，不欢而散，更加对立。国际资源战愈演愈烈。资源自给率低、金融力量相对薄弱的德、日、意臭味相投，纠集形成法西斯集团；垄断国际市场、资源相对丰厚和金融比较发达的英、法、美为应对和抵御法西斯的疯狂掠夺，而摒弃前嫌，结成反法西斯集团，于 1936 年秋分别签订了《三国货币稳定协定》和《三国黄金协定》，以调解三国经济矛盾冲突。自此，两种不同类型的资本主义、帝国主义国家在经济上的分化、对立与重组，构成二战前夕和战时世界两大政治军事集团对垒格局。此时，对亚当·斯密和大卫·李嘉图的"看不见的手"市场"自动调节"的传统自由主义经济思想在新的历史阶段予以否定与超越，以政府干预市场经济宏观调控论为核心的凯恩斯主义由英国应运而生，影响整个欧美。美国罗斯福新政确立，锐意改革，以国家干预市场经济而摆脱危机困扰，始见成效。

战后，"好了伤疤忘了疼"的资本主义国家，普遍崇尚和推行"小政府、大经济"的"新自由主义"经济，丢掉了为扭转危如累卵的资本主义经济颓势于倒悬的凯恩斯主义，故而致使战后资本主义经济繁荣期和危机高发期并存。

战后经济危机新特点是各国之间周期性危机与非周期性危机交错发生，危机频繁，周期缩短，周期变形，危机期间或物价飞涨，新技术革命对危机具有前期助推而中后期缓和的双重作用。

日本于上世纪 70 年代发生的经济危机虽由美国危机感染而引发，但国内自身的结构失衡尤其房地产泡沫泛起，才是危机产生的根本原因。

　　至 21 世纪或因美国民间金融大鳄在东南亚的暗中操控而爆发 1997 年亚洲金融海啸,危机持续 13 个月。第一阶段,1997 年 7 月 2 日,泰国宣布放弃固定汇率制而实行浮动汇率制,引发一场遍及东南亚的金融风暴,当天泰铢兑美元的汇率突然下降 17%,外汇及其他金融市场一片混乱。菲律宾比索、西亚盾、马来西亚林吉特,甚至一向坚挺的新加坡元,都成为国际炒家的攻击对象或受到冲击。印尼受传染最晚,受冲击却最严重。10 月,国际炒家移师国际金融中心香港,将矛头直指香港联系汇率制。台湾当局突然弃守新台币汇率使其一天贬值 3.46%,加大了对港币和香港股市的压力。10 月 23 日,香港恒生指数暴跌 1211.47 点;28 日,恒指下跌 1621.80 点而跌破 9000 点大关。面对国际炒家电子化货币战的猛烈进攻,香港特区政府在中央政府支持下重申不会改变现行汇率制度,恒指上扬,重回万点。11 月下旬,韩国金融风暴又起,17 日,韩元兑美元汇率跌至创纪录的 1008∶1;21 日,韩国向国际货币基金组织求援,暂时控制了危机。12 月 13 日,韩元兑美元汇率再降至 1737.60∶1。韩元危机冲击着对韩大量投资的日本金融业。1997 年下半年,日本一系列银行和证券公司相继破产。于是,东南亚金融风暴演变扩大为亚洲金融危机。第二阶段,印尼金融风暴又起,2 月 16 日,印尼盾同美元比价跌破 10000∶1,直至 4 月 8 日,印尼同国际货币基金组织达成新的经济改革协议之际,东南亚汇市方告平静。此间,日元汇率从 1997 年 6 月底 115 日元兑 1 美元跌至 1998 年 4 月初 133 日元兑 1 美元,接着连续 3 个月日元一路下跌而至 150 日元兑 1 美元关口,日元大幅贬值。第三阶段,1998 年年初,乘美国股市动荡、日元汇率持续下跌之际,国际炒家对香港发动又一轮进攻,恒指跌至 6600 多点。香港政府予以还击,动用外汇基金进入股市和期货市场大举吸纳国际炒家抛售的港币,将汇率稳定在 7.75 港元兑 1 美元的水平线。

一个月搏击,国际炒家大败亏输而不得不弃城而走,放弃把香港作为"超级提款机"的企图。俄罗斯中央银行于8月17日宣布将卢布兑换美元汇率浮动幅度扩大至6.0—9.5∶1,并推迟偿还外债及暂停国债交易。9月2日,卢布贬值70%,致使俄股市、汇市急剧下跌,引发金融、经济乃至政治危机。俄罗斯政策突变,使在俄罗斯投下巨额资金的国际炒家元气大伤,并波及欧美国家股市、汇市全面震动。亚洲金融危机由区域性扩大至全球影响,直至1999年这场危机才告最后结束。

这场亚洲金融危机,学者归纳为直接触发因素、内在基础因素和世界经济因素等三个方面的原因。

直接触发因素包括:全球范围内大约7万亿美元的流动国际资本——游资无孔不入以套取短期暴利的迅猛袭击,亚洲一些国家既保持固定汇率又扩大金融自由化的不当外汇政策给国际炒家以可乘之机,亚洲一些国家为维持固定汇率制而长期动用外汇储备来弥补逆差,导致外债增加;这些国家因外资流出超过流入时,本国外汇储备不足以弥补其不足的不合理外债结构,使本国货币贬值不可避免。

内在基础因素包括:为保持经济高增长速度而转向依靠外债来维护透支性经济高增长,导致不良资产膨胀,政府在资源配置、贷款投向项目上过度干预而表现为市场机制发育不成熟和金融体制尤其监管机制不完善;或因出口主导型(又称"出口替代型")模式缺陷,生产成本增高使出口受到限制而引起国家的国际收支不平衡,众多亚洲小国以出口主导型增长成为国家战略之后,造成多边相互挤压,仅靠阶段性的廉价资源优势,而不以产品阶梯性技术进步来作为出口替代的必备条件,使其无法长期保持国际竞争力。

世界经济因素在于经济全球化的负面影响,不合理的国际分工、贸易和国际货币体制对发展中国家的诸多不利。亚洲金融危机暴露了一些亚洲国家经济高速增长背后的一系列深层问题,祸兮福所倚,危机也同时成为推动亚洲发展中国家深化经济体制改革,调整经济结构与产业结构,健全宏观管理机制和增强应对国际金融风云突变的驾驭能力之契机。

经济学家刘诗白指出,金融危机是资本主义市场经济条件下必然产生的经济危机的固有内容,现代货币信用机制问题导致危机的爆发。健全金融体制与货币信用机制是防范金融危机或减少经济危机损失的必由之路。

1997 年亚洲金融危机仿佛只是一种热身,2008 年从美国次贷危机引发的金融危机和世界经济危机,其实于 2007 年 8 月 9 日即已初见端倪,至今仍然未能全然消解其消极影响,美国失业率尚在 12%—14%之间徘徊,经济至少还要低迷两三年。

2007—2008 年金融风暴—经济危机对中国的负面影响正在由沿海向西部蔓延。在虚拟经济领域,自 2007 年 4 月萌动、7 月滥觞的美国次贷危机,对密切关联的中国股市和汇率强烈冲击以来,2008 年中国进入国内股史上第二次大暴跌。祸兮福所倚。这种灾难性的股市困局,使原本泡沫重重、股价虚高的中国股票,水分真正得以彻底挤干,基本完成能量释放,回归价值本位,始渐进入历史大底部。使股市于次年初先于实体经济领域进入复苏期和牛熊轮回良性循环(美国股市历史大底部,就出现在 1929 年的经济危机来临之后)。而实体经济领域,遭受了前所未有的打击。江苏、广东等省的外资企业倒闭风潮带来一系列负面效应。江苏最大钢材企业负责人因资不抵债投湖自尽。广东东莞即有 117 家企业老板人间蒸发,导致工厂停产、2 万人失业,地方政府垫资数千万元为倒闭企业的工人补发工资以消除不稳定因素。据悉,近来东南沿海近万家中小企业半停产、停产甚至倒闭。在内地,一些企业窘况亦始显现。四川有的生产型上市公司和省属国企已处于时产时停状态,工人工资收入下滑 20%。成都高新区的外商独资 IT 和通信设备加工厂一夜之间几乎全部停产倒闭。2009 年中国经济增长放缓,经济形势将进入 1998 年以来最困难的时期。中国实体经济领域的复苏期在 2009 年下半年才见端倪。

有幸的是,中国的实体经济与虚拟经济比重尚未完全失衡,股市等虚拟经济领域的对外开放程度约在 30%,进入 WTO 序列的对接步调也较徐缓从容,故而面对国际金融颓势能够履险不摧,保全主体骨架,免于负增长风险。

金融创新过度和流动性长期泛滥是现代金融危机的根源,全球房地产市场下挫尤其美国次贷产品恣肆是金融危机的诱因,汇市和股市波动及美元走软迫使以美国为最大进口国的发展中国家货币升值而屡遭游资冲击。

美国次级贷款按揭客户的偿付保障,不是建立在客户本身的还款能力之上,而是建立在对房价及房贷债券不断上涨的假设之上。

这是一场 60 年罕见的最严重金融危机。美国次级房贷债券衍生合约的市场规模放大近至 400 万亿美元,相当于全球 GDP 的 7 倍之高!美国次贷的初衷本是为不具备信用等级要求的贷款人发放按揭贷款,这像任何新生事物一样,当它刚刚出现时都具有合理性和阶段性的生命力,但是,美国最可恶而也最愚蠢的做法是,把这些次级贷款债务包装成金融衍生产品拿到证券市场去交易和炒作,以为先抛售予买入者牟取暴利,不断涨价而蜕变贬值为严重虚假价值,形同废纸,全社会财富大幅缩水。虚假经济累积到一定限度就必然崩溃。

关键的是,以美元作为外汇交割和外汇储备货币的国家必被拉下深渊。日本在这场危机中资产缩水 27 万亿美元。拥有外汇储备超 2 万亿美元并持有数千亿美元美国国债的中国,损失严重程度不堪想象,而且一直将美国作为第一出口国的中国沿海小商品工业经济尤其外贸出口受到的沉重打击如雪上加霜,多家企业亏损甚至倒闭。尤为严重的是,中国盲目投资美国房利美、房地美债券,因"两房"倒闭致使 4300 亿美元损失殆尽;中国持有美方证券的上市银行资产大幅度缩水,工行、中行、建行、交行、招行、中信、兴业等 7 家中方银行持有美国在金融危机中破产的雷曼兄弟投资银行股券共约 7.2164 亿美元全然洗白,中国金融机构、工商企业和通过银行、基金等渠道认购持有的 AIG(美国国际集团)股票和债券亦遭致同样命运。为防止美国抛售涉及中国金融机构和工商企业持有股权、债权的大量资产而给中国外汇市场和资产市场造成难以承受的压力,中国不得不继续增持美国国债,直至 2010 年,中国已持有美国国债 9000 亿美元以上。

美国似乎早已安排了对中国的危机转嫁方式。近年来,美国看好中国经济快速发展有机可乘,陆续在中国国有商业银行上市前夕持股,上市后其获益巨大。中国巨量国资收益在危机爆发之前堂而皇之地流入美国等发达国家的投资银团和庄家的口袋。美国五大投资银行排名第一的高盛集团,与德国安联集团和美国运通公司共出资 37.8 亿美元(约合人民币 295 亿元),收购中国工商银行 10% 左右的股份,上市前买入价为 1.16 元/股,上市按 2007 年 1 月 4 日盘中价格 6.77 元/股计算,市值高达 2755 亿元人民币,三家公司将赚中国工商银行上市利润 2460 亿元人民币。美国新桥集团根本不是投资银行,而是货真价实彻头彻尾的炒作证券的庄家,却违规以每股 3.5 元的价格,购得深圳发展银行 3.4 亿股,上市后股价已达 35.8 元,获利近 10 倍,亦即以 12.18 亿元投资而获得 700 多亿元收益。中国建设银行上市前,美国银行和淡马锡公司分别斥资 25 亿美元和 14.56 亿美元,购买建行 9% 和 5.1% 股权,每股定价 0.94 元港币,而上市发行价格为 2.35 元港币,市值达 5.35 元港币,两家净赚 1300 亿元港币。美国花旗银行集团出资 6700 万美元,以每股 2.96 元价格收购浦发银行 4.62% 股份,目前浦发银行上市股份已超过 38 元,花旗银行所投入 6700 万美元按当时汇率计合为 5.328 亿元人民币,而今已升值为 68.4

亿元人民币,增值 12.8 倍,净赚 63 亿元人民币;在协议中还约定花旗在浦发行最终持股比率为 19.9%,一旦行权,其所持股份将升值为 294 亿元人民币。2004 年,淡马银公司控股的亚洲金融公司以 1.1 亿美元(约合 8.78 亿元人民币)收购民生银行 2.36 亿股股份,当时股价为 3.72 元人民币,2008 年市值已升为 12 元人民币每股,再加两年配送,淡马锡公司在民生银行的股份价值已升为 50 亿元人民币,净赚 40 多亿元人民币。广东发展银行拥有 3558 亿元人民币总资产、27 家分行、502 家网点,与世界 83 个国家和地区 917 家银行签订有业务代理关系,却于 2006 年被美国花旗银行以联合收购名义出资相当于 60 亿人民币就全然掌握了经营权。兴业银行国内发行股价为 19.98 元,中国股民竞购资金累计达万亿元,结果上边以每股 3.7 元的低价卖给外资方,未给本国投资者任何机会。在这一连串交易过程中,工、中、建、交四家国有银行流失国有资产利润 7500 亿元,仅 2006 年一年中国的银行股份贱卖损失高达 6000 亿元,整个金融系统与中国工商银行类似的银行和保险一共 13 家,流失和损失超过 1 万亿元人民币。并且全国还有数十家已与外方合资的地方银行等待上市,将造成的流失和损失难以计数。外国银行集团掌控中国金融,控制中国产业,已埋下将造成中国经济十分被动局面的严重隐患。

中国经济高速发展与相对繁荣,不可能不生成经济危机的潜在风险。经济结构、产业结构严重不合理,沿海对外依存度过高,西部资源透支过度,金融被外资渗透过大,内需非常不足,全民收入过低,收入分配不公等等,都是中国经济病兆。高速增长的背后压力至少有三:一是"政绩饥渴症"之驱使;二是以高速增长的经济增量,来消解企业亏损和国有银行巨额坏账等不利存量,以达到政府财务账目的每一个短期平衡;三是以高增长、快速增长和增长预期,通过实体经济(特别是沿海"三来一补"、三资企业及私营企业的巨量廉价出口)和虚拟经济(财务名盈实亏的多数上市公司溢价发行股票、权证及股指期货）两条路径,刺激增长率,同时吸纳大量劳动力就业。显然,假如不保增长,政绩政府颜面无光,财政账务盈亏难平,巨大的就业压力难以缓解。但仍按既有的增长模式,多年来主要依靠"土地财政"资源透支增益和廉价出口的巨大外汇顺差收入作为支柱支撑的中国经济,如果遭遇国际经济形势恶化,经济下滑就在所难免。

由美国引发的经济危机首先是英国、俄罗斯和日本受到重度冲击,中国经济也深受其害。欧陆地中海沿岸的文明古国希腊又在世界危机的尾声中显露主权债务危机。希腊的病根是政府成本过高,更重要的是又未能找到经济增长的优良模式和核心竞争力。

富有富的病因,穷有穷的病根,各国经济在全球一体化的新时期将其优势与劣势都逐渐暴露出来。

病理调剂、危机应对与经济复苏

国家经济病理调剂和危机应对,财政刺激的重要性和必要性显而易见,但财政刺激是短时救急,只能治标,无以治本。有时候,财政刺激救市,如果资金使用失控,就将生成新的经济泡沫。于2008 年末为2009 年中央和地方准备了共计18 万亿元专项资金,以应对中国所遭遇感染的金融危机和经济危机,主要用于投资拉动的暂时刺激。但是,这些资金大多被拐进房地产市场。国家"十大产业振兴计划"没有房地产,房地产所获的资金却独占鳌头,应对危机一下子变异为加重危机,使2009 年全国房地产市场价格全面疯涨,价格一度甚至增幅40% 以上,与原以18 万亿元（包括中央财政给出的4 万亿元）资金推进投资增长并间接拉动内需的初衷完全相悖离,诸大城市已然显现房地产经济泡沫危机苗头,不得不出台一系列措施治理房市。

应对危机和防范危机的根本在于经济矫形,调整经济结构和转变增长方式,调节投资增长、出口增长、内需增长和资源开掘增长的比重。

尽管继续扩大工业和基础设施建设的投资可以促成上下游产业的兴旺,但对拉动内需尤其消费增长的收效不如以往那么明显。长期内需不足何以改善? 拉动消费必须平抑物价,抑制通胀,同时提高全民收入包括公民财产性收入和日常收入,推进全民福利,改善民生,而且重建市场和公众对未来的信心,恢复和保持货币信用,否则扩大内需、拉动消费就是一句空谈。如果将当时中央和地方共计 18 万亿元应对危机资金的一半用于投资公共基础设施建设和扩大再生产,另一半用于民生补给,给予中低收入家庭以补贴,马上即可转化为消费 GDP。改革开放三十多年,国家基本完成资本原始积累,功劳属于全国人民,可以将剩余国有资产和庞大外汇储备之一部分实施"民有化"股权改革,为全国公民发奖金或配置可以自主兑换、自由变现的原始股份,让城市永久和"暂住"居民用于购买第一套平价商品住房的首付款,让农民用于相对集中建房或投资现代农业,让全民获得国家为其支付或配送的医疗保险或养老保障(绝不是自己购买的商业保险)并对可能多年积累而缺钱诊治的顽症得以根治,真正落实全民九年制免费义务教育和免费或平价的中高等国民教育、职业技术教育以缓解广大普通民众家庭子女的就学压力。只有将"白领""月光族"和千千万万普通家庭从"房奴"、"孩奴"的生存困窘中解救出来,才能释放内需与消费增长的巨大能量。减税,改由以家庭人均收入为标尺取代以个人月均收入核定征收个税,参按物价涨幅指数逐年提高个税标线,并实行发达国家惯常采取的失业申报退税制度,推进个人及家庭个税征收公平化。这一系列积极措施都是财富再分配,快速拉动消费和内需,实质性改善民生福祉,以新的方式保增长,促进经济稳定与社会和谐的良方。

尽管年内央行一再降息和增加准备金,流动性仍然集中在资本品领域,而消费品领域流动性依然偏小,致使商品结构仍以出口为主导。截至 2008 年 10 月,全国居民储蓄达 20 万亿元,人均 1.5 万元左右,但这些储蓄大多集中于先富阶层少数人手里,绝大多数家庭人均储蓄在 6000 元以下,扣除购房(按揭)支出预期和物价上涨因素,远不足以维系老百姓家庭经济安全底线,因而缺乏民间消费能力和动力。这种现状至今仍未有所改变。目前中国民间消费比率已创历史最低。有关资料显示,1951 年国内民间消费占 GDP 的 68%,政府消费占 GDP 的 16.5%,而今民间消费仅占 GDP 的 37.5%、政府消费则占 GDP 的 28%。纵向比较,作为世界第一人口大国的中国国民经济中的民间消费比率的大幅走低,极不利于国民经济健康发展。横向比较,现今韩国和日本的民间消费分别占 GDP 的 52% 和 55%,巴西民间消费占 GDP 的 59.9%,印度为 55%,最高的美国为 71%,国际公认的国内民间消费占 GDP 的比率应为 55% 左右,50%—60% 为其正常比率上下值。韩、日、巴、印等国民间消费比率较为合理;中国民间消费比率太低,内需严重不足;美国民间消费太高,靠出售巨量国债所得资金,刺激国民个人过度超前、透支消费尤其次贷消费,极不合理。中美两者恰恰相反的民间消费比率,前者是过分依赖国家投资和廉价出口强行推进投资增长和出口增长,极易遭受危机侵袭和连锁损失;而后者则过分依靠向境外发售国债和房贷债券等获取透支型消费资金,又运用汇率打压等手段使债权国和出口的债权资金和外汇储备价值缩水,剥削他国而举债消费并转嫁危机。这种被动局面必须改变。

打破垄断和消除价格扭曲,也是经济矫形的重要环节。能源、交通、通信等国家资本主义范畴的国企垄断行业的价格扭曲,出自霸王条款,部门法条沦为牟利工具,不仅增加了社会平均成本和交易成本,且抑制了内需增长和消费增长。尤以公路三乱四费所增加的物流成本为例,中国物流成本占了国民生产总值的 20%,比日、美、欧等发达国家要高出 1 倍左右，每年 2000 多亿美元在中国物流环节耗费流失，致使全国经济增长量巨而利微。行业垄断、价格扭曲和部门保护主义的体制弊端若不及时革除，在中国高速发展的经济轨道上，政府和公众都将为改革成本的非正常增加而付出不应有的沉重代价。

只有下大决心和拿出长痛不如短痛的勇气，努力消除经济结构性失调和价格扭曲所带来的一系列弊端，合理调控国内消费增长、投资增长和出口增长的比率，实施劳动力在资源开发利用领域的重新分配，使资源利用效益最大化，才能实现可持续发展。而今对于中、西部地区，当努力扩大对外开放；对于东南沿海，对外开放步调可能应当适当放缓。我们面临着双重任务：一边拉动内需，促进消费和投资增长；一边矫正经济形态，转变经济增长方式。这种丢失一部分短期利益，寻求合理结构增长，谋求长远利益的继续深化改革过程，是决策创新、管理创新、机制创新、制度创新的艰难过程，同时也是理念创新和灵魂变革的痛苦过程，正考量着我们超强的智慧与勇毅的胆魄。

和平崛起的中国消弭危机的方式，是国内经济体制继续深化改革的内功修炼，增强维系国家经济安全的风险抗御机制。而美国等常常依靠对外军事行动或国际货币战争等种种手段转嫁危机。

经济复苏的几大先决条件是：财富基础和经济实力雄厚，外汇储备充裕但又能科学使用而不是坐等升贬，公民持有公平的社会财富而具有健全的社会及家庭抗风险能力，国家宏观调控的财政政策与货币政策积极、宽松、稳健而卓具执行力，良性循环的经济体制、先进的社会制度保障、民主与法治的公平竞争社会环境和同舟共济、共克时艰的公民意识与民族信念等等。

中国经济面对危机，既解近忧，又谋远虑。发挥中央集权和举国体制优势，通过国家干预手段进行危机解救，同时以此为契机，对中国经济多年积弊实施矫治整形,调整长期不合理的经济结构,匡正长期扭曲的价格要素机制,校订短期增长成本与长期发展效益之间的价值取向,把控投资拉动与消费拉动、出口增长与内需增长之间的平衡杠杆,从而优化资源配置,转变增长方式。这不仅成为中国经济危机处置的当务之急,更是中国经济科学、健康可持续发展的必由之举。

各国历次重大经济危机

1637 年郁金香的疯狂

对于 17 世纪的荷兰人来说,花的力量是一件恐怖的事情。1637 年的头几个月里,当郁金香尚未成熟时,在荷兰被视为地位象征的郁金香价格大幅上涨。在那个疯狂的时期,郁金香最高价曾炒至 4200 荷兰盾,20 倍于一位熟练技工的年收入。现在的经济学家一直在探讨当时的疯狂是如何蔓延开来的。在经济学家看来,这也是现代金融史上第一次投机泡沫。同时,在市场已经失控的情况下,政府如何在监管中发挥应有的作用的话题,也引起了一场政治争论。

1720 年的南海泡沫

1720 年英国南海公司倒闭,给伦敦金融业带来了巨大的冲击。1701—1714 年,英、法等欧洲国家为争夺西班牙及其殖民地和海上霸权而进行了西班牙王位继承战争。战争期间,南海公司同意承担战争造成的巨额国家债务,以牟取在南美地区贸易中的垄断地位。但是,尽管英国取得了战争的胜利,西班牙仍然维持着其在南美殖民地的贸易特权,南海公司继续增加承担更多的债务。1720 年,为了刺激股票发行,南海公司接受投资者分期付款购买新股的方式。投资十分踊跃,股票供不应求导致了价格狂飙到 1000 英镑以上。公司的真实业绩与人们预期严重背离。后来因为国会通过了《反金融诈骗和投机法》,内幕人士与政府官员大举抛售,南海公司股价一落千丈,南海泡沫破灭。

1837 年的恐慌

1836 年,在马丁·范市伦(Martin Van Buren)成为美国总统之前,美国第七任总统安德鲁·杰克逊(Andrew Jackson)关闭了美国的联邦银行,以使美国经济摆脱其严格的信贷监管,杰克逊将资金转移到了那些州银行。到了 1837 年,美国银行系统出现混乱,马丁·范市伦并没有成功稳定市场。他也在 1840 年的总统竞选中失败。

1907 年银行家的恐慌

1907 年,美国第三大信托公司尼克伯克信托公司(Knickerbocker Trust)大肆举债,在股市上收购联合铜业公司(United Copper)股票,但此举失利,引发了华尔街的大恐慌和关于尼克伯克即将破产的传言。银行纷纷收回贷款,股市暴跌,民众挤兑,几家大银行濒临倒闭。在这样的情况下,曾经攻击过尼克伯克信托公司的银行家摩根组建了一支救援团队稳定了市场,该团队的成员还包括美国政府的官员以及部分银行的总裁。

1929 年的大萧条

1929 年,华尔街股市形势急转直下。到了 1932 年股价已经缩水近 90%。

1990 年储蓄和贷款危机

20 世纪 80 年代末以及 90 年代初,银行业自大萧条以来出现了最严重的崩塌,超过 1000 家的互助储蓄银行倒闭,其资产更是超过了 5000 亿美元。最终,为挽救此次危机所付出的代价超过了 1500 亿美元,其中 1240 亿美元由美国政府以及纳税人承担,只有 290 亿美元是由互助银行行业本身承担。

1996 年的日本楼市泡沫

上世纪 90 年代初日本的房地产泡沫破裂,房价下跌 50%,使日本遭遇了长达十多年的经济低迷。房产价格跌幅超过 75%。日本政府为了拯救倒闭的房贷公司,动用了公共资金,10000 名示威者因此在东京集结进行抗议。

2001 年互联网的泡沫以及安然的破产

2001 年年底,原世界能源巨头安然因造假账而倒闭,超过两万人因此失业。

2001—2002 年的阿根廷银行业危机

2001 年 12 月,阿根廷银行系统出现崩溃。几乎一夜之间,阿根廷就由一个颇为成功的经济中心跌入了贫穷的深渊。

2008 年以来源自美国的危机

表现 1:Indymac 银行的倒闭 储蓄贷款银行 IndyMac Bancorp Inc 成为美国次贷危机以来关闭的最大抵押贷款商,它也是倒下的第二大由联邦保险的金融机构。该银行的倒闭震惊了华尔街众多的投资人。早前,该银行并没有被列入美国联邦储蓄保险公司圈定的有麻烦的银行名单之中。表现 2:"两房"被接管 2008 年 9 月 7 日的新闻发布会上,美财长亨利·保尔森以及联邦住房金融局局长卢卡特(James B. Lockhart)准备宣布接管房利美、房地美。"两房"持有或担保的住房抵押贷款债券总额高达近 5 万亿美元,而美国政府拯救"两房"的资金也达到了 2000 亿美元,成为美国历史上规模最大的金融救援计划。表现 3:雷曼兄弟破产 2008 年 9 月 15 日,华尔街投资银行雷曼兄弟宣告申请破产保护。表现 4:援救 AIG 尽管美联储对美国国际集团(AIG)进行了救助,但是市场并没有因此而稳定下来,全球股市再次下泄。表现 5:华盛顿互惠的倒闭 2008 年 9 月 25 日,华盛顿互惠银行造就了美国历史上最大的银行倒闭案。在 6 个月前宣布收购投资银行贝尔斯登后,在美国政府的支持下,摩根大通再次收购了华盛顿互惠银行的大部分资产……

第十二章

房地产经济学警示论

——应用经济学的新问题

房地产业性质

之所以房地产划归第三产业,是因为房地产业实质上是具有单一或专门投资银行业务性质的非银行准金融业。

房地产开发公司实则是以资本运作为主的投资公司。房地产开发的土地是先行代表未来业主购买使用权(国外多为地产所有权,在美国还可以通过银行按揭购买土地),工程设计是延请专门设计单位,工程施工由建筑企业承揽完成(中国商品住宅工程施工几乎由建筑企业全额垫资修建),售房的策划与经营也可以全部委托给代理销售商,资金的前期投入以信用贷款为主,中后期资金以按揭方式同时向购房业主收取首付款和向银行套取一揽子资金回报并分享红利。房地产开发商实则是以小投入而博大利的资本运营中间商。认识到这一点,方知对房地产业的监管把控和限制发展之重要性和必要性。房地产一旦成为一国和一地区产业结构的支柱或主流,就关涉国民经济命脉,必须慎之又慎。对房地产业处置失当,就有可能使国民经济遭受毁灭性打击。房地产证券化把行业推向危险的不归路。房地产次贷的证券化更可能使行业濒临崩溃的灭顶之灾。

正常的商住房地产开发是只为购房者或租房者作为商铺、办公或住宅消费品直接使用;如果用来作为资本品投资或投机炒作,或者将其证券化尤其将其衍生次贷推入证券交易市场大肆狂炒,就彻底远离了房地产的本位,价格游离于价值,由实体经济领域滑入虚拟经济领域里虚假经济的无底深渊,担当不可逆料的巨大社会风险。

因了房地产业所具有的投资与投机双重属性,从一开始就是实体经济与虚拟经济混合的产物。尤其房贷按揭方式进入房地产开发经营交易领域,房地产产品无论作为消费品以实用,还是作为资本品以投资,其价值包括劳动价值、使用价值和交换价值,都包含在建筑产品和金融产品的复合体中。其建筑产品部分是房地产开发商委托建筑商生产加工完成的,而金融产品部分是房地产商同银行(包括商业银行和投资银行)一起合作完成的。

房地产业的价格与价值关系,如果房地产的实体经济成分超过其虚拟经济成分,价格能够反映真实价值;如果其虚拟经济成分超过实体经济成分,价格就远离真实价值。房地产产品的核心价值是地而不是房。房产价值可以用建筑安装成本加正常利润之和形成的价格来标示,而地产价值极其容易虚拟化。房地产商正是借地价的膨胀将房地产价格上溢,将房地产真实价值模糊化。在中国,地是公有的,城市房地产建设用地是国有的,房地产商只向国家的委托代表——地方政府临时购买"地"的"临时经营权"和临时为未来业主代购了一定年限(中国城市国有商住地产使用年限一般为70年)的"分切使用权",再将地产使用权按户型切分成各个形同虚拟的小单元,同房产一起捆绑出售。对于房产部分,是直接销售或请代理商转售建筑产品的产权;对于地产部分,房地产商实际是代政府转售土地切分使用权。房地产商赚取的是双重利润,不仅赚了房产利润,同时赚了地产利润,亦即不仅获得企业(无论国企、私企)流动资产的开发经营利益,还把作为国有资产的地产的使用权作为商品通过捆绑经营获得。从经济学与法理意义上说,本来房地产商对所出售的房地产品,其地产部分只有代政府按购买土地经营权成本转售土地使用权的权利,而根本没有将地产(国有资产)同时捆绑炒作以牟取暴利的权力,但事实上房地产商主要在炒卖地价中使房地产获利较多。房地产开发商所炒卖土地的成本部分,是国家资产,土地公有的权属并未改变;所溢价部分,是购房业主的权益(土地使用的未来权益即"土地使用期权"),却被开发商对购房业主卖了高价,亦即购房业主本来应该由自己获得的未来利益,反而被开发商装进自己腰包。为什么中国房地产开发成本从来不敢也不愿公开,这就是其中秘密。房地产的成本完全可以清晰计算,在土地私有的国度的房地产开发商购买了土地所有权,若将开发成本模糊化,还可说是商业秘密;而在土地公有的国度譬如中国,房地产商只代购了土地使用权,将开发成本模糊化和不公开,就是非法行为的暗箱操作。土地公有,作为公民的购房人更应该有对房地产开发成本的一切知情权。严格地说,中国房地产业从一开始至今,都是将房、地成本模糊化的非法经营。模糊化是牟取暴利的前提。目前的中国房地产业使土地国有资产巨量流失,落入开发商和权力寻租者腰包。只有公开房地产成本,房地产暴利也就公开化,房地产价格才能平抑,开发商利润才能复归正常,房地产交易才有公平可言。

房地产之于购房业主是固定资产或不动产,之于房地产开发商仅仅是流动资产。其投机性之大,盖因其资产流动性。对于土地国有的国度,房地产商虽然缴纳了土地出让金,但仅仅临时代表未来业主购买了土地使用权,本质上这个临时的土地使用权只应作为开发与出售建筑产品即房产的依托物或承载体的一次性短期经营权,这个土地使用权或临时经营权,严格地说是不能由房地产开发商来升值牟利的,只应该按平均成本转售给购房业主作为较长期的限时使用权(中国规定为70年),房地产商应该赚取的只是建筑产品选址、设计、开发、营造过程中的房地产开发利润。土地公有国家与土地私有国家的房地产性质截然不同。土地私有化国家的房地产商所购买的土地是所有权,更应当强化国家监管职能。

　　房地产业的监管,不仅是建设部门的事情,同时也是发改部门、国土部门和银监会职能之一。中国盲目仿效美国将国家管理部门挂牌为住房与建设部,是对行业的一种误读。美国房市次贷危机的根源在政府及行业主管部门,对房地产业失控,才导致全球经济地震。中国的"住建部"应该改称城乡规划建设与住房保障部,因为国家社会制度与经济体制性质决定了其职能性质。同时中国应当成立由常务副总理兼任首席负责人的国家房地产监管委员会,作为跨发改、国土、建设、金融等多部门的部委联席监管机构。全国人大应该适时尽快出台《住房保障法》,把属于基本住宅用房和投资性房产严格划界,采取不同的开发经营管理模式予以分别监管处置。并且,应以法律形式规定房地产开发商公开成本后的法定利润率。

房地产危机

　　房地产危机不仅仅是行业危机。房地产开发牵涉国家经济社会最敏感的神经。失去有效监管的房地产行业越兴盛,国家经济危机预期就越严重。

　　房地产作为建筑产品,所赚取的部分开发毛利润来自应支付给建筑施工商的法定利润和房地产因选址、设计、环境营造、品牌包装及地缘优势等开发经营劳动价值和应得利润。而实际上房地产商无论在土地公有还是私有国家看重的不是这些,而是地产部分的利润的投机,因为地产利润空间弹性很大。但是,无论土地公有或私有,都应遵循"天赋人权,生而有土"的公法原则,即土地国有或公有,公民拥有属于自己那一份土地使用权和产权。那就是一个国家必须将法定基本住房即第一套住宅的土地使用权和产权赋予公民,而且应是公民无偿获得,与生俱来。房地产开发商炒卖房地复合产品的土地部分,即使合情合理合法,也应该只能炒作公民第二套及以上住房和商业用房的地产。正因为法规的缺位,房地产危机不仅酿成经济危机,还将酿成社会危机。因为房地产商在开发经营过程中不仅可能侵吞国家利益中饱私囊,而且可能剥夺公民的基本权益。

房地产危机在现当代经济领域的危机凸显,已可能波及任何一个市场经济国家。

在2007—2008年美国房产次贷危机引发的金融危机——波及全球的世界经济危机前后,西班牙、爱尔兰等国和迪拜城已然出现了房地产危机悲剧。国土面积约7万平方公里、人口430万人的爱尔兰,作为一个曾经繁荣和充满希望的欧洲小国家,人均GDP名列世界前茅,却因房地产危机爆发,而致国家经济随之经历过山车般的震荡型变化。当爱尔兰误视房地产为国家经济的重要推动力之后,从1996年房地产业占GDP比重的5%,上升到2006年的10%;房地产从业人员2007年比1993年翻了一番,达到13.3%。其房价居经合组织所有成员国之冠。2008年爱尔兰房地产泡沫破灭,银行承受巨大损失,政府陷入财政赤字无力自拔。2009年一季度,爱尔兰房地产价格比2007年高峰时下跌23%,个人房贷量降低73%,房地产业萎缩40%,银行资本缩减70%。至2010年,爱尔兰全国银行业因房地产危机而遭受损失高达350亿欧元,相当于爱尔兰年度GDP的20%。许多私人银行宣告破产而被收归国有。政府为所有银行的担保规模为4400亿欧元,为年度 GDP 的 2.7 倍,为爱尔兰历史年均债务发行额的 27 倍。政府担保为国家财政带来巨额负担,排除为银行担保的负债未计,国家债务因经济陷入崩溃边缘而从 2007 年占 GDP 的 25% 飙升至 2010 年占 GDP 的 90%。因生产萎缩和失业率上升,2009 年政府收入减少 11.6%。过于宽松的货币政策缺乏积极财政政策来配合,央行设定低市场利率的货币政策来刺激房地产业无限膨胀,从 2005 年 11 月就开始浮现房地产泡沫而累积 18 个月,监管机构却没有采取任何有效措施和积极行动,房地产业崩盘故而难以幸免。因政府收入锐减而不得不紧缩开支,提高公民领取养老金的年龄,降低社会福利,缩减公务员工资,使全社会幸福指数大大下降。爱尔兰制订了 2014 年财政赤字下降到 3% 的计划,但观察家预测 2011 年因失业率上升的产业萎缩而财政赤字仍将超过 10%。由房地产引发的国家经济悲剧岂能重演!

中国房地产在 GDP 的占比 10 年间从 3% 上升至 14%,许多地方城市政府财政收入中"卖地"财政收入高达 60% 以上,房地产泡沫还在往复性地扩大,而日本的房地产经济危机和中国海南的房地产危机都证实过了房地产在国家或地方区域经济总量占比若超过 70% 就是国民经济全面彻底崩盘的临界线。

房地产业已经成为 10 年来地方政府"卖地财政"的金融工具和权力寻租的最快捷途径,近年来监管不力,调控措施"头痛医头,脚痛医脚"治标而不治本,几度引起房地产泡沫经济反弹,高房价不仅使广大公众不堪重负,而且正在危及国家经济肌体,并且颠倒了人伦价值观。

据抽样调查统计,中国 660 多个城市连续 6 个月以上电表读数为零的空置住宅竟高达 6504 万套,若按每套房三口人居计算,足可供 2 亿人居住。北京市自 2004 年开始入住的小区中普通住宅空置率为 27.16%。国家统计局 2008 年始不再公布房屋空置率,2010 年 11 月开始人口普查增加住房统计也只限于每人居住面积是买房还是租房而不统计空置房。庞大的住房空置量率,说明房地产业已偏离生产人们基本住房消费品的本位轨道,而主要以资本品投资和投机为目的,不仅与大量人口缺房、无房和买不起房的现实形成鲜明对照,而且必将酿成泡沫经济崩盘之危险。2004年以来,北京市住房销售面积连年保持2200万平方米,2009年住房销售额已是2004年的3倍多,说明这座城市巨大的购房需求未被满足,而且房价上升太快,空房闲置与自住需求的矛盾冲突越加增大。

国家统计局2010年8月4日公布了6月末全国房地产待售面积为1.9亿平方米,按平均100平方米每套计算,即有190万套左右待售商品房,并特别强调待售面积不等于空置面积,肯定远小于空置面积数字,因为空置面积包括大量待价而沽的投机性已售房产。一方面房地产市场存在强大的刚性需求,另一方面物无所值的高房价使自住购房者望而生畏,而炒房投机商在一赌房地产涨价升值预期。这个竞争与需求的错位,产业的不良性早在多年前就已形成。参见下表:

近年来全国房地产待售面积及同比增长率统计表

年度	2005	2006	2007	2008	2009	2010
待售面积 (万平方米)	14679	14550	13463	18626	19947	19182
同比增长(%)	2.7%	-0.9%	-75.%	38.3%	7.1%	6.4%

2009年全国商品住宅总面积达到8.5亿平方米,对于8亿城市人口,缺口尚很大,每年15%以内的待售面积增幅可属正常范围。房地产业调控不是要遏止房地产业发展,而是要调整监管机制,防控投机性房地产大肆炒作。

房地产危机的根由在"地"不在"房"。房地产价格居高不下的背后推手是地方政府炒卖土地的公权行为。而且,更大的土地资源危机是一方面土地尤为稀缺,政府漫天要价,另一方面是已圈占的土地大量较长期闲置。最近披露了一份全国 1457 宗已征土地闲置的"黑名单"。国土部新近完成的全国 2010 年上半年住房用地情况统计数据表明,目前全国范围内仅完成 30% 多的计划用地量,其中北京、广东、海南、江苏等四地闲置土地数量占全国的近四分之一,70% 以上闲置土地为住宅用地性质。并揭示:目前已圈占土地闲置,46% 为企业自身原因(主要是一赌土地升值预期,其次是后续资金未能到位)圈地而未开发,54% 为政府囤积待价而沽以求升值预期。

中国城市政府盲目效仿美国,在郊区大量开发别墅住宅楼盘,真是谬误至极。中国国土面积仅次于美国,但人口是美国的近 5 倍,作为发展中国家和土地极度稀缺国家,大量开发别墅对土地资源超前透支和严重浪费。住宅郊区化大量耗用能源。在数亿人口尚未得以满足第一套基本居住用房需求时,却大量占有和耗用土地开发半闲置的贵族化房产,资源配置严重不合理。"京津新城"动辄万座别墅开发,极尽奢靡,数万亩土地占用无疑是资源的严重消耗。更令人称奇的,山西运城苦池水库内,置防洪、蓄洪与水利灌溉功能于不顾,放水至旱,征用湖床地 1500 亩,建造 1000 座独栋别墅和 1000 户联排别墅,以供煤老板的购房市场需求。

据 2010 年 7 月份对中国 6 个二、三线城市的 30 家房地产开发商进行涉及开发建设和销售计划、土地和房产价格、买方市场情况以及与地方政府和银行的关系等方面的调查研究,开发面积还在增加,房地产商不断扩张土地储备,房价仍未见底。更为奇怪的是,中房协已多次上书国务院要求暂缓出台楼市调控新政,并呼吁"救市";唯恐天下不乱,实则是在积极充当房地产利益集团的代言人。

房地产业潜在的金融危机、土地资源危机和已显现的信用危机、价值危机等经济社会危机,为国民经济和社会发展埋下巨大隐患。

房产"空手道"操作模式

以资本运作为核心的房地产业,前述其操作方式多为借力打力、借骨头熬油的投机行为。源于现在看来十分错误的当年房改政策,十年前房地产市场在中国初兴之时,房地产商们几乎无一不是空手套白狼而短期暴发,北京现代和成都置信等房地产巨头皆是如此。那时可以先不付钱即可赊账拿地,开发完成再分期支付地款给政府。置信集团是在企业成立十周年之际才支付清原来赊欠成都武侯区的最后一笔土地出让金1亿元。近年各大城市的主城区必须先付清全额地款,但大城市郊县区和二、三线城市仍可以分期支付土地款。十年前最初的房地产开发第一步就是炒地。假如有5个一文不名的敢于开发房地产的自然人合伙,把5个人分为两组,同时注册两家公司,盯住同一块地,先由一家公司圈得这块土地,然后开始设计、运作、立项以及"包装",由同一伙人的另一家公司以高于合同地价的数倍价额签约入股合作开发。设若原地价为50万/亩,500亩地总价2500万元。另一家公司"愿以"3倍土地价格入股合作,合作合同土地签订为甲方土地价值为7500万元,两家共同新组建的合作开发公司即拥有3倍价值的土地,向银行抵押贷款,若按质押价值的50%授信即可贷款3750万元,然后开始开发,找建筑商至少部分垫资施工,同时将贷款的一部分上缴30%左右的首付土地款。房子尚未开建,这5个合伙人已将赚地产差额5000万元。那时房价不高,亦有正常利润。几个月即诞生5个千万富翁,不是神话而是现实。

十年后的今天,炒地是政府与开发商联手共同进行的。而炒房不仅是"炒房团"、个人投机商所有,房地产开发商自己就是炒房始作俑者。房地产开发商一些投机操作实例着实令人惊叹。开发商楼盘定型后,就先收罗借用高中层管理人员和亲朋好友的身份证,自己把自己开发的房产楼盘以按揭方式买下一半,而且先挑最好的户型和楼层,由开发商公司以这些身份证的名义为之垫付首付款,付给自己公司,同时套取银行支付给开发商的按揭贷付现款,以求资金尽快回笼。假如某楼盘共有 500 套住房,开发商先自购 250 套,每套垫付首付款 5 万—10 万元,共垫付 1250 万—2500万元,每套房产平均面积 100 平方米,均价 5000 元/平方米,每套均价 50 万元,30 年期的按揭贷款利率假如为 10%,除去首付款,开发商每套可回笼 35 万—40 万元资金,先假意自购 250 套房,可先期回笼银行给付资金 8750 万—10000 万元。开发商把已自购房产又稍微涨价,转给房产代理商销售,赚取价差,同时把从银行先套取回笼的近亿元资金用来支付建筑商垫资的施工款和预分利润。剩下一半房产,早已通过购买选号卡预售等方式订售,资金很快回笼。这一招奇妙而狡黠的投机行为,既造成房源紧缺假象,引诱购房者入瓮抢购,又博得房价上升预期,推高房价。

　　北方某特大城市一桩以 200 万元拿地获得 2 亿元的房地产开发案例让所有听闻者侧目咋舌。按"常规"行情,房地产开发商买地和造房的有形成本包括购买土地、建筑材料和人工成本费用大约占 1/3,还有 1/3 是包括上缴税费和疏通关系等显性和隐性成本,余下 1/3 则是利润。其实,在中国房地产价格暴涨的时下,开发商赚取的何止总额的三分之一,利润空间要大得多。2004 年某公司与某地方政府签约开发一宗价值 2000 万元的拆迁安置用地,根据当地文件规定支付市场行情地价的 10%,即出资 200 余万元即拿下此宗地。总建筑面积为 4 万多平方米,其中住宅面积 3.4万平方米,商业房产面积 3000 多平方米。第一笔利润在于这3000 平方米商铺地产至少价值 1 亿元。按合同返还农民自住安置和租售的住宅总面积 1.4 万平方米,余下近 3 万平方米住宅按均价 12000 元/平方米计算共售得近 4 亿元。每平方米各种成本之和约为 2500 元,4 万多平方米建筑面积建安施工总成本 1 亿元左右,其他费用 1 亿元左右。总赢利 2 亿元。这样诱人的房地产项目建筑施工都是由建筑商全额垫资的。200 万变成 2 个亿的游戏就如此简单地产生。

房地产商之所以牟取暴利非常容易,在于制度缺陷给了开发商有机可乘的炒卖特权。

房价缘何又升温

当人们刚刚忘掉地震灾患的悲痛和经济危机的威吓,房价又始渐升温。北京尤盛,成都直追。万科房地产集团 2009 年上半年赢利 25.2 亿元,同比增长 22%。

2009 年,全国完成房地产开发投资 36232 亿元,比上年增长 16.1%,其中,商品住宅完成投资 25619 亿元,增长 14.2%,占房地产开发投资的比重为 70.7%。

全国房地产开发企业完成土地购置面积 31906 万平方米,比上年下降 18.9%;完成土地开发面积 23006 万平方米,比上年下降 19.9%。全国商品房销售面积 93713 万平方米,比上年增长 42.1%,其中,商品住宅销售面积增长 43.9%。商品房销售额 43995 亿元,比上年增长 75.5%,其中,商品住宅销售额增长 80.0%,办公楼和商业营业用房销售额分别增长 66.9% 和 45.5%。土地购置面积和开发面积都见大幅度下降,而销售面积增加幅度远不及销售额的特大幅度增加,说明房地产价格猛涨。

难道中国大陆房地产泡沫真的挤干水分了吗? 不是。房价升温的背后,有一连串的推手。

一是作为房地产市场的主体开发商正在大洗牌。房市"国进民退",大型国有企业获取大量贷款,进入房地产业新一轮炒作。今年上半年与去年同比,房地产贷款增加 2.3 倍,多半贷给大型房地产国有开发商。授信不高、实力不够的民企只有让位于国企而逐渐出局。

二是银行和政府团购炒房。开发商捂盘惜售,故意吊购房散户胃口,制造房源紧缺假象,刺激普通购房者神经。一些地方的垄断企业,银行甚至政府部门趁机掀起团购风潮,以大大低于市场行情价格把一些热点楼盘抢购一空。当"温州炒房团"偃旗息鼓之后,"公款炒房团"才暗流汹涌。这些购房团往往积存多套房子,投机炒房,变相抬高房价。

三是"经济适用房"不仅开发太少,而且房价较高,既不"经济"也不"适用"。石家庄千套"经适房"遭遇弃购,即是明显一例。石家庄安苑小区和南岭小区,皆是政府规建的经适房楼盘。这3000多套所谓的"经适房"的价格在 2680 元/平方米—2800元/平方米之间不等,而容积率比"经适房"低、小区生态环境比"经适房"好、交通比"经适房"便捷的非"经适房",价格才 3000元/平方米,前后两者仅相差 200 元/平方米,只有傻子才去买并不"经济"的"经适房"。而在河南郑州,"经适房"土地指标用于造别墅,五个行政部门竟管不了一个开发商。

四是房价潜流暗涨的背后仍然是地方政府"卖地求财"于心不甘。房价与地价如同一对孪生兄弟,藕断丝连。地方政府暗推房价,无疑可以抬升地价,投机取巧。中央 GDP 增长"保8",地方就"保10"或"保12",主要依靠房地产抬升来保增长。

五是房市与股市量价齐升。当上半年新增 7.37 万亿元房地产贷款,刺激股指重拾3000点时,积极宽松的货币政策,不应该用来刺激房产泡沫膨胀,因为房价上涨将可能引发全面通货膨胀,8月下旬的 CPI 上扬已显端倪。也许有人想以房价升温来刺激民间投资,实则内地民间房产投资多靠银行信贷,"国际游资"、"境外热钱"在国际金融危机的打击下又一蹶难振,目前偶有"国际游资"来一撞房市即撤,当前房地产投资依然表现为政府携国企孤军突进。

六是制造虚假的"地王"现象以掩人耳目。地方政府以招商引资的名义,让企业先出资搞市政工程配套设施建设,或是吸引大的开发商进驻,政府再拿地给开发商作为回报。政企双方提前签好协议,约定一个土地保底价,假如拍卖的保底价是4000元/平方米,但最后实际拍卖价格是7000元/平方米。如果仍是该开发商拍得土地,政府便将3000元/平方米差价归还给该开发商;若由其他开发商拍得,这3000元/平方米的差价,便按比例分成,多数情况是政府与开发商四六或三七,甚至五五分。"地王"往往是假象。参与前期开发的开发商去拿地,都会提前跟政府协商签好协议。外界看到的成交价并非开发商的实际拿地价。成都沙西线某著名大型国企房产开发商,以44亿元地王天价拍得此宗国有商住建设用地,让其他竞拍者急流勇退,因为按如许高昂地价必然巨亏。该已得手的开发商并非疯傻,鲜为人知早有暗箱操作协议,政府按50%退返地款22亿元回去,开发商实际上既获低地价,又"天经地义"地卖高价房,当然赚欢。政府不仅"多赢",还以次高价作为标尺,趁机抬高该宗地块周边小块地价。这种故意制造泡沫的方式,直接抬高了房价。

中国城市土地国有。在法理上说,地方政府只是中央政府的代理人,暗中炒地,牟取暴利和私利,若未获授权而瓜分国有资产,某一届政府花完应属多届政府支配的土地款,至少是严重的越权行为。中央政府应加大对国有土地及所变售成为货币形式的国有土地资产的监管力度。

中国尚未全然摆脱国际金融危机的影响,尤其居民工资及其他收入并未大幅提高,居民购买力仍处于低谷,目前高昂的房价和房地产业相对的暴利依然远远超出广大普通公民的购买力和承受力,这种地方政府联手国有银行和大型国企开发商人为导演的房市回暖假象,必将抑制城乡居民消费支出,给扩大内需带来负面影响。全面通胀之于普遍低收入的国民,确是不公平和非稳定因素。

国情所致,房地产是通胀的导火索。只有稳定房价,平抑房价,才能阻止房地产市场泡沫化和地方政府炒地皮的短期行为,才能控制容易引发的全面通胀。

不动产证券化与房贷危机

当房地产业蓬勃而怪异地发展到今天,房地产证券化是行业最大陷阱。从理论上分析,房地产——不动产证券化是把固定资本转换为流动资本;从实物形态上看,房地产——不动产证券化是将价值较高、难以移动的不动产转换为面额较小、流通便利的证券。从法律角度观照,房地产——不动产证券化是把不动产物权转换为可以流动的小额债权或股权。这就是房地产从实体经济推向虚拟经济的理论基础。

不动产是指事实上与法律上均不可移动的物权及标的物。包括土地、建筑物和添附于土地和建筑物上的定着物等。不可移动性、数量上的稀缺性和价值上的依附性,共为不动产的主要特征。也许有人正是看到不动产之土地的极度稀缺性、不可再生性和升值趋势,才使以投资和回报利率作为基本价值杠杆的证券化方式在不动产领域繁衍。

权利的集合性、流通性和主体的特殊性、可靠的现金支持以及破产隔离制度都是不动产证券化的基本特征。美国不仅购买房屋可以按揭,购买土地亦可按揭。房地产公司上市,是不动产证券化经营的外围表现形式。不动产证券化的内部形式,主要是将住房抵押贷款证券化,是把贷款债务券拿到证券市场去流通交易,给投资者以分切赢利的空间和可能。但悖论由此出现:贷款提前偿还,是借款人的权利,把贷款证券转手而提前回收本金,是需要在市场利率下降时才会有提前偿还本金的冲动。这一切转手行为是借助于所谓抵押贷款支持债券等资产证券化新金融产品来完成的。次贷危机则是非信用无抵押的房产债券不良化和价值虚假化的产物。

在美国次贷危机发生之前,中国金融界为盲目攀比美国的债券融资大于股票融资的所谓"优势",生编硬造了欲将中国不动产证券化的不能自圆其说的不少理由,信奉"外国月亮比中国圆"而截然不顾中国国情的新自由主义追随者,已为中国房地产市场和房地产证券市场提供着外强中干的理论支持。也许盘活银行资产的初衷是善意的,但房市崩盘的责任该由谁来承负?人口大国的房产自住的刚性需求,世界上任何国家都不可比拟,房地产投资周期极短,只要房价在正常范围,房地产品就会一抢而空,中国远远没有到必要以房地产虚拟投资和证券化炒作来增强银行资本流动性的时候。

体制障碍和所有制问题是
房地产业危机的根本症结

2010 年 3 月两会各项提案之中,关于房地产业改革的提案几乎占一半,廉租屋、开征物业税和楼市信贷调控等,成为关注焦点。全球不良资产解决方案公司(Global Distressed Solutions LLC)总裁罗德曼透露,北京商品房地产的实际空置率已高达 50%。国家机关权威人士承认,房地产泡沫已然形成。

调控房价与改革房地产体制,是一个问题的两个方面。中国现阶段的高房价问题,市场供求不平衡、利益博弈、产业及地区的结构矛盾,都只是造成高房价的外在因素,而房地产业开发管理体制弊端,才是以房价虚高为焦点的房地产行业诸多问题泛滥之根源。

如果不对现行房地产管理体制进行重大改革,等到市场规律完全自发发挥毁灭性作用,那将会在房地产泡沫完全破裂、产业崩盘而形成经济危机时,只有靠市场经济自我调节能量与国家强制性调控政策共同来重新建立平衡。

房地产市场兴起以来,中国房地产业虽然高速发展,然而,现行房地产业管理体制,却并没有形成市场平等竞争和有序运行态势。房地产业阶段性快速发展之同时,房地产业管理体制缺憾、制度设计失误及管理运行中的问题日益暴露出来。学术界的种种质疑和公众对房地产业现状的诸多不满,都可以在房地产体制本身找到直接间接原因。

现行房地产体制、制度问题和运行管理缺陷,对房地产业及经济社会发展有着诸多负面影响,可归纳为十大问题:

(一)土地资源滥用

房地产泡沫警讯频传的 3 月 15 日,一天之内竟然出现了三个地王,彻底改变市场的节奏和预期。北京大望京地块和亦庄地块分别以 27529 元/平方米的楼面价格、52.4 亿元的土地总价,成为新的"单价地王"和"总价地王"。仅过 6 个小时,"单价地王"就被下午竞价的东升乡蓟门桥地块夺走,该地块的实际楼面价格超过 3 万元/平方米。北京当天成交 6 宗土地,总金额达 143.5亿元。

现行体制下,谁获得土地的开发权,谁就掌握了攫取暴利的筹码。所以土地再贵,地方政府要哄抬,开发商也要抢购。1992 年至今,海南、北海、北京、天津、上海、深圳等各地陆续出现过大肆炒卖土地的现象。变良田为荒地的圈地运动,以租代征、私用土地、囤积土地、征而不用的问题十分普遍。某些经济落后地区甚至被征用土地大量闲置。土地滥用、土地囤积、土地浪费和土地资源严重透支,是"问题体制"使然。

(二)垄断性房价畸高

据国家统计局数字:2009 年,全国商品房销售面积比上年增长 42.1%,商品房销售额 43995 亿元,比上年增长 75.5%,其中,商品住宅销售额增长 80.0% 。全国房地产不仅营销额高涨,而且房价畸高。

房价畸高来源于现行体制房地产开发要素和房地产产品供给的垄断性。随着近几年房地产资源向少数房地产巨头加速集中,房地产业逐渐形成了地方政府土地供给垄断、规划性地段垄断和房地产巨商囤积性垄断三位一体的利益链。公众一直要求公开房地产开发成本,至今未果。房地产业多年以来维持着高额暴利,被视为中国大陆的"最后一个暴利行业"。

2009 年 3 月北京二手房成交总量为 27219 套,日均成交量达 878 套。3 月 30 日,二手房单日成交量达 2273 套,再次刷新了北京二手房日成交量纪录。成交价格一路攀升。3 月全月北京市二手房均价在 14650 元/平米左右,相比 2 月底的 13460 元/平方米,上涨幅度达到了 8.8% ,而望京、亦庄等"地王"产生的区域,二手房成交价突破历史最高点。

仅举国资委确认和公布的以"房地产开发与经营"为主业的 16 家中央企业 2009 年度经营情况为例,这 16 家央企房地产板块的资产总额为 5616 亿元,销售收入为 1899 亿元,净利润为 188 亿元。这个净利润率显然是保守数据。据北京市人大和市建委提供的数据,北京市售价 20000 元/平方米商品住宅房地产,其建设成本仅为平均 3000 元/平方米,其余成本在土地价格过激高涨。

房价畸高的背后,无良房地产商通过不法手段,内部安排中高层员工假意首付自购按揭房,超前套取国有银行按揭款加快资金回笼和用于后续土地储备,再内部委托给代理商转手炒卖,造成商品住房稀缺假象,更是幕后重要原因之一。

(三)国民财富过多集中在房地产商及炒房者手中

长时间、大面积、绝对集中式的财富归集于开发商,举世难见。发达国家各个时期的富豪多出现在石油、钢铁、汽车、IT 业界,还有靠科技发明而致富的创新者;而中国富豪前十位者,有一半以上是涉足房地产开发的。《2010 胡润财富报告》称,中国内地千万富豪人数已达 87.5 万人,相比去年增长 6.1%,其中亿万富豪达 5.5 万人,相比去年增长 7.8%。中国大陆现在已有 1900 位十亿富豪和 140 位百亿富豪。这些千万富豪主要分为四种类型:商人、高收入人士(如跨国公司高层)、"炒房者"和"职业股民"。中国内地千万元级以上富豪的平均年龄要比国外年轻 15 岁,且财富增长的速度更快,主要从事房地产和制造业。中国房地产业暴富这种匪夷所思的财富转换,是失误的房地产管理体制所造就的。与此同时,使亿万普通劳动者沦为举债购买高价房的"房奴"而不能共享改革开放的辉煌成果,大大降低了人民的幸福指数。目前,城乡居民收入占 GDP 的比例 43%,已经下降到历史最低点;而居民消费率只有 35%。

国民财富从其他行业大量转向房地产行业,从广大民众转移到房地产商个人手中,显失公平,不仅加重了社会矛盾,而且削弱了中国经济的可持续发展基础。

(四)政绩政府投机取巧

房地产开发,可以迅捷改变城市形象,增加地方税收,拉动 GDP 增长。兼跨二、三产业的房地产业,无疑是地方官员实现政绩的首选捷径。一些地区地方政府炒卖土地收益高占本地财政年总收入的 60%—70%,一些城市 GDP 年度增长的 80% 依靠房地产业。2009 年,全国地方政府负债达 7.2 万亿元,多个地方卖地还贷。在多重利益的驱使下,地方政府热衷于短期行为、眼前利益,忽视民生民情,不重多元产业长久发展。高房价可以为地方经济赢得虚假繁荣,且在权钱交易中拔高价码。过度开发所引发的问题、后果和包袱,只有留给下届继任者甚至后代去解决。

(五)规划失误、失衡

城市和建筑的规划布局,涉及文化传承、经济平衡、人居便利、交通组织等系列问题。城市规划须有公正客观的、经济发展与民生关怀相结合的战略思维。然而,现行房地产管理体制缺乏严格的约束力。

城市年年缺规划,领导换人又重来,造成规划布局不合理,酿成交通拥堵、城市功能不健全、物流成本增大等一系列城市病。城市的道路、建筑和功能布局就像随心所欲的拉链一样,被各届官员们从不间断地拉来拉去。

因利益驱使,一方面房地产开发商总是会以各种方式突破规划要求,往最有现时经济价值的地段、口岸上挤,冲破规划底线;另一方面,官员们也难以抵挡利益的诱惑,会为"寻租"的房地产商们网开一面。

为什么现行的房地产管理体制会对规划制订的科学性和执行规划的严肃性产生动摇,原因在于:关乎房地产开发、管理的公开法规和内部规章太具有弹性,地方官员拥有太多的自由裁量权;有关房地产开发的利益关系、目标要求,尚无综合、长远和刚性的统一规则。

（六）贫富差距拉大

没有哪一个行业、哪一种体制人为地制造贫富差距,有而今房地产开发现状那么典型。房地产开发热兴起至今,房地产一直是一夜暴富者的"加工厂"。因为,现今的房地产管理体制使"涉房"商人和权力阶层轻易暴富,其已成为暴利平台。这无异于是对广大"非涉房"人群利益的一种强行剥夺。这是不合理、不公平、不道义的,也不利于经济协调、和谐、平稳发展的。

现行房地产管理体制在加剧贫富悬殊过程中起了推波助澜的作用。贫富人群的财富级差一下子扩大到几十、几百、几千甚至上万、上亿倍,中国社会各阶层迅速出现严重贫富分化。在早期工业化致富进程里,工业大亨们要奋斗几十年甚至经历几代人才可能拥有亿计、数十亿计的资产,而当今中国搞房地产开发两三年便可积累几十亿甚至上百亿资财。而一些底层民众的财富却增长无几,甚至呈下降趋势。这种财富在不同阶层中增长的"剪刀差",通过现行管理体制下的房地产开发而呈现加速度扩大的状态。在房地产暴利的带动下,涉房的沙石采供、装饰装修、建筑安装等从业老板,也出了一批批富翁。那些曾经令人羡慕的专家教授、国家公务员、其他行业小老板等阶层,在强势的房地产财富增长对比中一落千丈,相形见绌。

（七）社会财富再分配不公

现今房地产管理体制,不仅在房地产开发环节造成了国民财富的过大和不合理差别,而且在社会财富的再分配方面也形成诸多不公。第一,单位福利分房之时的天壤之别。福利分房年代,单位之间的差距可以说是天壤之别,有的单位人人分好房,有的单位从来没房分。从福利和国民待遇的平等、公平和正义原则讲,这种天大差距,不能不说是房地产管理政策和策略的一种失误。第二,福利分房制度改革的重大误区。取消福利分房政策后,把国家行政和国有企事业职工和其他普通劳动者顿然划分为有房和无房者,一下子扩大了差别;之后又把福利房改为全私产,"在编"职工只需掏几万元就获得市值几十万元的住房,相当于一下子就拥有了工薪阶层要用大半生工资收入才能积累的资产。取消福利分房,随着房价暴涨,无房的工薪阶层不得不用大半生的住房公积金加上甚至几辈子的工资才能获得这相似的住房。这种从"一下子"到"大半生"甚而"几辈子"的强烈对比,是房地产管理体制对社会财富再分配领域的再度严重不公。

（八）经济过热,物价飞涨

经济的过热源于过度的投资刺激,过度的投资来源于过度的需求预期。金融风暴前,由经济过快转化为经济过热的风险中,房地产的过度投资是经济过热的主力和始作俑者。对房地产过度投资,不只因为强劲的市场需求,更源于对房产价值的超限预期。在房地产利益集团协力鼓噪和不恰当舆论支持下,房地产升值的舆论造势一浪高过一浪。紧接着,众多投资者、购房者,其购房行为并不是为了居住,也不是为了规范化的投资,而是一赌房地产升值机会,是一种典型的非常投机行为。在投机赌博心理支配和行业内部暗箱操作下,出现大量的购房需求和需求大量增长的假象,导致房地产过度开发,房价与其他物价上涨幅度,远超过居民收入增长幅度和消费者经济及心理承受力。波及全球的金融风暴始于美国房地产业,从实践和理论上需要总结的教训还很多很多。尽管中国经济应对危机已然触底反弹,但房价的再度高涨和房地产行业的再度火暴——2009 年全国房价平均增幅高达 23.6%—40%,一些城市房价成倍上涨,不得不引起人们的高度警觉。

(九)造成房地产价值泡沫和埋下经济发展风险

房地产业泡沫和风险主要体现在三点:第一,房价虚高,与实际地产价值和房产价值相距甚远;第二,虚假和过度的超前需求;第三,开发和购房资金链条可能双双断裂。由于目前大量商住房地产以按揭购置,最后风险转嫁于多为国有的商业银行,其实质是将风险转嫁给国家经济和全体国民。

房价远远高出国民经济总体发展速度和主流人群的消费购买能力;大量空置房、投机房的客观存在;国内金融行业过剩的流动性货币和境外游资热钱大量拥入房地产市场。由于对房地产预期的看好,致使大量资金流向房地产业。若一旦预期被改变而发生逆转,则资金会潮汐般退出房地产业,发生资金支付严重困难。住房的市场需求最终取决于城市人口增量、人们财产性收入增加和经济社会综合发展。静态过程的房地产需求是与城市人口增量一致的,但大量涌入城市的农民工,包括普通的城市原住民和外来个体私营小业主,绝大部分收入不高甚至偏低,根本买不起价格疯涨的商品房,而使公众需求静滞。虽然有历史欠账,或可以有超前需求的因素,但长期的、成倍的、超需求的房地产投资不能不说是一种疯狂行为。之所以空置房所有者乐而为之,盖因房价增长预期、房产升值的乐观情绪支配。如果泡沫一旦破裂,房产如雪崩一样贬值,空置房瞬间抛售者便会大量奔出。隐患显而易见。一旦房地产行业资金链条崩裂,房价则一溃千里,房市低迷、房地产业受损和主要以房地产支撑的整个地方经济崩盘酿成的灾患将是空前的,并严重影响上下游产业以及其他行业发展。

由于现行房地产管理体制对房价、房屋开发的宏观调控能力太弱,以至于中央政府三令五申调控房价也收效甚微,甚至几度出现暂时低迷之后的报复性反弹。

(十)滋生腐败

现行房地产管理体制在法规、政策、管理、调控方面漏洞太多,地方政府、房地产管理机构、企业擅自决断的自由裁量度太宽,更因没有在体制内部建立健全监管机制,就为形形色色腐败大开方便之门。再加上暴利驱使及监管过程的复杂性,而使房地产开发过程形成中国最长的腐败链和最大的腐败张力场。实际上,大量贪腐都与房地产开发深度有染,由于"交易"过程的复杂性和隐蔽性而极难被查处。房地产开发的巨额利润,将会不断刺激一些人铤而走险。

由于现行房地产开发的管理环节严格规定,开发一个项目要盖几十个公章,每个部门的每一个公章都可能成为权钱交易的关口和滋生腐败的土壤。这些所谓严格的规定,绝大多数游离于"可松可紧"的状态中,就等于为腐败者打造了一把把开启腐败之门的钥匙。房地产业实则处于以投机性投资的资本运作为主要特色的准金融业态,熟悉中国大陆房地产开发门道的人都知晓一个潜规则,搞房地产开发实际上是搞"空手套白狼"或"四两拨千斤"的关系开发。没有建立起一系列错综复杂的关系,房地产开发便必然会失利。目前房地产业在管理上是垄断性的,其实质是管理运营过程不透明,管理运营信息不公开,管理公权常被私用或滥用。那些多得不可胜数、随时又在变化的"政策"、"规定"让一般老百姓很难弄懂,即使是政府管理部门的其他行业人士也知之不明,再加上幕后交易、关系因素等等,房地产行业的潜规则便使腐败大行其道"顺理成章"。从交易的实际过程看,房地产开发的各个环节上,很难具有公开、公平、公正的交易过程。

解决房地产管理体制带来的一系列经济社会问题,只有深化房地产体制改革,重新设计和调整体制才是根本解决之道。

房地产在社会分配、各产业协调平衡和社会和谐发展方面的关系与作用,认识上存在一系列盲区和误区。这就导致在政策与策略上片面强调房地产业快速、高效益发展而忽视社会和谐和各产业平衡发展问题,在管理体制与制度设计上只注重局部利益、短期效益和近期速度而忽略公众民生、社会和谐和长久发展,因而,对房地产行业的性质、职能、功用和管理、运营体制与机制重新认知,非常必要。

用经济体制改革的理论来描述,经济管理体制与制度设计,不论是何种主义的市场经济,都须有一个共同点,即关系民生基本需求与经济长久发展的产品、行业,都应置于行之有效的国家干预和宏观调控之中。房地产业的产品——具有商品属性或可用于交易的房子,据其基本经济社会功能与性质可包括或划分为四类:第一,广大普通民众的基本生活品——首套或唯一的普通生活住房;第二,富人阶层的奢侈享受品——第二套或以上高档住宅、别墅;第三,市场经济价值体系中经济运行的物质基础——工商业用房;第四,团体和个人作为财产储备和增值的不动产——投资性房产。

房屋产品的经济社会属性不同,其开发管理运营目标及其相应的管理体制、运作规则和相关政策也应该明显有所不同。而现行房地产管理体制与制度则从根本上忽略了基本保障住房的公共产品性质和民生需求,房价失控、房价畸高就势所难免。

关于房地产价格的高低及评价标准,虽然不能找到一个绝对的评价指数,但依然存在一系列的基本参照系数,例如房地产价格与人均GDP、城市居民人均可支配收入、国民经济年度与计划期总量增长速度、与房地产相关的产业发展需求增长速度与效率等等。尽管各国、各地与各个时期的评价标准不尽相同,但从参照系数和比较指数来平衡,房价高与低则一目了然。从产业发展基础、市场供求关系和行业发展历程来看,房地产价格受经济高涨和经济萧条周期性、关联性影响最大,随市场行情呈螺旋式上升。

当今房价高,高到什么程度,仅举三例即可窥豹一斑:①人均收入大幅度低于香港的深圳,一时间其房子价格却高于寸土寸金的香港;②近年来,在人均工资上涨不到一倍的情况下,房子价格却成倍增长;③近几年房子价格的上涨幅度大大快于其他商品和CPI的增长速度。

造成房价上涨有供求关系、相关物价上涨、投资需求等因素,但这都不是最主要的;造成房价畸高,过快上涨的主导原因或关键症结,在于我们采取的不适宜于国情、不符合市场经济体制总体运行规律的房地产管理体制。

现行房地产管理体制推动了房地产价格畸高和过快上涨

首先,放任企业完全自由经营,是房价失控、房价畸高在管理体制上的严重弊端和房价压而不降的主导原因。尤其是作为房地产业关联人数最大的最重要板块——广大普通民众的基本生活住房开发,完全让市场自发主导、开发商独自定价、政府放弃有效干预的完全市场主导型体制,必然导致房价快速上涨。在衣、食、住、行等民生行业,衣、食、行三类产品均有替代品和买卖双方选择权,具有一定的市场自发调节作用,价格升降有自然法则作用。而住房则不然,土地、地段、开发权都具有垄断性,民众作为消费者买卖时难有替代品,市场自发调节的法则在此失灵,价格的主宰者就唯有垄断者,房价人为升高和上涨就成必然。老百姓不得不住房,买卖中又没有可替代产品,房屋供给方具有绝对垄断的情势下,供给方一系列利益集团人为抬高房价而使房价快速上涨则具有"得天独厚"的先决条件。独占房地产开发资源的某些开发商公然声称"不为普通老百姓修房子",一些地方的开发商为了保持高房价而订立不降价联盟,咄咄怪事层出不穷。

许多城市写字楼价格低于住房价格就是侧面最好说明,由于占房子最大比重的基本生活住房市场处于阶段性需求过旺、信息不对等、产品无替代性竞争、利益集团操纵、国家调控失灵、宣传引导明显不力的状况,就必然会造成基本生活住房产品价格大幅度上涨,并带动整个房地产价格乃至于全社会物价全面上涨。

诚然,国家缺乏有效调控,是房价过快上涨在管理上的重要原因。代表国家管理房地产的部门、机构、政策制定者,是房价上涨受益的利益关联方,他们有促使房价上涨的需求;当中央政府和全国公众强烈要求遏制房价,一系列治理措施只从价格产生的外部表面寻求方式方法,而未能从定价主体即从房地产开发行为决策根本上解决问题,所以,政策还没有正式出台,房地产商已有"变通对策";舆论误导——媒体是房地产广告的最大受益者,政策措施如税收法规、房贷政策不配套,监管措施不严不力等等,也都不利于平抑房价。譬如,国家既然对建筑行业有利润法定定额,为何不对房地产企业不同类型的商住房地产品核定利润定额比率上下限,并规定其公开开发成本?

衣食住行这些关乎民众基本生活的产品,国家必须进行宏观调控和有效价格干预。国家对"菜篮子"、"米袋子"尚有直接间接调控措施,而对老百姓基本生活品的住房,却放任不管或者管不了,任由地方政府炒作地价、开发商完全自主定价从而抬高房价,显然是民生立法缺位,国土和建设法规不够健全,体制与机制积弊不轻。这种现象岂可长此以往?

改革现行房地产的管理体制,应根据房地产产品的不同社会功能属性和宏观经济运行目标来进行设计,对不同产品采用不同所有制具体形式。

如果在房价高涨得很夸张时才来强制下调房价,那无异于与虎谋皮;而在房地产业陡然下滑濒临崩溃时才去调整房地产体制机制,则亡羊已晚。

土地资源既然为国家所有,就应为全社会大多数人谋取共同利益,而绝不能为少数人牟暴利而损害公众利益。房地产开发管理体制的建立与再改革,必须在各阶层各方面利益博弈中,从行业发展规律、公平正义原则、公共产品理念和民生利益导向中寻找结合点,以减少矛盾的冲突性。

房地产市场标本兼治的良方

目前提高房税、限制按揭等等房地产调控政策,"头痛医头,脚痛医脚",只有短期收效,不能长治久安,治标不治本。2010 年国家对房地产实行"堵而不导"的打压政策,结果房地产市场价格很快反弹。7 月份全国大中城市房价(在 2009 年猛涨基础上)同比增长 10.3%。

只有从源头上和根本上对房地产开发乱象进行彻底治理,才能确保房地产业正常发展。以下是对房地产业开发管理体制、机制进行深化改革与调整的几点行之有效的措施建议:

1. 廉租住房建设　采取纯粹国家所有制形式的"非市场化"建设。此类房屋开发用地采取"零地价"划拨,须指定当地政府建设部门直属国有"中房"企业"零利润"完成建造。对城市(和农村)的低保户、困难户、无工资收入者、极低收入者和残疾人等弱势群体,全面实施廉租房政策。这就要求大幅度增加廉租房的比重,理论上应该将覆盖面提高到适用政策家庭的95%以上。至少有四种益处:①关注民生;②扩大内需,拉动经济发展;③国家可获得房产升值的未来利益;④可平抑而今非正常暴涨的商品房价格。这种房子规划、建造由国家操盘,产权属国家所有,居住者不能继承、不能转让和转租,住户脱离适用政策范围时,政府当即收回。廉租住房国家所有制,既是民众最基本社会保障的需要,也是一部分房地产财富增长可为国家所有的有效途径。这也是发达国家、福利国家惯常做法。法国的廉租房建设,要求室内装修水平与一般商品房同等,且选址在市中心区域,因为穷人无车代步。中国的廉租住房不仅应该建在市中心,而且应是高层或小高层电梯公寓,还因为地源比别国紧缺。

2. 成本定价房——居民第一套基本生活保障住房开发　作为必须消费品的居民基本生活保障住房"半市场化"开发,采取国家调控、企业经营的方式。此类房产具有一定范围内的"准商品"属性,只能购买,拥有产权,可以继承、赠与,不能转卖;其土地取得不采取"招、拍、挂"形式,而由省一级政府及国土部门根据本地实际情况、所处时段和所在区域、地段,制定、发布相对统一的较低廉划拨地价,上报中央政府及国土部门核审或备案。凡对工薪阶层、低收入阶层、中产阶层,国家确定一定人均标准的第一套房住房面积。这类住房的开发权应多由国有企业(或居民临时组成合资建房机构)独立经营,在税收、土地供应、配套方面均享受优惠,房价以"成本价+合理利润"(譬如净利润不得超过10%)定价。这类用于业主自住的成本定价房,亦宜建在市中心区域,以小高层、高层为主,多层为辅。成本定价房购买者大部分属于中产阶层。开发经营成本定价房,是增加公民财产性收入的有效途径。以成本顺推的方式定价,合乎市场经济规律,易于管理,明显优于现在所谓的"限价房"、"经济适用房"形式。国有开发企业或居民户主自然人联合自建住房临时机构在国家宏观指导、严格审计下运作,不准任何私有民营企业有营利性的入股参股。这类房屋应满足绝大多数适宜人群的需求。凡没有享受福利分房、经济适用房、集资建房和年收入在一定水平之下的居民家庭均可购买,而逐步实现每一个适宜家庭都有一套基本保障住房。关乎成本定价房的受益人群、开发与监管体制、市场供求平衡、计划指导与市场衔接等等方面,尚需在充分调研基础上完善法规、制定规则。

以上"廉租住房"、"成本定价房"两类房屋,均为广大普通民众的基本生活保障住房。对此,国家不仅要大幅度增加投入,而且应该从根本上解决开发建设管理运营体制与机制问题,还应该在方针政策上进行配套改革,对地方政府廉租住房、成本定价房开发建设,确定严格的进程时间表和量化指标,并作为考量政绩的重要依据。

3. 居民第二套住房、高档住房、别墅、旅游房地产资本品开发任由民营、国有甚至外资企业参与市场竞争、合理开发、自主定价,对项目选址、土地利用指标、开发标准等可作相应约制和规范。此类投资性房产,规划选址应在城郊结合部或近郊,既可提高郊区土地价值收益,又因为居住者多为追求现代山地田园人居高档生活方式的有车族。其用地须以"招、拍、挂"自由竞拍方式溢价取得,适当放开地价,并允许投资者买卖此类房地产。旅游房地产、酒店式公寓和旅游商业经营性房地产用地可由一级开发商以 BT 模式代政府进行先期整理,再由政府拍卖分成或政府对土地整理投资者买单。

如果过于限制别墅、高档住房开发,将使富人资金外流购置境外房产。若在解决普通百姓的基本生活保障住房的同时,有条件地适当放开别墅用地供应,同时为度假旅游产业发展而努力推进旅游房地产开发,既满足先富阶层及广大旅游者的奢侈需求,又有力拉动了内需。

4. 商业经营性房产开发　采用宏观规划指导下的自由竞争机制,民营、国有甚至外资企业参与竞争开发。对房产投资者,只要不违背第一二类住房的国家规定,管理上可以完全由市场主导。

5. 工业房产开发建设　此类房产有政府统规统建标准厂房或政府统规、企业自建,亦可由政府委托一级开发企业以 BT 模式代为开发、建设、招商或整体移交与政府分成或由政府买单;工业用地可由地方政府有偿划拨,统一定价,不用招拍挂。工业房产应属企业资产,均可抵押、转让、合资、合作。

如果对以上房地产开发建设管理运营新体制作整体概括,其实质就是"多元化管理体制"。

采用以不同管理形式为基础的房地产开发建设多元管理体制(与改革开放之初曾经尝试的旧"双轨制"有所不同),不仅能在中国大陆消除目前困惑,就连西方发达国家也足以借鉴。

关于房地产业宏观管理的建言

深化房地产行业体制改革,终究是房地产业的唯一出路。房地产新体制尽可能消弭行业恶性竞争,更合理规划、有序、高效利用土地,大幅度提高土地使用效率,节约自然资源,解决房地产管理体制失误及由此带来的一系列经济社会问题。

房地产业管理新体制的首要基本点和关键之一,在于对广大民众基本生活住房的开发管理,采取国家所有制非市场化形式,或国家高度有效实施价格有机调控的准市场化形式,以确保民生基本需求和社会公平、公正、和谐、稳定。

按照房地产新体制框架设计,困扰中国房地产业发展及由此带来的诸多经济社会问题即可迎刃而解:

大量、有序、逐步建设基本保障住房,可以从现阶段起至相当一个时期内,推动房地产行业健康运行,促进整个国民经济平稳而高速发展。大量修建廉租房和大举开发成本定价房两种新政策的出台,将大幅度增加公众的房屋购买力,可以大量、有序、逐步释放住房消费能力,长期拉动内需。同时,这种体制可以充分保障每个公民能够获得基本的保障性住房,有效遏止住房涨价预期所引发的恐慌性抢购动机,而真正平抑房价。每个低收入家庭均可以获得廉租房或成本定价房,让亿万普通老百姓不再担心和负担高房价而沦为"房奴",家家能够买得起、住得起房,实现全社会"居者有其屋"的小康目标。

只有经过彻底改革的新体制前提下的房地产业,才能成为地方经济发展的阶段性支柱产业之一。因在基本保障住房之外,保留了商业房地产、旅游房地产和高档住房开发随着经济发展需要愈加增大的市场竞争空间,可以满足房地产行业的营利性和投资性开发需求,进一步激发房地产企业的经营活力和长期延续房地产行业的生命周期,稳步推进旧城改造和城市现代化,提升城市化水平和区域综合竞争力。

为遏止地方政府对"炒地财政"过激势头与过度追求,促使房地产业步入健康有序发展轨道,特此建议:

1. 中央政府可将国税收益转移支付一小部分给每一个地方量化到省、市、县三级政府,作为地方发展补贴,以促使地方政府放弃以土地利益追逐为主要目标的急功近利做法,努力推进多元产业集群发展;

2. 中央收回一部分土地管理与受益权限,与地方政府按比例分成土地收益,大宗商住用地拍卖权由中央政府直接介入监管;

3. 尽快出台《住房保障法》和房地产行业新体制的相关法规与配套政策、措施;

4. 将廉租房建设和成本定价居民基本生活保障住房开发,列为各级政府政绩考核硬性指标;

5. 推进政府管理机构改革,将国家住房和建设部改设为"城乡规划建设和住房保障部",首先抓好规划,重点抓好建设,同时抓好住房保障,充分体现中央和地方各级政府职能部门对城乡规划建设和全国住房保障的调控职能。

开发园区城市新区土地整理和
基础建设的 BT 模式

包括工业园区、城市新区及综合开发园区，城市政府对外招商前需要对土地进行整治、拆迁安置和公共基础设施建设及环境绿化打造，现今多采取由开发商进入代行政府这一系列市场化职能，设计+整理建设+移交的 BT 模式，基础工作完成时由政府以土地拍卖所得而为垫资整理商买单。

房地产之延伸产业——物业管理

物业管理引入中国，是一个非常棘手的新课题。目前国内物业管理问题不可谓不严重。一是主仆颠倒，物业管理本是为业主所聘用，为业主服务，物业管理顾名思义是管理物业，受业主委托管理业主的物业，为物业维护、物业安全、小区环境质量和业主权益负责，但现实往往恰恰相反，物管并非业主所聘请，而是业主陆续购房进驻时，物管早已由房地产开发商所安排和遗留，物管自行定价强制收费，物管往往不管"物"——业主的物产，而管人——业主即物产的主人。二是服务不配套，物管公司不具备现代人居生活所必需的服务水平、服务能力。三是对物管的监管主体不明确，物管和业主权益常常发生冲突，不由业主委员会说了算，而由公安派出所巡警随意断理，或由城市地方房地产管理局房产科随意裁决，时常违背业主意志和侵害业主权益。四是无法可依，现行法规没有真正明确业主与物管的责权利。五是物管素质偏低，大部分物业管理人员都是物管公司临时聘用的未经任何培训、无物管常识与服务技能的廉价劳动力，且人员很不稳定，监守自盗也时有发生,物管公司只收钱不负责任的现象十分普遍。甚至有些住宅小区物管一旦因业主对其服务不认同而推迟或拒绝交纳物管费用时,物管公司作为仆人竟可随便以关停业主水、电等相威胁,直接间接侵害业主及租住者的基本权益。混乱的物管现状,正是混乱的房地产市场的延伸效应。

要改善物管现状,必须建立健全物管法规,明确业主及物管的责任、权利和义务及物业管理的主体关系。在新开发小区业主入驻一半以上后,产生业主委员会时,对先期进入或开发商遗留的临时物管公司进行考核和重新选聘。物管公司除了向业主收取物业管理服务费外,其他诸如水、电、气等费用一律由银行代收或水、电、气公司及其代理商收取,不能由物管公司代收。住宅小区一切公共用地、公共房地服务设施的处置权在于业主大会,物管只可执行而不可越权处置,获利为业主所有而非物管所有。谁投资,谁受益。物管不是投资者而只是服务者。业主才是小区的共同投资者,是小区的共同权益主体。

作为房地产的延伸行业,物管是久盛不衰的朝阳产业。物业管理的规范化与法制化迫在眉睫。

大明王朝因房地产而灭国的警示

16世纪,西班牙的海盗们驾驶百余艘无敌舰队纵横大西洋、印度洋,到处占领殖民地、绑架奴隶、掠夺资源,所向披靡。欧洲的博物馆里至今还保留着海盗麦哲伦的战船模型——长度20余米、排水量达到1000多吨的巨舰。而比他们还早60年,中国明朝郑和的两三百艘巨型船只组成的远洋船队,其中最大的宝船长度超过176米,宽度也达到了50多米,最大排水量达到23000吨,是麦哲伦大船的23倍,即便至今也属超级巨舰。然而,就是这个GDP占全世界1/2、拥有当时世界上最强大火器部队、幅员面积最为辽阔的强大的帝国——大明王朝,在 1644 年却突然灭亡了。灭亡的原因,居然只是因为土地兼并的失控,亦即"炒房炒地"。轰轰烈烈的房地产业曾经灭亡了大明王朝,真是匪夷所思。

明朝后期,土地兼并越来越激烈,究其原因:一因产业严重失衡,人们有了钱,首先不是投入生产,而是大量购买房产和囤积土地,就像现在有钱就买房买商铺,认为这样最保险,更以为土地是永远升值的;二因土地泡沫严重,买土地的人多了,地价不断升值,就促使买地的所谓"刚性需求"越来越大,土地价格也就越来越高;三因土地拥有者不断购买土地,但是不从事生产,因为土地倒卖和出租远大于从事耕作生产的收益,故而越是拥有土地的人,越脱离生产,从事生产的人越来越穷,拥有土地的人越来越富;四因财富高度集中,拥有土地的人越来越少数化,失去土地的破产自耕农越来越多,到万历后期,全国 90% 的土地被不到 10% 的人占有,土地价格(包括租金)泡沫越来越严重。

这些拥有土地人不承担国家赋税,就如现在商铺业主只收取店租,而承租商户要上缴营业税。于是,租种土地的农民不仅要把种地收益的 70% 以上向地主交租,而且剩下的 30%,不仅要养活全家,还要承担越来越多的赋税。后来土地越来越贵,天启年间土地的租金已经达到土地附着物收益的 80%—90%。到崇祯年间,国家除了征收正常赋税之外,还要额外征收"三饷"。拥有全国财富 90% 的那 10% 的人不承担赋税,而没有财产的 90% 的人却要承担这个国家全部的赋税杂捐。如果每年都风调雨顺,五谷丰登,这 90% 的人还勉强可以生活下去,但已经不起任何天灾。崇祯元年至崇祯三年,大西北连续三年大旱,颗粒无收,民不聊生,社会矛盾日益激化。就因为大肆炒作房地产,使明朝国民经济濒临崩溃的边缘。农民起义此起彼伏,外族骑兵劲旅乘机大举入侵,曾经强大的明王朝很快灭亡。历史的经验与教训,时刻在警示着我们。

第十三章

新政治经济学和谐论

——体制、制度与人本、民生

经济学与经济学史

经济学作为现代独立学科,介于社会人文科学和数理科学之间,既有理论推演又有应用实践,进行跨领域跨学科研究,重点研究人类个体及其社会在自身发展的各个阶段的各种需求和满足需求的活动及其规律,揭示劳动本质与价值特性和资本生产、流通的运行原理,探求国民财富的性质与成因,并侧重研究社会如何利用稀缺资源生产有价值的产品和服务,并将其在不同的人中间进行分配,有机处理生产力和生产关系。一言以蔽之,经济学是研究稀缺资源有效与优化配置和对有价值的产品与服务进行合理与公平分配的经世济民之科学。

经济学之经世与济民,"世"即世界,自然界与人类社会的总称;"民"即臣民、人民或公民,社会之主体。商品供求关系为"经",需求、满足需求的配置或分配关系为"济"。故而经济学是商品学、行为学、发展学等的集合。现代经济学主要基于三点考虑:资源稀缺是经济学分析的前提;选择行为是经济学分析的对象;资源有效配置是经济学分析的中心目标。经济学的首要任务即是利用有限的地球资源尽可能持续地开发成人类所需求的具有价值含量的商品,并予以合理分配。

商品学是经济学的起点。财务、会计和统计、计量学是经济学的桥梁。微观经济与宏观经济学是经济学的基础。微观经济学是研究社会中单个经济单位的经济行为,以及相应的经济变量的单项数值如何决定,亦可称为市场学、管理经济学的集合,中心理论或特指价格理论;宏观经济学是以国民经济总过程的活动为研究对象,主要研究就业总水平、国民总收入等经济总量和经济社会发展的国家宏观战略及规划,因而其中心理论或特指就业理论与收入理论之集合。

对经济学思想研究作了最原初贡献的是古希腊学者色诺芬的《经济论》、柏拉图的《理想国》和亚里士多德的《政治学》与《伦理学》。色诺芬作为"重农主义"思想的开山鼻祖,十分重视农业的作用,表达对农耕文明的渴求,强调农民是古希腊自由民最好的职业,论说如何管理农庄而使具有使用价值的财富得以增加。色诺芬"重农"经济思想对古罗马自然经济学派和法国重农学派影响很大。柏拉图的"社会分工论",以人性论、国家组织原理和使用价值的生产三个方面考辨社会分工的必要性,认为分工是出于人性和作为经济生活所必需的一种自然而然的社会经济现象。柏拉图理论同中国先秦时期管仲的"四民分业"论和孟轲的农耕与百业、劳心与劳力的"通功易事,以羡补不足"的论述,大有异曲同工之妙。亚里士多德以关于商品价值、使用与交换及货币媒介等学说,成为世界上最早分析商品价值形态与货币性质的学者,虽然,亚氏在当时重农抑商的社会经济环境里对追求货币财富的商业资本尤其高利贷资本持否定态度。

古罗马时期的自然经济学派如大加图、瓦罗等人,论述农庄管理、农作物种植技术和农业社会经济,最重要的是关于财产、契约和自然法则的可贵研究,奠定了罗马法典中《十二铜表法》、《市民法》和《万民法》的基础,也是西方近代资本主义初期自然法及自然法则思想的根源。

欧洲中世纪在教会神学统治下的夹缝中,经院学派研究了贷款利息的正当性和交换价格的公正性问题。

19世纪末期,资产阶级经济学研究的分工越来越精细化,研究对象也发生着演变,更倾向于对经济现象本身的直接研究,而不太注重国家政策分析。英国经济学家 W. S. 杰文斯在其《政治经济学理论》一书1879年第二版序言中明确声称用"经济学"代替"政治经济学"概念。1890年,A. 马歇尔出版《经济学原理》,书名取消"政治"二字,表示从此专注于具体的理论经济学和应用经济学研究。

中国历史上除了少数地区有过延续很久的农奴制以外,其实大部分地区根本就没有出现或经历过严格意义的奴隶制社会,而开创了世界上最早而且最发达的农耕文明,早在先秦的春秋战国时期就已进入了具有经典意义的封建社会。春秋战国时期百家争鸣,诸子百家纷纷提出了准封建的农耕文明时代特征的封建经济思想。道法自然与义利并重,富国重本与赋税公平,平价义仓与黜奢崇俭,功利与欲求,理财与田制,富民与人口,以及地尽其利、民尽其力等淳朴的经济学说,有着重要的价值意义。

西汉大文豪司马相如堪称中国古代第一位区域经济专家,开发西南夷,提倡跨境自由贸易和反对国家垄断、保护民营经济的一系列先进主张,与司马迁反对桑弘羊的官商垄断不谋而合。司马相如身体力行,为开发大西南和疏通南方丝绸之路茶马古道国际贸易交通线,促进古代国际自由贸易和区域经济繁荣,作出了卓越贡献。北宋大文豪苏东坡的休闲经济、生态经济和旅游经济思想,南宋诗人陆游在蜀州任职而产生的"农家乐"经济思想,都对封建农耕文明鼎盛时期的经济繁荣起到重要的积极推进作用。

西方资产阶级经济学的重商主义取代了封建传统经济学的旧重农主义。16 世纪末,重商主义伴随着资本主义生产方式的兴起而勃兴,把金银货币积累看做是财富聚集的唯一形式,认为对外贸易是财富的真正源泉,只有通过"出超"(即顺差)才能获得更多的金银财富。重商主义只限于流通领域的研究,而尚未形成完整的经济学体系。

17 世纪中叶以后,工场手工业逐渐发展成为工业生产的主要形式,从流动领域进入生产过程研究的古典主义经济学崛起。其理论先驱是英国的配第的"劳动价值论"和法国的布阿吉尔贝尔的"生产是创造财富源泉论"。18 世纪中叶后以魁奈和杜尔哥为代表的法国"新重农学派",提出"自然秩序"概念,用按资本主义生产方式经营的农业来概括资本主义,用租地农场主的生产经营活动来分析资本的流通和再生产,被马克思称为"现代政治经济学的真正鼻祖"。

亚当·斯密是英国古典经济学的杰出代表和理论体系的创立者。亚当·斯密在格斯哥大学担任哲学教授期间,出版了第一部著作《道德情操论》,确立了他在知识界的威望。1776 年,他出版的伟大著作《国民财富的性质和原因的研究》,批判地吸收了当时各种重要经济理论,总结了各国资本主义初期发展的经验,对整个国民经济的运行过程作了系统描述,集古典经济学思想之大成,是近现代政治经济学的起点和发先声、开先河之作。这部代表亚当·斯密哲学和经济学理论高度的"第一部全面系统的伟大的经济学著作",被誉为"西方经济学的'圣经'"。

大卫·李嘉图是英国古典经济学的完成者。李嘉图批判地继承和发展了亚当·斯密经济学理论精华,将古典政治经济学推向了极致。他在《政治经济学及税赋原理》中,强调政治经济学的任务是阐明和研究财富在社会各阶级阶层间分配的规律,对劳动价值进行了重新界定。李嘉图认为全部价值都是劳动生产的,在劳动者、资本所有者、土地所有者三段之间进行分配。工资由工人必要生活资料的价值决定,利润是工资以上的余额,地租是工资和利润以上的余额,所以工资和利润对立,工资、利润和地租对立,由此触及了资本主义社会阶级对立的经济基础。此外,还论及货币流通量的规律,对外贸易中的比较成本学等。

古典经济学产生于西欧资本主义生产方式上升发展时期,为扫除封建制度及残余势力,为发展资本主义开辟道路,最主要的贡献是真正奠定了"劳动价值论"的基础,也因之成为马克思经济学说的重要来源之一。

19 世纪,出现以国家主义者李斯特为先驱的德国历史学派。40 年代后,以罗雪尔为代表的旧历史学派,反对 19 世纪以前英法传统经济学和古典主义经济学,以历史归纳法反对抽象演绎法,以历史反对理论,以国家主义反对世界主义,以生产力培植反对交换价值追求,以国家干预反对自由放任;70 年代后,出现施穆勒·瓦格纳、布伦塔诺等为代表的新历史学派,提出改良主义社会经济政策,被称为"讲坛社会主义者"。

边际效用学派,即新制度经济学派,以倡导边际效用价值论和边际分析方法,否定劳动价值论和剩余价值论,也出现于 19 世纪中后期,形成两大学派。一是以门格尔、维塞尔和柏姆-巴维克为代表的心理学派或称奥地利学派;另一是以英国杰文斯、法国瓦尔拉斯和意大利帕累托为代表的以数学为分析工具的数理学派或称洛桑学派。其在美国的主要代表克拉克提出边际生产力分配论。当代资产阶级经济学家称赞边际效用价值论的出现是对古典经济学的"边际主义革命"。

英国剑桥大学的马歇尔作为新古典主义的代表人物,1890 年出版《经济学原理》一书,以折中主义手法把供求关系论、生产费用论、边际效用论、边际生产力论等各种理论兼收并蓄,建立一个以完全竞争力为前提,以均衡价格论为核心的相当完整的经济学体系。用渐进的观点分析经济现象,用力学的均衡概念和数学的增量概念分析商品和生产要素的供求均衡及其价格决定,用主观心理动机解释人的经济行为,在静态、局部均衡分析的框架内引进时间因素等。以均衡价格为核心基础建立各生产要素均衡价格决定其在国民收入中所占份额的分配论。颂扬自由竞争,主张自由放任,认为资本主义制度可以通过市场机制的自动调节达到充分就业的均衡。新古典经济学一直被奉为西方经济学的典范。

制度学派起源于19世纪末,为美国历史学派变种,主要代表人物有凡勃伦·康蒙斯和米切尔。把历史学派的方法具体化为制度研究。

19世纪中叶在北欧还出现了以维克塞尔为代表的瑞典学派,提出与马歇尔不同的理论体系,强调投资与储蓄的均衡,在这一时期占有特殊地位。

第二次世界大战时期,英国出现了最伟大的空前的现代经济学家,那就是凯恩斯。凯恩斯经济学思想首先摒弃了"看不见的手"的市场自发调节教条,批判吸收亚当·斯密、大卫·李嘉图、卡尔·马克思等大师的经济学理论精华,卓越独创了具有划时代意义的市场经济政府宏观调控新学说,并开创货币经济学、金融经济学等实用经济学前沿研究,创造性地发现现实生活中存在着的边际消费倾向递减、资本边际效率递减和流动偏好三大心理经济学规律,创立了有效需求理论,并推动国家福利经济发展。凯恩斯主义为第二次世界大战后的西方经济走出迷谷展翼腾飞和促进资本主义繁荣富强作出了巨大贡献,其卓具深刻理性思辨、非凡理论高度和实践可操作性的经济学思想体系,对于今天的东西方各国,无论资本主义还是社会主义市场经济发展和全球一体化,都依然具有非常重要的指导意义和卓越的现实价值。这个具有划时代意义的理论高度,不仅至今无人超越,其理论的核心价值还有待不断深入认识、感悟和反刍。

　　经济史研究人类社会各个历史时期不同国家或地区的经济活动和经济关系演变的具体过程及特殊规律,为总结历史经验和预见未来社会经济发展趋势提供依据,也为研究各个历史时期形成的经济史提供了背景。经济学史又称经济思想史,研究各个历史时期出现的经济观点、经济思想、经济学说及其产生的政治背景、所起的影响、所占的历史地位,以及各个人物、各个学派之间的承袭、更替、对立关系等。

　　经济学研究的方法论,一是指哲学基础,二是指研究各种经济活动和各种经济关系及其规律性的具体方法,如抽象的方法,分析与综合的方法,归纳与演绎的方法,质的分析和量的测度等等。研究方法的新趋势是大量运用现代数学方法和现代计算机技术进行数量经济关系分析,或建立用于解释和预测的理论或模型,如用市场供求关系模型表明需求、供给与价格的关系等。

　　万变不离其宗,经济学总体划归为社会科学范畴。

政治经济学的古今变迁

　　政治经济学是以人类社会生产关系即经济关系为主要研究对象的系统科学,是经济学发展的最高形式,重在阐明人类社会各阶段支配物质资料的生产与分配的规律,政治与经济的内在联系、相互作用及运动、变化与发展规律,是关乎社会政治、经济发展规律的学说。

　　源于希腊文的政治经济学短语中的"政治"一词,有"社会的""国家的"、"城市的"多种含义;"经济"一词原意是"家庭(私有)经济管理"。政治经济学名词由法国重商主义者蒙克莱田在1615年出版的《献给国王和王后的政治经济学概论》一书中最先使用。1775年,法国大思想家卢梭在《百科全书》撰写"政治经济学"词条时,将其同家庭经济区分开来。当时还只限于研究流通领域的个别经济现象,尚未正式成为独立学科。是 18—19 世纪古典主义学派亚当·斯密和李嘉图才将政治经济学作为一门独立完整的学科正式树立起来。正如马克思所言"政治经济学作为一门独立科学,是在工场手工业时期产生的"。

马克思和恩格斯从 19 世纪 40 年代开始创立在批判继承古典经济学基础上的马克思主义政治经济学,确立了物质资料生产是政治经济学研究的出发点,是人类社会赖以存在和发展的基础,生产过程以人的劳动、劳动对象和劳动资料为三个必要条件;政治经济学的研究对象是社会生产关系,即人们在物质资料生产过程中结成的相互关系实则是经济关系,它是一切社会关系中最基本的关系;政治经济学必须结合生产力研究生产关系;生产力是决定因素,生产关系对生产力具有反作用,政治经济学以揭示经济规律为主要任务,经济规律带有客观性、强制性和普遍性;经济规律有共有规律、部分共有规律和特有规律三种类型;经济规律能够被人们所认识和利用。政治经济学的研究方法有历史唯物主义和唯物辩证法,后来包括矛盾分析法、科学抽象法、历史与逻辑一致的分析法、定性与定量相结合的方法等等。政治经济学具有实践性、阶级性、国度性和人文性。

对政治经济学的研究,不同的时代、不同的研究对象、不同的实践经历、不同的视角和不同的研究方法,会得出不同的历史结论。迄今为止,还没有足以全然解释经济现象和经济关系的放之四海而皆准的政治经济学理论。任何理论都不应是僵死的教条,任何科学都建立在特定时代特定假设条件的基础上和前提下,外部条件一旦发生变化,科学结论就要重新下定。

现当代社会政治与经济的联系日益紧密,曾一度"远离"政治的经济学又重拾政治,产生了"新政治经济学"。20 世纪 40 年代凯恩斯主义成为西方经济学的主流,国家再度进入经济学视野,政治学与经济学再度融合,经济学界关注社会和国家政治问题,提出各种不同的政治经济学主张。

政治经济学从另一角度切入政治领域的是"福利经济学"的出现,成为新政治经济学的最重要的边缘分支。福利经济学探讨如何从均衡条件下实现资源最优分配,从整体角度评价经济,成为经济学向政治经济学发展或回流的一种趋向与动力。美国经济学家萨缪尔森综合了凯恩斯和希克斯的观点和福利经济学思想,建立起一个以现代西方国家"混合经济"为蓝本的新经济学体系。萨缪尔森编写的教科书《经济学——初步分析》1948 年问世以来广为流传,至近年已重印 15 版。萨缪尔森理论被称为"新古典综合派"的"新政治经济学",把经济学分成微观与宏观两大部分,分别论述个别经济行为和总体运行,认为:对个体经济应当自由放任,总量平衡则需国家干预。

另外,新制度主义、公共选择学派等可归为新政治经济学的旁系。

中国的体制经济学、新体制经济学,都应属新政治经济学的主流。中国的公、私有制混合经济和社会主义市场经济,最需要凯恩斯主义和萨缪尔森新政治经济学的中国化。改革开放三十多年来,不合理的经济结构、不公平的竞争和不公正的分配的经济乱象背后,是重商主义、自由主义和新自由主义经济思想不合国情的误导;而所赢得的高速增长,又得益于慷慨改革,"杀出一条血路"的体制经济学之卓越贡献。中国亟须汲取西方先进的经济学理论精华以与国情现实和改革开放实践相结合的新政治经济学。

生产力与生产关系

按最初的定义,生产力就是以生产工具为主的生产资料和劳动力。是人们征服自然、改造自然和顺应自然而获得物质生活资料的能力。当时定义的劳动力也只指劳动者（产业工人）的简单劳动即一般体力劳动。从事简单劳动的劳动力作为个体，是能量低下的生产力。只有社会化大生产，才把能量单薄的简单劳动生产力联结和汇聚起来而成为强大的生产力。

当科技进步到现代化高度，智力劳动即复杂劳动的效率极高，使用简单劳动力极少，此刻，除了智力劳动与体力劳动即复杂劳动力与简单劳动力组合而成的基本的生产力外，科学技术当仁不让地成为第一生产力。体制经济学——中国新政治经济学先期代表，首度推出科学技术是第一生产力的著名论断。当市场放开、搞活经济之举甫出，最初始的转型期的权力寻租，使社会关系成为生产力的重要组成部分。当经济二度转型，规划、战略与决策成为最新生产力。也许发展规划与战略决策作为新生产力的伟大作用，在以私有制为基础的资本主义市场经济环境里体现得不够充分，一是其经济发达程度已经很高，生产潜力和经济增长幅度已不可能很大，加之数百年的自由市场经济选择已使经济运行机制得以不断调整和优化，法治社会环境下轮流坐庄的"小政府"的公权力得以限制，国家干预和政策策略难以发挥更大的效用；再则，资本主义市场经济国家的"小政府"，正如美国自我谐称为是一群天才早已设计好的制度下由一群蠢材就可以比较优秀地操作的政府，只有三流人才作为公众的雇员，进入政府序列，一、二流人才都在自由经济环境里如鱼得水而成为科学家、科技工作者和实业家、资本家；以私有制为基础的资本主义市场国家尤其联邦制政体的国家，民间经济自治和地方管理自治，国家规划与战略多被地方及民间的自主发挥所代替。所以现当代资本主义市场经济国家的生产力的主要力量来自高度发达的科学技术。

中国作为以公有制经济为基础与主导、私有制民营经济为重要补充的混合所有制经济的社会主义市场经济国家和发展中国家，国民经济发展还有巨大的增长空间，生产潜力巨大，现代科学技术总体不够发达,全民科技自主创新能力有待提高,科技生产力的发挥实际尚未上升到生产力的第一位。改革开放以来所取得的巨大成就,高速增长的经济质量较低,国民经济尽管粗放式发展,但已经解放而且正在释放巨大的生产力。现当代中国生产力结构组合是"三位一体"的,即:生产资料和劳动力,科学技术,战略规划和政策策略。

经济体制转型改革,首先是战略规划决策生产力的高度发挥,但因民间智库和国家智库尚在发育中,战略规划的主体还有诸多长官意志色彩,制约着战略规划生产力的发挥,即国家干预宏观调控水平的发挥正在考量全社会精英汇聚的政府智慧含金量。战略规划新生产力,是国家智慧和全民智慧的结合,应是以专家智慧为核心的。

生产资料生产力的发挥在改革开放三十多年来尚处于粗放式阶段,资源配置优化程度偏低,资源透支型输出是生产资料生产力的主要表现,诸如北方的煤炭和川南水电皆为此例,生产工具的变迁从作坊式迅捷上升到劳动密集型的社会化机器化大生产,资本密集型和技术密集型的电脑自动化生产线正在逐步引入。劳动力生产力在近三十年来发挥到最大限度,但主要表现为尽量延长有效劳动时间的廉价简单体力劳动,2.3亿人的农民工进入城市和沿海地区的工厂及工场作坊,对经济发展作出不可低估的巨大贡献,为国家和企业创造了最大的剩余价值。

目前科学技术生产力在国民经济领域尤其民间生产领域中作用的发挥,主要体现在有偿与无偿借用、非法盗用和合法购买等多种形式对科技成果的较广泛使用。

中国经济的生产力发挥,战略与规划的作用与潜力巨大。继续深化经济体制改革和适时启动政治体制改革,国家行为在经济发展中居于不可忽视的地位,统筹优化资源配置的战略与规划作为新的生产力还有着更广阔的发挥与推进空间。自主科技创新,也依靠体制创新,科学技术才能够真正成为第一生产力。只有科技创新,简单劳动力即体力劳动力才能向复杂劳动力即智力劳动力升位,劳动生产力的水平才能得以提高。生产关系是人们在物质资料生产过程中结成的社会关系,是生产力发展的社会条件,亦即社会生产关系或经济关系。经济体制改革和管理制度完善,正是生产关系适应生产力和反作用于生产力的最积极表现。

经济基础与上层建筑

经济基础,是与物质生产力在一定发展阶段相适应的占统治地位或主体地位的生产关系各方面的总和。生产关系的各个方面包括所有制形式、交换形式和分配形式。经济基础代表着一个时期全社会的经济总量规模、结构关系以及政府调度资源并投入经济建设的可行性。经济基础还是社会的基础和人的基本活动即人们的物质生活和生产的基本状态。经济体制属于生产关系,是经济基础的组成部分。

上层建筑是建立在经济基础之上的政治结构、思想结构、文化结构和法律结构以及社会制度和政治组织形式等。政治体制属于上层建筑。

经济基础与上层建筑是社会总体结构的两个基本层次和社会生活的两大领域。

上层建筑对经济基础的反作用有两种。一种是阻碍作用,一种是推进作用。如果这种反作用是阻碍性的,或其使经济体制改革成果得而复失,就必须实施政治体制改革;如果这种反作用是积极的、推进性的,也必须实施政治体制的改良与优化和社会制度的进一步完善。

宏观调控与市场调节

政府实施积极的政策措施以调节与把控市场经济的运行,称为宏观调控。

在市场经济运行中,商品和服务的供应及需求是受价格规律和自由市场竞争机制影响的。市场经济体制推进国民经济快速或稳定持续增长,但也会引起通货膨胀,增长高潮后可能跟随的衰退或滞凝将使经济停滞或负增长。市场经济的周期波动对社会资源和生产力都会造成严重影响。宏观调控正是从社会经济发展的整体着眼和大范围着手,通过人为调节供应与需求,来维系社会经济各领域各部门在自由竞争中需达至的总量平衡。划时代的现代政治经济学和货币经济学、社会经济学的真正开创者凯恩斯的政府干预市场经济宏观调控论,是对现代社会经济的卓越贡献。社会主义市场经济的所有制形式正由以公有制为基础,从公有制为主导、私有制民营经济为补充向公有制与私有制经济平分秋色"共同发展"的新境界迈进,在经济自由发展前提下,国家干预宏观调控尤为重要。即使纯粹的资本主义自由市场经济发展到中高级阶段,也需要适度的国家干预宏观调控。宏观调控得当,即是制度优越性的体现。

为什么改革开放以来,有一种势力或思潮一直本能地拒绝和坚持反对对市场经济的宏观调控,而竭力主张放任自由的市场经济,原因有三:一是过去经历过计划经济的严重束缚,因受近乎宗教式的计划经济管制太久而痛苦至深,不愿意接受调控而向往充分自由运行;二是一些利益集团尤其垄断集团为了牟取更大自身利益而惧怕宏观调控使资源配置公平化;三是一些靠背功考试获得文凭的新海归派们尚未弄懂西方自由经济的实质及优劣得失就回国摇身一变成为占据"体制内"重要位置的所谓"主流经济学家",不顾中国国情和改革开放实践而纸上谈兵盲目追捧放任自由的市场经济的所谓优越性,恰恰正中拜金主义、垄断主义和权贵主义下怀,而"自觉"成为利益集团的代言人。如果没有宏观调控,自由放任的市场经济发展到一定阶段,一定会累积成经济危机和社会危机,最终阻碍经济发展和导致社会矛盾激化。美国次贷危机就是"小政府"宏观调控缺位,虚拟经济恶性膨胀的后果。中国改革开放以来经济高速发展中带来的负面影响诸如经济结构失衡、增长方式错位和贫富两极分化等,也正是宏观调控不力的结果。

宏观调控考量着执政能力

宏观调控既是阶段性策略又是长期任务。国家对国民经济总量进行有机调节和适度把控,为确保社会再生产协调发展,运用计划、法规、政策和战略规划手段,对经济运行状态和经济关系进行干预和调整,把微观经济活动纳入宏观经济发展轨道,及时纠正经济运行中偏离宏观目标的倾向,体现出社会主义市场经济国家管理经济的重要职能。宏观调控所采取的法律手段、行政手段和经济手段(包括财政政策、货币政策,即如价格、税收、信贷、汇率等)分别具有权威性、强制性和引导性、能动性。调控的主要目标是促进经济良性增长,增加就业,提高全民收入,稳定物价,抑制通货膨胀,保持国际收支平衡。

市场调节是由价值规律自发地调节经济运行形态。即由市场供求变化引起价格涨落,自发调节社会劳动力和生产资料在各个部门的分配,调节生产和流通。市场调节在本质上符合商品经济的客观要求,能够比较合理地进行资源配置,使企业的生产经营与市场直接联系,促进竞争。这在微观经济活动层面和私有经济个体单位及其群落中,和理想化的完全公平竞争环境里,市场调节的优势无疑应当得以最大化发挥。但微观经济和私有民营经济不是孤立地运行,不是在真空里和理想化的公平竞争环境与宏观经济活动同时存在于国家经济体中,对资源的取得和占有存在许多非公平因素,即便在资本主义初级阶段即原始积累阶段的自由市场放任竞争时期,恰恰存在许多经济乱象和不合理性,让人质疑制度本身的缺陷。当资本主义发展至现当代的中高级阶段,资本经济高度发达,国家资本主义和垄断资本主义成分在国民经济中占据了较大的比重,竞争实力的差距悬殊仅靠供需与价格的自由市场调节必然难以达到预期效果。货币化经济更需宏观调控。但宏观调控在任何时候都应以市场调节为前提,两者是共生互动的。

许多自然生态资源和公共环境资源只具备共享性,不具有排他性,无法以市场调节来完成。

在市场调节语境里,当商品生产超过市场需求即供大于求,价格就下跌,利润减少,价格下跌至市场平均价格以下时,利润率低于平均水平,商品生产者就会缩减生产,使市场上供给减少,转变为求大于供,价格又会回升。但事实上经济千变万化,并非如传统经济时期那么简单,尤其经济货币化、经济被虚拟化、证券市场化和经济全球化的当今时代,一个国家和地区在生产过剩时,通过虚拟经济预期市场的反调节作用,也可能推动物价不降反升;还因利益集团暗箱操控而使供大于求的商品价格上涨;或则生产虽然过剩,但过度依赖外贸;外贸有余,内需不足,反而使国内价格上升。在资本主义经济初级阶段大显神通的"市场看不见的手",在现代经济中常常失灵或不确定。市场调节的功能是调整商品供求,调节经济资源在社会各方面之间的分配,调节物质利益在不同利益集体之间的分配。但正为市场调节所具有的微观性、自发性、事后性、盲目性、滞后性和不确定性特征及弊端,才有待和必须宏观调控具有全局性、整体性、主动性、预见性地介入。宏观调控尤须克服很可能存在的盲目性,克服头痛医头脚痛医脚的微观局限性,从而完成市场调节所不足以完成的使命。

地方自治、国家垄断与中央集权

这里只针对经济基础层面来讨论地方自治、国家垄断和中央集权，尽管其已关涉上层建筑的政体与国体。

地方自治与中央集权不是某一种社会制度或经济体制的专利，与社会制度的选择无关。从经济发展与国民经济管理角度看，地方自治似乎更适宜于自由市场经济形态和私有经济为主体的所有制形式。社会主义市场经济在中央集权国家，更能体现宏观调控的作用和战略规划新生产力的作为。资本主义社会也有中央集权制国家，如法国、新加坡等，其国家行为宏观调控与遏制危机的力度比地方自治的联邦制政府往往要更有力度和效率。所以地方自治和中央集权是历史的积淀和人民的自主选择，对经济发展之利弊各有千秋。中央集权国家形式和政府干预市场经济宏观调控之结合，可以使社会主义市场经济在数十年的时间走完资本主义自由市场经济数百年才能走完的资本原始积累过程，表现出超乎寻常的发展高效率；也可以使中央集权的资本主义市场经济比地方自治的联邦国家经济发展速度和效率要高，因了国家对资源调度用于经济建设的强势整合力度。

中央集权国家形式是崇尚大一统文化的中国最适宜的选择。遏制中央集权绝对化，适度限制中央集权过分膨胀，以更有效发挥地方积极性和彻底解放生产力，防止国家资本过度垄断，是中央集权国家应有的长期性战略。经济特区和民族区域自治，亦是中央集权国家增强民族凝聚力和地方经济开放度的重要举措。

普世价值与财富再分配

普世价值是人类普遍认同的必须接受并付诸实践的共同价值

观,是超越国界、地域和超越宗教、国家、民族而本于理性与良知的价值理念。对普世价值的拒斥或反对,则是愚昧、落后和不开化的表现。普世价值的核心价值是始终不变的,因人类的产生而存在。普世价值的衍生价值随时代的变迁而调整。普世价值有着相对性和多样化特征,承认不同的国家和民族对普世价值认知的微妙差异,本身也是普世价值观的体现。

　　成为现代福利国家制度的理论基础的现代新政治经济学首要的理论依据就是普世价值。普世价值其核心价值就是"天赋人权"、"以人为本"。民主、自由、法治、人权、人性、平等、博爱,是普世价值的核心内容,任何阶级、阶层,任何国度、区域,都应该也完全可以尊崇的价值观。在普世价值的核心理念中,人的位阶在国家之上,人是国家存在的目的,而并非人因国家而存在。保障和捍卫人与生俱来的基本权利,诸如生存权、居住权、工作权、自由迁徙权、生育权、求知权、表达权、选举与被选举权、知情权、免于匮乏和免于恐惧的权利,以及人身自由、思想自由、表达自由、集会游行结社自由等,是现代国家的基本义务。普世价值观就是人道主义、人本主义的公平价值观。人生而平等,生而自由,生而拥有尊严和享有应得的资源与财产的权利。不强求一律,承认价值多元化选择,是普世价值观的延伸。人的基本权利不是国家政权或世袭制度所恩赐的。中国的普世价值观也并非西方舶来品,恰恰是古已有之。孟夫子"君轻民贵"、魏了翁"民为邦本,本固邦宁"的哲学思想和普世价值观在古代中国早已成为共识,后来被封建末期强权政治所弱化甚至局部摧毁。而今倡导普世价值观,与其说是对西方先进的文明的一种有机借鉴,毋宁说是对中华古代政治文明的一种理性复归。既然是"普世"的、人类共有的,所以东西方地球人的共同价值是相似的。

　　当传统的自然经济或近现当代的市场经济的资本内部循环使本来生而平等的财富集中于少数人手中,如果贫富分化到了极致,财富再分配的"平权"就势在必行。平权运动曾被崇尚暴力革命的人们所首先选择,后来随着社会进步则以合法斗争为主要手段;建设现代化政治文明的新型国家,应当以宏观调控来完成社会财富再分配,以和平、民主和法制的方式来予以平权,将财富再分配纳入法制化与常态化轨道,从而杜绝将劳资矛盾和民商矛盾演化为官民矛盾的群体事件乱象频发。平权和财富再分配的理论价值基础在于平等与自由。生存权的第一支撑是经济权利即基本生活资料获得的平等权益。罗斯福新政所阐述的人民应当享有的"四大自由",有两个最重要的自由,鲜为国人熟知,即"免于匮乏"的自由和"免于恐惧的自由"。免于匮乏的自由,有两个方面的含义,首先是免于物质匮乏,其次是免于精神匮乏。当国家财富的原始积累基本完成,国家无偿为全民均等提供的医疗保险、养老保险和尽可能促进就业机会和增加基本收入,就是免于物质匮乏的重要和关键内容。国家尊重信仰自由,保护、继承和弘扬传统优秀文化,引进、借鉴和融合外来先进文化,丰富国民精神生活,营造精神文明环境氛围反对和遏制低俗的亚文化泛滥和伪文化侵蚀,引导文化消费,发展文化经济,推进文化产业,建设文化强国,努力消除多年积淀而成的信任危机、信仰危机、信赖危机和信用危机等"四信"危机,都是免于精神匮乏的重要和必要举措。国家为公民免于物质匮乏,也就免除了生存的恐惧;营造法治、安全的社会环境和保障人的自由,也就免去了身心恐惧;免除了物质、精神匮乏,未必就完全免除了恐惧,人们要完全彻底免于恐惧,就必须拥有依法自我捍卫生存权与发展权的自由,要求国家提供一切安全保障,包括维护治安,防范自然灾害和人为灾祸,对危及人的生命财产安全的一切可能发生的事故与灾患,有预警、抢险和补救、修复措施构成的社会公共服务与社会保障完善系统。这一切的政治权利都是以经济为基础。保险、救济等国家福利和促进就业增加收入的多种财富再分配形式,都是以人为本的普世价值的具体化实践。

强调普世价值和财富再分配,是推动社会经济可持续发展,调动全民劳动创富积极性的重要保障。耕者有其田,居者有其屋,人尽其才,地尽其利,货畅其流,心畅其舒,是古往今来人们所追求的价值理想和终极目标。

人力资源、工资收入与国家福利及劳动保障

人力资源和自然资源共为资源两大组成部分之一的社会经济资源。人力资源包括人才与劳务两方面,前者侧重智力,后者侧重体力,两者兼顾完成社会不同分工,不可偏废,同等重要。因为一切财富的创造者是人和劳动,人是劳动价值的主体,劳动是一切价值财富的源泉。

人力资源的标准定义是指一定时期内特定组织中的人所拥有的能够被企(事)业所用,且对价值创造起到贡献作用的教育素质、能力、技能技巧、经验和体力等的总称,其本质是脑力与体力的组合,统称为劳动能力。人力资源必须具有创造财富、贡献价值的功能,在大到国家、中到区域、小到单位的特定组织内形成的资源集合。

人力资源的开发与利用受时间限制,具有时效性,时间推移,资源内部结构就将发生变化;不仅是被开发利用的对象,自身也具备自我开发能力和创造创新能力,人力资源具有主观能动性;人力资源具有二重性,既是生产者又是消费者;智力继承性能够在人力资源中得以积累、储备、延续、放大和增强;基于人口再生产和社会再生产,人力资源具有可再生性;连续性也是人力资源的特点之一,使用后还可继续开发和连续开发;时代性特征表明人力资源因经济发展水平不同而质量也不同;社会性表明人力资源的文化特征是通过人这个载体表现出来;人力资源虽可再生,亦在开发利用过程中被消耗,具有消耗性,而且人作为个体生命也存在消耗精力

与体力的过程;人力资源因其以上诸多特性而决定其作为资本的属性向投资角度转化,是一种可变资本。

人力资源依赖于人口资源,专指人口资源中的劳动力资源部分。人力资源包含人才资源,人才资源是人力资源中创造价值的能力最高、拥有较高智力与文化、技术素质的部分;其余部分则是一般劳动力、劳务资源。

人力资源为创造价值财富所付出的劳动是有价格的,此即劳动力成本,主要以工资形式支付。工资是社会财富的第一次分配。人力资源的劳动价值创造力,不是简单地由劳动人口的多寡所决定的,而是由有效劳动时间内的劳动效率所决定。由劳动力价格即工资报酬水平所激发。全民工资收入水平与国民经济发展总体增长水平相适应,决定了国民经济可持续发展的价值创造力,也决定了国民财富一次分配的公平性。

贫富差距是永远客观存在的,但贫富差距的大小与社会基本收入即全民工资水平高低有关。也许广大公众或称普通公民从来也没有真正奢望自己都要达到何种财富平均程度,但首先要维护贫富差距的底线和基本收入的底线。调节财富差距的途径有:提高全民工资收入水平,降低最高收入与最低收入的落差,落实国家配给的全民福利即全民医疗保险、全民养老保险和全民失业救济,平抑物价,平等竞争促成就业增加和人才任用,真正使按劳分配、论功行赏落到实处,辅以基本生活保障的按"需"分配,进行财富再分配。国家福利制度的落实,需经社会财富的第二次分配。

经济体制改革首先是生产关系的调整。生产关系包括所有制形式、交换形式和分配形式。所有制和交换关系早已在改革开放之初得到调整,使生产力得以解放、经济高速增长,而分配形式、分配制度和分配关系调整至今尚未真正启动,致使投资结构与消费结构严重不合理,收入结构中的劳动收入与资本收入比率严重不合理,最低工资与平均工资的比率严重不合理,国企工资与民企工资的差距严重不合理,城乡土地收益差距和城乡居民收入差距严重不合理,经济高速增长与全民收入低速增长的不合理,国民财富过多集中在国家财政和少数富人手里。国民普遍低收入,使中国在世界各国人均收入排名第 124 位。

中国基尼系数 10 年前就已突破 0.4 的国际公认警戒线,不能重演当年的"拉美化"现象。目前国内 10% 的人群占有 41.4% 的社会财富。收入最高的 10% 人群与收入最低的 10% 人群的差距,已从 1988 年的 7.3 倍跃升至 2007 年的 23 倍,并逐步呈继续拉大趋势。城乡居民收入比差,从 1978 年以前的 2.36∶1 拉大到 2009 年的 3.33∶1。国家统计局 2010 年 6 月公布的数据,2009 年度全国非私营单位在岗职工年均工资为 32736 元(其中国企在岗职工年均工资为 35053 元),私营单位就业员工年均工资为 18199 元,相差 2 倍。能源(石油、电力)等垄断行业、金融业、工厂业和科研等国企职工工资收入最高。这些仅是显性的工资收入,隐性收入若列入比较,差距更大。2008 年全国城乡居民可支配收入总额为 23.2 万亿元,比国家统计局资金流量表中的国民可支配收入要高出 5.4 万亿元,官方统计未将隐性的"灰色收入"计算在内。同年官方统计全国城市(镇)居民人均年收入不足 1.6 万元,城市(镇)最高收入 10% 人群家庭年人均收入不足 4.4 万元,实际城市(镇)居民最高收入 10% 的家庭年人均收入已达 13.9 万元,是官方统计的 3.2 倍。这高达 5.4 万亿元的灰色收入无法纳入官方统计。灰色收入者主要是"体制内"政府官员、公务员及国企高管。这巨额的隐性收入,正是中国房地产市场价格走高的助推力量之一。2009 年,美国人均 GDP42240 美元,日本人均 GDP37380 美元,中国人均 GDP 仅有 3620 美元。在多数国家,全民劳动收入占 GDP 的 60% 左右,中国全民劳动收入仅占 GDP 的 42%;多数国家用于全面医疗、社保、教育和就业服务的政府开支要占财政支出的一半以上,中国仅占 28.8%。

　　针对民营企业的收入偏低,全国总工会发起"维权增薪"行动,推进"三个机制",即工资随经济总量增长及物价指数上升而逐年增长机制、按时按约支付工资的保障机制和企业工资集体协商谈判机制。

　　国情所致,中国员工最低工资标准不是计时制而是底薪制,个体私营企业为应付政府最低工资标准规定而要求员工底薪内必须"自愿"加班,即延长有效劳动时间。这在西方资本主义原始积累的初级阶段大约两百年间皆是如此。美国等发达国家早在20世纪70年代就已出台法律规定最低计时工资标准,而今每小时工人工资不能低于8美元,我国台湾地区规定了大专、本科、硕士、博士不同学历的最低月薪起始线。美国还同时规定企业收入中雇员工资所占比例不能低于3/4,必须减少资本收入、物业租金收入等"非劳动因素收入"而增加劳动收入,充分肯定劳动是价值创造的根本所在。

　　中国的分配制度改革亟待纳入法制轨道。中国2009年的人均GDP世界排名第99位,可最低工资排名第158位,显然与经济发展不相称。世界多数国家的工资占企业成本的50%,中国还不到10%。按常理最低工资收入标准应占平均工资水平的40%—50%,而今即便在全国工资标准较高的深圳特区,规定的最低工资标准为1100元月薪,2005—2009年间深圳最低工资占平均工资的比率仅在26%。按国际惯例,某地区最低工资收入约占该地区人均GDP的58%,而深圳最低工资仅占深圳人均GDP的13%。全国总工会拟修改《工会法》以确立"工资直诉权",并着手草拟《工资条例》,导入分配制度改革,通过工资改革步入劳资关系调整的拐点。日本于20世纪60年代就成功实施了"国民收入倍增计划",年均GDP增速达10.4%,使国民收入从1955年至1970年上涨了2倍,大力推进了日本从二战战败国在废墟上崛起,1966年日本经济总量超过法国,次年超过英国,1968年超过德国而仅

次于美苏,如今跃居全球第二大经济体,2009 年日本 GDP 达到
50700 万亿美元。劳动者创造社会财富的巨大动力和社会经济的
有效需求被公平的分配机制有效激发,是其产生经济奇迹的重要
原因之一。

其实早在 13 世纪中国南宋时期,知府(相当于而今的地厅司
局级)一般为从三品或正四品官员,年薪在 400 贯钱以上,但当时
手工业工场熟练雇工的工资收入超过知府。正因为有对技术工人
骨干如此激励机制和分配制度优越性,使 7000 万人口占世界人口
总量的 15% 左右的宋朝创造了全世界经济总量的 75% 。北宋元
丰年间(1078—1085 年),华北地区的铁年产量达到 15 万吨,而工
业革命后英国在 1788 年(相当于中国清朝乾隆时期)钢铁产量才
达 7.6 万吨。南宋时最先进的织布机有 1800 多个活动构件,其中
的技术连现代化织布机自动生产线也无法比拟。所以那时的技术
工人有着很重要的地位,收入十分可观。当时发达的封建农业和
传统工业,在合理的分配制度推动下,使中国人口占世界人口
15% 的南宋时期,所创造的经济总量占到全世界的 75% 以上。而
今天中国人口占世界人口总量的 21% ,经济总量却仅占全世界的
7% 。我们最缺乏的是受过高等职业技术教育而又具有实践经验
的技术工人,可是每年众多求职者却蜂拥般地追逐稀缺的公务员
职位,因为而今技术工人收入低、地位低和无保障,而公务员地位
高、有保障,既有旱涝保收的“铁饭碗”又有较高的灰色收入。收
入分配不公已然成为人才倒流和阻滞经济发展的重要因素。

考察一国的国民富裕程度,不是看它拥有多少亿万富翁和千
万富翁,而是看它拥有中产阶级的人口比例。中国工资上涨幅度
过低,生活必需品物价的上涨尤其房价猛涨,致使中等收入群体萎
缩而正趋“无产化”。新底层社会阵容正在扩大,失地贫困农民、
城市下岗失业者、新生代农民工和不能充分就业的大学生“蚁
族”,都列入了社会底层人群,90 后“穷二代”沦为底层社会新人。

2006 年国家提出收入分配改革大原则："提低、扩中、调高"。"提低"即解决贫困线下的低收入阶层基本收入问题，主要是为农业免税减负，其他措施尚未出台；"扩中"即扩大中产阶层人口比例和提高中产阶层平均收入水平，至今尚无任何进展；"调高"即应通过税收等杠杆调整高收入阶层的收入比例，亦未有明显动作。据《人民日报》2010 年 5 月 24—25 日披露，国家《收入分配改革案》发轫于 2004 年，2007—2009 年间举办 6 次征求意见讨论会，因涉及各种利益博弈，至今未能出台。发达国家的中产阶层人口比例约占全国总人口的一半以上。目前中国中产阶层仅占 23%，且收入水平尚偏低。据一项研究报告称，根据中国经济发展速度和效率，2020 年，从理论上说，中产阶层应达到 7 亿人口，年均人收入应达 8 万元。但现状却不容乐观。由于一次分配和二次再分配都不公平，造成极少数富人消费过度，而广大中产阶层及穷人消费不足，建构内需经济就成一纸空谈。

为什么巴西、阿根廷、墨西哥等拉美国家三十多年来经济停滞不前，有增长而无发展，危机濒发？主要缘自收入分配严重不公，劳动者价值财富创造力受到压制，就业和内需严重不足，经济增长与社会发展不能进入良性循环，中产阶层严重萎缩，贫富极端分化。至 20 世纪 90 年代，巴西的基尼系数高达 0.64，乌拉圭和哥斯达黎加达到 0.48。此即经济学界所称的中国应警惕重蹈覆辙的"中等收入国家的拉美陷阱"现象。

收入靠竞争，福利须平分。全民基本收入的提高，有待于国家实行全民福利政策，全面提高国民的生活质量和幸福指数。2010 年全国"两会"代表以议案提出：2009 年全国 GDP 已超 30 万亿元，财政收入达到 6.8 万多亿元。根据测算，如果每年从财政收入中拿出 5000 亿元，即可解决全国公民的基本医疗保险金和养老保险金。2010 年预计中国财政收入将达 8 万亿元人民币，解决全民福利的条件将更加成熟。基本医疗保险和基本养老保险以及失业救济金由国家财政提供支付,是发达国家、法制国家和福利国家的现代惯例,充分体现了体制和制度的优越性和公民权益,也是财富再分配的方式之一,不仅有利于社会公平正义与和谐稳定,更是确保基本内需和激发社会有效需求以扩大再生产的重要手段。至于其他商业保险,根据需要而由个人自主购买。以北美的加拿大及北欧一些国家为代表,国家福利制度极其完善。加拿大的少年儿童一出生即有每月数百加元的牛奶费补贴(已够基本伙食开支),失业人员立刻享有每月 3000 加元的失业救济金(加元与人民币比值为 1∶6),全国公民都享有国家养老保险和终身免费医疗福利待遇。他山之石,可以攻玉。

而今人均 GDP 达到 3000 美元左右的中国已步入中等收入国家行列,恐将无例外地遭遇"中等收入陷阱"。所谓中等收入陷阱,即快速发展中积聚的经济社会矛盾集中爆发,致使经济社会突然阻滞不前而进入持续徘徊期,甚至出现社会动荡和倒退。防止堕入中等收入陷阱,寻求经济转型期的社会变革方式,化解劳资之间、贫富之间、官民之间和城乡之间的各种矛盾,已成当务之急。

体制改革与制度创新

归结起来,经济体制的深化改革面临发展方式、经济结构、生产关系尤其分配制度等方面的一系列改革,以及市场机制的进一步完善、竞争机制的公平确立和信用机制的高度建构。或许,中国第二轮最艰难的经济改革才刚刚开始。如果不理性看待目前的经济高速增长,不能确切地判断中国与发达国家及其他发展中国家的比较优势,就无法真正理解什么是可持续发展。

中国的高增长背后,是廉价的劳动力大量投入,廉价的工业用地资源透支使用,掠夺性开采本应得到珍视、保护和适度开发的矿产资源,同时是沉重的生态环境代价,城市国有用地抢占农村集体土地资源,低进高出的房地产夸张炒卖,低附加值商品大量廉价出口,区域发展很不均衡,不仅人均 GDP 极低,而巨量 GDP 的质量较差。任何可持续发展的国民经济都是要依靠科学技术进步和科技成果广泛应用于生产领域,而非低廉劳动成本和资源巨量消耗。也许,在改革开放第一个 30 年国家和沿海地区民间要完成资本原始积累,"抓住老鼠就是好猫",不合理的发展方式与增长方式尚且情有可原。当步入经济转型期,长此以往,中国经济必将遭遇"三大瓶颈"和导致"三个失衡",即劳动力瓶颈、资源瓶颈和环境瓶颈,投资结构与消费结构失衡、出口增长与内需增长比率失衡和经济增长与全民收入增长比率失衡。瓶颈与失衡所造成的"三化",即经济环境劣化、生态环境恶化和社会矛盾激化的消极影响。从生产要素比较优势考察,中国除了作为人口大国的众多而廉价的劳动力外,显性竞争力不强,但潜在的规模优势充分具备,诸如幅员辽阔的国土给经济发展预备了向西部发展的经济战略纵深,庞大的人口总量预示着丰足的劳动力资源呈梯队优势和巨大的消费市场优势,发达的重型工业基础,领先世界科研水平,但这些优势都是潜在的,不继续改革体制和创新制度,许多优势发挥不出来。在中国经济面临非转型不可的历史转折点,国民经济的宏观战略调整迫在眉睫。

目前中国经济增长还依赖刺激性政策、存货调整和出口复苏的 2009 年"老三篇",已然缺乏新意。2009 年中国 GDP 增幅为 9.1%,2010 年 GDP 预期增幅为 9.5%,1—6 月半年报增幅依然可喜达 11.1%,但上下游产业链潜亏初显,年初时预见中国股市 5—12 月的半年震荡已经初步得以证实,许多观察家担心反弹之后二次探底而步入次萧条期。治标的同时必须治本。

时下中国非常需要一场以经济体制深化改革为先导的社会改良运动。如果不及时启动经济体制深化改革和社会改良,严重的经济与社会危机难以避免。100 年前的美国,已经历过与中国类似的现实危机。1894 年,经济高速发展的美国工业总产值首度超过英国,位居世界第一,工业化和城市化为美国带来巨大财富,但垄断肆虐,腐败横行,贫富分化,林立的血汗工厂工人每天工作 12 小时以上却工资极低,工伤事故和矿难频发,食品安全、饮水安全、环境生态问题和住房问题、穷人子女受教育问题、全国医疗卫生问题成堆,社会矛盾日益激化,骚乱时常发生。20 世纪初美国 8% 的家庭掌控了 3/4 的社会财富。如许巨大的贫富不均,挑战着美国社会的基本价值观。1900—1917 年美国用近 20 年时间致力于体制改革和社会改良,反垄断、反腐败、反特权、反歧视,抑制权贵经济,改善工人待遇,缓解劳资矛盾,争取平等权利,开展扶贫济困的慈善事业,实施安居工程建设,解决贫困子女教育问题、食品安全和公共环境卫生问题,重建法制规则、商业道德和社会共同价值。无独有偶,中国的工业化进程使劳资矛盾越来越突出,城市化进程中野蛮强拆占地开发商与原住居民对抗,地方政府官员却往往不能站在公正立场,常因政绩驱使或者权力寻租,总是维护特权利益,而牺牲民生和社会稳定,弄巧成拙地将劳资矛盾、商民矛盾转化、升级或激化为官民矛盾,与国家利益和新政初衷背道而驰。所以,这场自上而下的体制改革、制度创新和社会改良,付出的成本和代价是必需的,获得的是百年经济繁荣、文化昌明和长治久安。

2010 年"两会"《政府工作报告》首次提出"两难问题增多"。有人总结了中国经济"六大矛盾"、12 个"两难"。"六大矛盾"是控房价与保"支柱"、控通胀与保增长、保增长与调结构、提高国民收入与增加国家和企业收入、扩大赤字与增加税负、货币从紧与适度宽松。12 个"两难":人民币升值与不升值、信贷规模收与支、财政赤字与赋税改革、房地产经济导向与民生导向、扩大出口与拉动内需、投资拉动与扩大就业、地方负债进与退、资源价格改革与通胀防控、短期政策与长期规划、节能减排与重化工业发展、土地商业化与耕地保护、宽松货币政策与防范资产泡沫。为什么有如此多矛盾和两难,因为长期以来的畸形发展。地方 GDP 大多来自"城乡土地剪刀差",一些地方的房地产经济量占到 GDP 总量的 60% 以上而逼近世界公认的房地产业占比警戒线。经济泡沫化和虚拟化越来越重,超过限度就是制造虚假经济和虚假财富。为应对经济危机,发达国家在新自由主义经济乱象中如梦初醒,重拾凯恩斯主义。中国的宏观调控必须以体制改革为核心与前提,否则难以调控。

新一轮改革,应在未来 10 年内完成。

小政府、大经济与大政府、大经济

发达国家的"小政府、大经济",其政府之"小",包括政务公职人员,规模小、政府工作量小(许多事务交由非政府组织去办理)、财政收入少支出小,行政成本小,政府官员及公务员权力小、政府官员服务意识强而架子小;其经济之"大",是经济总量大、GDP 人均量大、经济可持续发展空间大。

中国的"大政府、大经济",政府之"大",表现在政府公务人员规模庞大、政府工作量大、政府公职人员占总人口比例大、政府官员权力大、政府官员服务意识相对淡薄而官架子大、行政成本大、政府财政收入占 GDP 的比例最大、支出也大;经济之"大",GDP 总量大(虽然人均 GDP 量太小太小)、劳动力规模大(且很廉价)、外贸顺差过大和外汇储备量过大(全世界外汇储量最大国家)、GDP 增幅大、经济发展空间大。

小政府、大经济与大政府、大经济,各有千秋,各有优劣,尚不可简单地评断政府"大""小"的孰优孰劣。降低行政成本,提高行政效率,应是"小政府"与"大政府"的上下共识。

2005 年中美经济总量与财政收入比率的比较:该年度美国 GDP 11.42 万亿美元,财政收入 2.66 万亿美元,占 GDP 的 23%;

中国 GDP 11.1539 万亿元人民币,财政收入 6.13 万亿元人民币,占 GDP 的 55%。

纵观 2007—2010 年中国 GDP 与财政收入增幅,参见下表:

2007—2010 年中国 GDP 与财政收入增速比较表

年份	财政总收入（亿元）	财政同比增（%）	GDP 总量（亿元）	GDP 增速（%）	备注
2007	51321.78	32.4%	246619	11.4%	
2008	61330.35	19.5%	314045	8.4%	
2009	68476.88	11.7%	340507	9.1%	
2010	80000.00	16%	372855	9.5%	预期

如此庞大的财政收入及如此高速的年度增幅,2010 年 6 月末国家审计署公布了国家各部委及直属金融机构涉嫌违规使用资金合计 279 亿元。2010 年 3 月 5 日"两会"《政府工作报告》提出:今年全国拟安排财政赤字 10500 亿元,约占 GDP 的 3%,较 2009 年 9500 亿元赤字增扩 1000 亿元,刷新建国以来最高年度财政赤字纪录。政府钱不够花已是不争的事实。国家近年应对危机和灾后重建的开销也增大许多。

高增长的经济形势,按常理应该减税,因为经济总量大,在同等税率下,财政收入总量已必然增加。降低税率是经济高增长国家的惯常做法。2001—2005 年德国把企业所得税税率从 40% 下调至 25%;2001 年 5 月美国宣布 10 年内共将减税 1.35 万亿美元,全面降低个人所得税税率;马来西来也相继出台鼓励投资、出口服务以及中小企业跨国经营等多项税收优惠政策。所以民间减税呼声日隆,并提请避免税负转嫁的诉求。而 2010 年预期财政收入增加至 8 万亿元,增速 16%,意味着税收增加 10 多个百分点。

其实中国政府很有钱。1994—2007 年国企连续 13 年未上缴任何利润,2008 年起才改为上缴利润的 10% 给国家。国企概由国家投资,往往又成为垄断行业,连年获得巨额暴利,除扩大再生产外,多用于"自肥",这很不公平。如果中央政府按国际惯例,就应当收取国企利润的 40%—50% 到中央财政,这是一笔庞大的数字。有这笔丰厚利润,财政减税增收就完全有可能。另外,庞大的外汇储备为什么不用,顺差太大且储备外汇太多根本没有实质意义,却有诸多负面影响,何必挣钱不花坐等缩水?目前中国外汇储备经 30 年累积已达 2.4 万亿美元以上,超过 G8 集团成员国的外汇储备总和,令太平洋彼岸虎视眈眈。中国的外贸依存度从 1978 年的 9.8%、1990 年的 30%、2001 年的 44%、2003 年的 60% 到 2007 年的 70% 左右,出口主导型经济增长、巨大贸易顺差和庞大的外汇储备,付出的是昂贵代价,还潜藏缩水的风险。所谓外贸依存度即是一国的进出口贸易总额占本国同年度 GDP 的比重。外向型经济过分依赖国际市场,极易受到国际市场变化的冲击。根据美国财政部 2010 年 6 月 15 日公布的数据,截至今年 4 月份,中国持有美国国债总额为 9002 亿美元,较上月增持 50 亿美元,一年之内增持 1367 亿美元,一直是居高不下的美国国债最大持有国。这还是 2009 年 11 月、12 月分别减持 93 亿美元、342 亿美元美国国债之后的数据,2008 年 10 月中国创下一个月内购买 659 亿美元美国国债惊人纪录,以助美应对经济危机;同年 11 月美国财长保尔森(原高盛投行总裁)将"世界经济领袖"桂冠赠与中国,多次向中方保证美债之安全性和收益,利诱中国增持美国国债。至今,中国购买美国国债耗用了庞大的外汇储备总额的近 40%。而美国政府似乎主要依靠外债度日。2009 年美国 GDP 为 14.27 万亿美元,美国联邦外债占 GDP 比重超过 95%,已达 13 余万亿美元,一直是世界最大债务国,根本无力偿还,只好"拆东墙补西墙"借新债还旧债。2008 年美国增印发行钞票 1.9 万亿美元之巨,美元贬值不可避免。美元贬值,中国购买的近万亿美元国债缩水,以美元为唯一交割货币和存汇货币的 2.4 万亿美元巨额外汇也同时缩水。中国购买的美国国债预遭受的总损失最终恐达 20%—30%。美国财政部公布的 2009 年度财政赤字 1.42 万亿美元,相当于美国 GDP 的 10%,创第二次世界大战后最高纪录。中国为了保持美元外汇储备和所购美国国债的相对稳定,就必须持有美元和买进美国国债,结果被美国控制了经济命脉,在美元陷阱里越陷越深,被越套越紧而难以解套。美国以美元贬值变相逃废外债债务,已扮演了国际金融的国家诈骗角色,用以转嫁其国家经济危机及财政危机损失。仅 2002—2006 年间,美国利用美元贬值的对外债务消失额累计达 3.58 万亿美元之巨。其实,一个国家的外贸依存度诸如美国、日本都控制在 14%—20% 以内范围。而且,一国的外汇储备只需要能够满足 3 个月的外贸周转需要即可。那么,中国现今只需储备 3000 亿—5000 亿美元的外汇足矣。中国已初步学会了怎样挣钱(之所以不用"赚钱"一词,盖因依靠廉价劳动力和商品廉价出口而万般辛苦),却不应该不学会花钱——使用外汇储备,诸如购买美国危机荡涤干净之余的企业净资产,引进欧美先进技术和设备,向发达国家增量公派留学人员和访问学者,投资改善尤其西部的公共基础设施和公共服务,给全国公民提供社会福利保障,让全体国民真正共享改革开放、国家发展和现代文明成果。另外,必须订立时间表,尽量采用人民币跨境结算方式,减少美元使用与储备,摆脱美元的变相控制和国际剥削,逐渐让人民币走向国际市场,推进人民币——"中国元"的国际化,使人民币——"中国元"成为国际主要储备货币之一,增强大国崛起的话语权。

美国"小政府、大经济"显露出一系列局限和漏洞,尤其在应对危机的非常时期,中央政府财力严重短缺,就只有靠扩大财政赤字、逼迫发展中国家最大进口国和最惠待遇国货币对冲升值和大量向境外出售国债等损人利己近乎卑劣的办法来维系现状和维护政权,其上层建筑与经济基础对立或割裂,生产关系不能适应生产力的迹象似已日趋明朗。

"大政府、大经济"的中国特色,既有政府成本过高等劣势,更有诸多不可小视的现实价值和优长之处。"大政府"有效全面调动和调配全国资源的规模、效率和强大力量,"大经济"所具备的雄厚物质基础实力。比发达资本主义国家的"小政府、大经济"和其他某些发展中国家的"小政府、小经济","大政府、大经济"卓具优越性。

中国灾后重建、应对危机和对口援建四川、青海、甘肃、新疆、西藏,并且作为而今主动调停国际危机、支援别国缓和危机和组织多国共同化解危机的引领国,"大政府、大经济"的举国体制,正是体现出中国特色社会主义市场经济框架下,所具有经济、政治及社会制度的多重优势。

国民财富新论

经济学民间研究者孟建苏的《新国民财富论——献给祖国的经济学革命思想》一文,以新政治经济学的高度和新意,对财富的起源与内涵进行新解读,意在将价值上升到财富层面进行现代经济理论探讨与实践探索,将财富划分为国民消耗能力和贮存性财富两部分,并进而将贮存性财富区分为真实和虚拟的贮存性财富,初揭贫穷之谜而意欲消灭贫穷,且将经济循环体系确定为现代经济层面的信用循环体系,意欲弄清价值—财富的运动规律,首倡信用生财机制,从而揭示资本主义生产关系产生经济萧条与滞胀的必然性,推导出社会主义市场经济公有制与私有制共生并存在改革开放中蓬勃发展的大趋势。

新国民财富论认为,货币起源于劳动手段的进步与信用关系的产生,货币本身代表着对剩余产品的信用方式贮存,其可贮存性来自于通过信用方式消费当前剩余产品的一方未来的生产能力,财富即产生,拥有货币一方能占有别人未来的劳动及产品就开始富有,因而,财富起源于货币信用关系的建立,财富其实就是对未来社会产品的货币化占有,由此推论,财富的本质就是人类物质消耗能力的信用化增长。国民财富可分为两部分,一部分是不能收藏的消耗能力,另一部分是可贮存财富。一年内的国民财富总是该年内国民消耗总量、当年新形成的贮存性财富和以前历年累积的贮存性财富三部分。那么,国民财富是由国民消耗能力及贮存量构成的社会价值体系,其价值总量是国民消耗能力总量与国民可占有或已贮存财富的价值总量之和。满足正常消耗所余一部分产品价值通过信用化贮存方式即货币方式而形成财富,消耗的和贮存的都是真实财富,而压缩正常消耗即通过所谓"节约"产生的却是"不可剩余产品"。价值所转化的财富中,这一"不必贮存财富"对于整个社会来说,实质上是"非真实财富"。这种由消耗或消费节约而致"非财富"的产生,即是产生贫穷的原因。如果"节约"出现在生产环节财富即可宏观增长。技术进步使生产环节能够节约,技术进步带来的贮存性财富增加量,可转化为全社会对新产品的需求和消耗(费)能力。市场机制解决稀缺资源的配置,竞争机制促进了技术进步与资源节约,信用(生财)机制扩大了产品消耗量。如果一方生产剩余,另一方有着消费预期,即可凭借信用手段、信用方式及信用机制促进双方的消费与供给增长,最终实现财富总量增长。货币是一种最具公信力的信用契约物,是剩余劳动产品价值贮存的核心载体。信用以货币作为财富积累与增长的有效工具而构筑了人类经济活动体系。生产与消费的信用循环方式,可产生解放生产力和扩大社会福利的积极作用。当信用使需求成为生产与消费利己又利人的双向财富价值运动,社会消耗总量就会同向双倍增长或财富双重增长叠加。从随意契约物即以物易物原始阶段、商品与货币的初级交换信用统一阶段、金融资本出现的高级信用阶段到国家权力介入国民财富分配及再分配的最高信用即国家信用阶段,逐步使财富增长成为信用提升的历史。信用机制可能使投入、生产大于消费,即供大于求、生产过剩和供需失衡,亦即因资源供给的稀缺性和消费需求增长不足,而双重制约着因信用支持投入推进技术进步而促成生产能力的增长,高税收、高福利的国家调控机制将经营者手中的投资资金转化为公众消费资金,其他政策手段也能调节投资结构与消费结构的矛盾,因而投资增长间接地拉动消费增长、内需增长,从而更有效地综合扩大了社会财富增长总量。

信用机制的建立是价值转化、财富积累和增长的前提,财富是信用过程演绎的必然结果。信用机制实则也是一种新的现代经济体制的延伸和外化。

结　语

构建未来百年求同存异的和谐世界

——新体制经济学四大规律十大定律

一、当前国内经济思潮乱象

1. 新自由主义泛滥

新自由主义经济思想,是第二次世界大战后繁荣的西方世界为追求更高更快的经济发展目标,而欲暂别凯恩斯,在古典自由主义经济思想基础之上对自由市场经济的一种回归,针对以私有制经济为主导并占绝对优势的资本主义市场经济即"小政府、大经济",摆脱战时经济国家垄断后遗症,无疑非常具有价值,是资本主义私有化市场经济的必然选择,但这种忽视或贬低政府作为的放任自由,使资本投机性无限膨胀,在如美国房地产次贷危机那样的经济虚拟化走火入魔的极端时刻,国家干预市场经济宏观调控的作用就成为必要,西方资本主义国家在金融危机来临、经济危机泛滥之时,不得不怀恋和重拾凯恩斯主义,以较强有力的国家行为来临时应对危机局面。

而中国是由计划经济一次转型,先以公有制经济为主导、私有民营经济为补充,发展到公有制与非公有制经济并存齐驱共同发展的多元化混合经济形态,国家干预市场经济宏观调控不仅要确保国有资产保值增值和国有经济良性循环,而且要为私有民营经济健康发展扫清障碍和保驾护航,支持平等竞争和消除行业垄断,既要限制政府过多干预瞎指挥,更要反对政府不干预不作为,与其说要求构建"有限政府",不如说应当努力培育服务型的"智慧政府",以承担公共责任,实现国家信用。

自由主义市场经济只是中国经济发展的参照系而非目的地。改革开放之初,鉴于政府尚未彻底学会监管与服务相结合放手发展市场经济而对市场经济干预过多,倡议放任自由亦可理解,当政府逐渐成长已经适应市场经济的相对自由发展态势,恰恰应当强调政府积极干预的国家责任。当放任自由的教育全面产业化使教育走向唯利是图的拜金主义不归路,全国学龄青少年儿童都变成"钱学生",政府必须调校教育发展方向,将普遍的国民教育包括义务教育和普通高中等教育国有免费制度,同局部的贵族教育和专业化的职业技术教育及终身教育的有偿私营模式严格区别开来,还国民以受教育机会平等的权利。当房地产业放任自由而背离了居者有其屋的初衷和公信原则,成为投机商和少数人多占国家土地资源利用国家金融空隙而恣意炒作的提款机,酿成泡沫经济危及国家经济肌体,政府应须介入积极有力的宏观调控,平抑房地价,以确保公众必需购房安居和国民经济健康运行。当大众医疗偏离救死扶伤的人道主义本位而成为高价售药牟取暴利的工具,医院异化为"城市老爷卫生部",政府理当动用多种积极手段和建立多种服务途径,解民众伤病之困于倒悬,真正体现社会制度优越性。因三十多年来偏重效率而忽视公平,政府集中干预市场经济宏观调控,是上层建筑反作用于经济基础,完成社会主义市场经济长远大业,实现构建物质文明、精神文明、政治文明和生态文明宏伟理想和履行社会主义现代化建设崇高使命之非常必要的过程。

忽视中国国情盲目崇尚自由主义经济或者称经济无政府主义,把效率与公平对立起来,实在是有些不切实际。

2. 马克思主义在新时期或被曲解

马克思主义同中国革命具体实践相结合,历经曲折往复,终于开创了成功范例。马克思主义经济思想的产生,因为鉴于当时资本主义原始积累阶段的特殊性,勾画了计划经济的良好愿望,也反映了经典作家们的历史局限,但苏联和中国改革开放之前都因没有完整理解和辩证运用马克思主义经济学说而误入歧途,当年马克思对未来的社会主义国家不要把计划经济搞成绝对国家意志而忽视个人利益堕入宗教狂热化陷阱的悉心忠告一语成谶。假如马克思能看到资本主义市场经济在完成资本原始积累之后,某些国度经劳动者大众坚持不懈的合法斗争,民主诉求催促体制改革和社会改良,实行财富再分配,而走向繁荣昌明;能看到社会主义计划经济误入窠臼的沉痛教训,改革开放催生社会主义市场经济繁荣初现之成功经验,一定会写出令今人心悦诚服的巨著续篇。况且,马克思的剩余价值论等光辉思想至今从不同角度指导着资本主义和社会主义经济发展,成为全人类共同的精神财富。马克思主义经济思想之初衷,虽然理想主义色彩过于浓重,但绝非平均主义,而是要兼顾效率与公平的。

市场经济也要计划,社会主义需有市场。认同马克思主义,与认同古典的或现当代的自由主义经济思想一样,都不可生搬硬套,皆需取其精华而同国情和具体实际相结合。改革总设计师邓小平在市场经济观点甫一提出,就遭到计划经济保守主义的团团围困之际,为矫枉过正而要“让一部分人先富起来”,率先尝试、做个榜样,本属于权宜之计。倘若他尚且健在,必然要在“一部分人”已经“先富起来”之后的今天,于继续改革中调整财富分配机制,进行提高全民收入的二次分配。承认差异、注重效率和兼顾公平的思想火花,与被斥为"空想社会主义"实则是充满智慧非常现实的理想社会主义者欧文、圣西门等人提出的"社会主义为提高劳动群众的福利和保障社会和谐而改造社会制度,主张从平等幸福,但容许财产不平等和差异化竞争的存在"的构想,或不谋而合,或一脉相承。邓小平的思想火花还未能来得及细化成为一系列系统理论,其中有一些主张只针对几年、十几年或二十年就须调改新说法,有的主张可能要管一百年仍得坚持,最可贵的是他直面现实、实事求是和求变创新的精神。任何人都不是万能的。发展邓小平思想,正是要超越其时代局限,借他慧眼,用他一以贯之不满于现状而一如既往锐意改革的思维方式,思考和把握今天的发展路向。

由于市场经济某些放任自流,使改革开放的中国当今出现了结构失衡、分配不公、贪腐横行等乱象,有一种复辟计划经济的极"左"思潮也占据一定市场。这种回到"要穷就大家穷"的绝对平均主义的迂拙甚至朽腐的倒退逆流意识,更是绝路不通。极"左"的计划经济复辟主义和右倾的机械模仿资本主义的放任自流新自由主义两者都失之偏颇,同样都不足取。

3. 凯恩斯主义的中国化

以政府干预市场经济宏观调控为核心,兼以有效需求论、货币经济论、福利经济论以及虚拟与实体结合论发展新经济的凯恩斯主义理论体系,最适宜与中国当前实际相结合,效率与公平兼顾,有许多理论问题和实践方法颇值探究和推演。凯恩斯主义集古典经济学之大成,当然包括亚当·斯密、大卫·李嘉图和卡尔·马克思等大师的经济学思想精髓,开现代经济学之先河,当然更容易接近当代经济发展之现实。中国经济社会发展要借鉴一切文明的精华,寻求普世价值。凯恩斯主义既不是唯一的,也不是万能的,是尤需扬弃、承继和发展的活的理论。凯恩斯主义中国化的过程,就是选择吸收和实践研判的过程。

二、新体制经济学四大规律

1. 资本投资与收益规律——"赌博率"

投资资本具有"就低不就高"的趋利性、冒险性、伪善性和悖反性。资本越投于低处,即投资成本、生产要素成本越低之处,其升值空间越大;投向越高处,即投资成本、信用成本和生产要素、市场要素成本越高之处,回报或收益就越低。资本倾向于流入洼地,收益倾向于筑砌高地。

资本对于项目,风险越高,利益越大,越易受诱惑;反之,项目风险越低,回报越小,对资本的诱惑越小。

资本从来只锦上添花,而不雪中送炭。

资本货币化、证券化、虚拟化阶段,不顾投入生产或介入交换的产品或商品价值是否真实,而只赌阶段性的价值预期。

2. 实体经济与虚拟经济关系规律——"奇正律"

实体经济在虚拟中得以高速成长,尊崇"馒头原理",摆脱按部就班的实物生产而进入资本体系进行虚拟生产并虚拟交换。就像麦面不发酵就不好吃也不好卖,发酵蒸熟就进入了价值虚拟状态或者具有虚拟成分,面粉本身并未增加物质量(数量与重量),但馒头的价值量得以放大。实体经济虚拟化需有一定限度,超过临界点,即虚拟价格大于实体价值时,就成为虚假经济。就像馒头的酵母加得太多,发得太泡,一触即散,经济泡沫过于放大而幻化成为泡沫经济,失去食用价值和交换价值,也失去了信用价值,成为一种变质的假象,就出现崩盘危机。

实体经济运用等价交换物,虚拟经济运用溢价交换物;实体经济投资大于投机,虚拟经济投机大于投资。实体经济的特点与功能是提供物质资料,提高人的生活水平,增强人的综合素质;虚拟经济的功能与特点,是动员储蓄转向投资,分散经营风险降低交易成本,便利资本流动和产权复合,加速国际经济金融一体化进程,传递投资信息以改进资源配置效率,调节国民经济活力,通过资金与资源优化组合而造就合理的产业结构、产权结构、产品结构和技术结构,培育和繁荣国家金融市场,利用国际游资抑制泡沫经济,加强 GDP 规模扩张而增加就业机会,但同时虚拟经济过量膨胀,会使国民经济发生动荡和危机,虚拟货币发行过量和银行呆坏账增多,动摇实体经济正常运行和信用基础,扭曲资源配置而降低资源配置效率以阻碍实体经济的一、二次产业发展,破坏金融系统运作,降低银行抗风险能力,引发金融危机,扭曲消费行为,恶化国际收支状况,导致国家财政风险。

实体经济借助于虚拟经济,虚拟经济依赖于实体经济。对两者应一视同仁,统筹兼顾,均衡发展,协调一致。两者密不可分,相互依存,相互促进。实体经济的背面是板结经济,虚拟经济的背面是泡沫经济,物极必反。

实体经济与虚拟经济遵循"虚实奇正律"。实为正,虚为奇,正以务实,奇以务虚。实以生产,虚以经营。实以保值,虚以增值。虚等于实,虚则实也;虚大于实,实则虚也;虚小于实,实则实也。有实无虚,实则拘泥也;有虚无实,虚则空幻也;姑且因实失虚,未可为虚失实;虚实结合,实主于虚,虚辅以实,则虚实相生,奇正相谐,虚副其实,功成而名就也。

3. 市场经济危机规律——"周期律"

经济危机是一种瘟疫,必将感染市场经济的国家肌体。这种社会经济病毒,常在国家间悄然流窜,胡作非为。致使百年间可能甚至必然出现一次特大型危机,六十到七十年一次大中型危机,十年至三十年多次中小型危机。

经济危机并非资本主义社会制度的专利。只要选择了市场经济体制,无论社会政治制度如何,都会经历经济危机。危机或是自发,或者传染,或者被传染;危机最后被消解,或者转嫁,或者转移,或者转化。

　　近代经济危机,是资本主义自由市场经济生产过剩的危机。经济货币化、经济证券化以后的现代经济危机,首先是金融危机,是虚拟经济无限膨胀而成为泡沫经济、虚假经济,而引起资产市场、金融市场崩盘导致的全面经济瘫痪和混乱。表现为经济负增长、企业严重亏损纷纷倒闭,失业率猛增,物价飞涨,并波及、传染其他国家,可能引起全球性经济恐慌甚至世界经济危机。资本垄断和新技术革命直接、间接加剧危机,技术革命又具有同时缓和危机的反向双重作用。

　　经济危机一般经历危机爆发、经济萧条、经济调理、经济复苏四个阶段,有着一定的周期规律。经济危机具有关联性、复杂性、连锁性、累积性、突发性和破坏性。宏观调控可以防范、推迟危机或将损失降低到一定程度。

　　与其说经济危机是市场经济的并发症甚或不治之症,毋宁说经济危机是市场经济的必然产物。经济危机正是国家肌体经历感染而自我调节增强免疫力和抵抗力的过程,在淘汰中自强,焕然一新的繁荣。

　　"口红效应"表明经济危机推进产业结构调整,在实物生产过剩之际,促使人们增加文化、休闲、旅游和精神消费,促使文化经济、体验经济勃兴。

　　4. 社会基本矛盾转化规律——"矛盾律"

　　社会主义计划经济向市场经济一次转型之初,当国家资本原始积累和改革开放伊始,社会基本矛盾发生转化和主要表现为生产力相对落后与人们物质生活需求不断增长的矛盾;当中国特色社会主义市场经济发展到一定阶段,国家资本原始积累基本完成,经济体制改革亟待深化,导入政治体制改革的时机日臻成熟,步入经济二次转型和社会变革与制度改良的关键时刻,社会基本矛盾已然复杂化,综合表现为:①经济结构与增长方式不合理,投资结构与消费结构失衡,内需严重不足和廉价出口过量,经济内生力不足而对外依存度过高的矛盾;②经济总量高速增长但经济质量较低且呈逐年下降趋势与全民收入普遍偏低的矛盾;③社会化大生产与生产资料(社会财富)被少数人大量占有之间的矛盾。

一言以蔽之,当前中国社会的基本矛盾,是经济畸高发展与贫富不均两极分化的矛盾,即生产与分配的矛盾,这个基本矛盾已上升为当今社会的主要矛盾。

调整和化解这个矛盾的主要手段或者是唯一手段,就是以宏观调控手段提高全民经常性收入和财产性收入,由国家支付全民福利以兑现国家信用,在经济二次转型中实施资源优化配置和财富二次分配。

三、新体制经济学十大定律

1. 价格与价值的现代定律

价格是价值的货币表现和度量标尺,具有对价值的量度、调节和信息传导职能,是商品供求关系变化的指示器,是宏观调控的重要手段。价格水平与市场需求量变化密切相关。价格作用是价值规律的表现,是价格实现自身功能时,对市场经济运行所产生的效果,是价格基本职能的外化。

商品价格是一个变量。商品价值亦非恒定,同样是一个变量。劳动是价值创造的唯一源泉,劳动价值是商品价值的主体但并非商品价值的全部。经济货币化、经济虚拟化和生产社会化、生产科技化,使商品价值呈现复合型、多层次和丰富性,并在交换中得以延伸。现代市场经济给价值赋予了新的内涵。

①价值复合定理:商品价值并非单一的价值,而是一种综合价值。它包括有形价值和无形价值。有形价值包含劳动(体力和智力)价值及使用价值,无形价值包含交换价值和品牌价值。有形

价值即劳动价值及使用价值,是商品的实体价值。无形价值即交换价值和品牌价值,是附加于商品之上的虚拟价值即价值增值。商品价格不能表现商品的实际价值,但应该综合表现商品的实际(有形)价值和虚拟(无形)价值的一部分,否则就是不真实或不合理的价格。当商品价格的市场自由度无限扩张而远离商品价值即发生价格扭曲时,则需由政府干预宏观调控而使价格复归正常化。

②价值波动定理:劳动力价格即工资在商品价值(外化为商品价格)中的占比,有上下两个临界点和其间一条水平线。在必要劳动时间内,当劳动力价格低于商品平均价值的最低临界点,则会贬低劳动价值,劳动力发生价格扭曲,降低劳动效率,减少商品价值总量的生产,减少劳工收入,激化社会矛盾;在有效劳动时间内,当劳动力价格高于商品平均价值的最高临界点,则会加重商品的劳动成本,挤压和减少剩余价值,贬低商品生产所投入的资本价值,同样降低平均劳动效率,使企业缺乏正常利润和商品再生产资本,使产品缺乏市场竞争力;只有劳动力价格居于商品价值的上下临界点之间即水平线上下波动,才是劳动力价格的合理范围,才能实现效益最大化,促进经济繁荣,社会公平公正与和谐稳定。

③价值生产原理:作为不变资本的生产资料价格应与其价值基本相当。生产资料价格若稍高于其价值,则生产成本增高,商品价值降低。生产资料价格若远高于其价值,则属于生产要素成本价格垄断而使稀缺恶性化,则导致生产成本畸高,商品价值人为贬低。生产资料价格若稍低于其价值,则生产成本降低,商品价值增大;若生产资料价格远低于其价值,则属于资源透支,生产成本偏低,形成恶性竞争,导致商品平均价值虚高。

④价值交换原理:生活资料必需品价格必须低于其价值;这个价值只包含实际价值,而虚拟价值为零。若生活必需品价格高于实际价值,则必需消费者亦即劳动者将付出更多的收入用于购置这些必需品,实际上从整体上贬低了社会平均劳动价值,造成货币

贬值和需求不足,最终导致社会经济停滞不前。譬如城市居民的第一套商品住房,就是生活资料必需品,只能体现其实体价值,不能恣意炒作而扭曲出虚假的虚拟价值。生活资料必需品的价格,不能仅仅放任市场自发调节,而应当实施政府干预市场宏观调控,有机把握生活资料必需品的价格杠杆。生活资料奢侈品价格,应当高于其价值;这个价值包括商品的实际价值、虚拟价值和价值预期,其实体价值部分相对恒定不变,而虚拟价值部分随着价格上扬而增值。投机者用于多余消费或投资—赌升值预期的第二套、第三套……第n套商品豪宅,就是生活资料奢侈品或资本品。若生活奢侈品价格低于其价值,则使奢侈品综合价值贬低,减少了商品交换与货币流动中的增值弹性,降低了商品资本的市场活力,造成市场疲软,延缓和阻滞了经济增长。

⑤价格调节对象分别原理:生产资料价格和生活必需品价格,属于政府干预市场经济宏观调控范围与作为,须防止价格扭曲和价格垄断,否则,将致社会生产平均成本、平均生产价格畸高和平均利润降低,使国民消费需求、生活质量下降和幸福指数降低,阻碍社会有效需求和市场经济健康稳定持续发展。生活奢侈品价格则属自由市场自发调节或放任自由的范畴,政府不应介入过多干预而应当无为而治,以增强投资需求与市场活力。

⑥价值财富信用转换原理:价值上升到财富,是因为货币将剩余产品以信用方式贮存,剩余产品价值的可贮存性来自于通过信用方式消费当前的价值转换。拥有货币的一方就能够占有别人未来的劳动及产品,即拥有了财富。从随意契约物即以物易物原始阶段、商品与货币的初级交换信用统一阶段、金融资本出现的高级信用阶段,到国家权力介入国民财富分配及再分配的最高信用即国家信用阶段,逐步使财富增长成为信用提升的历史。

2. 竞争与需求定律

竞争与需求,是促进经济发展和财富增长的两大动力。市场经济的动因就是竞争与需求。竞争与需求双双具有主观性和客观性。竞争机制与条件应当公平均等,竞争效率与结果应当差异化。基本需求应当全社会人人平等,超量需求和特殊需求应当引入公平竞争。竞争存在于市场运行的全过程,满足需求是市场经济发展的目的。没有竞争和需求,就没有市场经济。

①竞争公平原理:资本竞争,要求项目准入的条件必须公平,一视同仁。这个资本可包括生产资本和流通资本、不变资本与可变资本、实体资本与虚拟资本。如果竞争准入条件不对等,竞争过程和结果势必不公平,资源配置则不优化,竞争效率不是最高的,竞争效益不是最大化的,最终造成资源浪费,社会财富总量减少或流失。生产竞争和市场竞争、产品竞争与服务竞争,尽皆如此,都需遵循公平原则。

②竞争激励原理:竞争必须引入激励机制,加大其功能。生产竞争、产品竞争的利益激励,推动技术进步而增大产能;市场竞争、服务竞争的利益激励,推动服务质量的提高和品牌价值的提升。

③需求平衡原理:需求可分为投资需求和消费需求、直接需求与间接需求、现实需求与长远需求、显性需求与潜在需求、物质需求与精神需求、国内需求与国外需求等。需求的满足,与收入增加、心理渴望和未来信心密切相关。需求的增长与生产机制、流通机制和信用机制密切相关。增量收入可以竞争,福利需求可以平分。需求对人的生存是一个常量;对人的发展,是一个变量。经济发展,就是要扩大需求的变量;社会和谐,首先要保证需求的常量。需求大而供应不足、产能不足,是生产落后、经济发展滞后的表现;需求不足而产品过剩,是因投资结构、经济结构、产业结构、产品结构、消费结构不合理,生产增速过快而全民收入偏低,收入增长赶不上生产增幅;外需过大而内需不足,是经济对外依存度过大,因国民人均收入不高和贫富两极分化,国民经济体内潜伏着较大的风险,容易酿成经济危机甚至社会危机。因为根据凯恩斯有效需

求原理,投资需求与消费需求构成有效需求,有效需求的大小取决于消费倾向、资本边际效率和流动偏好三大基本心理因素以及货币数量。本定律侧重针对消费需求研究。消费倾向中,即便国民收入较高,颇具消费能力,消费的增加往往赶不上收入的增加。人们对未来的预期、财富累积心理或对未来失去信心两种相反情况下都会将收入的一部分收藏、贮存起来。这样,就呈现出"边际消费倾向递减"趋势,引起消费需求不足,客观上呈现生产过剩。如果国民收入普遍偏低,收入低与经济增长快形成强烈反差,消费需求就会越加不足,消费领域流动性下降,边际消费倾向就加速递减,使内需更加严重不足,堕入经济社会环境最终恶化的不良循环。如果增加国民收入之后,由于边际递减效应,收入的增长、消费需求的增长依然赶不上经济的高速度大幅度增长,那么,就需调整产业结构、产品结构和消费结构,开发文化、休闲、旅游、娱乐、体验经济及精神产品,吸引、引导和刺激文化消费,对存款降息以刺激消费领域的流动性,增大需求变量。如果需求严重不足,长此以往,即可能导致经济危机频发。需求与收入的平衡,需求与竞争的平衡,需求与结构的平衡,需求与增长的平衡,决定着经济发展的前景。

3. 生产力多元成长定律

生产力是人类征服自然、改造自然和顺应自然、保护自然的能力。在人类社会初期至近代社会,由于生产力发展水平低下,仅限于简单劳动工具为主的生产资料和以体力劳动为主的劳动力而构成初级生产力,故而以生产力征服自然、改造自然成为人类的渴求。因为相对来说,自然很强大,人很渺小。但是,到现当代社会,生产力因科技进步而成就了巨大发展,生产力水平越来越高,人类不仅要征服自然、改造自然,也要保护自然、顺应自然,珍视人类赖以生存、繁衍与开发发展的资源环境。征服自然、改造自然,在某种意义上可以说是为人的利益欲求和生存发展需要,而对自然原生态进行不同程度的破坏或透支;顺应自然、保护自然,实则是为人的未来长远利益诉求和可持续发展需要,对因人为或天灾而被破坏的自然予以友好相处和进行主动修复。对于生产力、科学技术高度发达的今天,征服自然、改造自然越加容易;顺应自然、保护自然因主客观因素的阻挠却更难。保护自然、顺应自然规律,在某种意义上也是从客观上考量生产力,为生产力的发挥创设条件和预留空间。如果强大的生产力对自然的透支开采形成破坏力,生产力就发生了异化。所以保护自然最终结果也是保护生产力的发挥空间,有利于发展生产力。

生产力的初级形态是生产资料和劳动力;生产力的中高级形态,是科学技术和战略、规划、决策"思想力"和"智慧力"。

以劳动工具为主的生产资料和劳动力是微观生产力;科学技术生产力植根于生产资料并依靠劳动力得以运用,是中观生产力;战略规划是宏观生产力,在某种意义上决定着科学技术、生产资料和劳动力的方向与能量,形成多元成长的合力。

4. 城乡结构定律

从人口比率与一二三产业(经济量)占比及城乡人均收入比较分析,我们可以发现一个规律,姑称"城乡结构定律"。

在发达国家城市经济社会与乡村同步发展的"城乡一元结构"中,城市人口比率与第三产业和第二产业经济量占比成正比,农业人口比率与第一产业经济量占比也成正比,城乡人均收入相当接近;在发展中国家城市经济社会发展与乡村不同步的"城乡二元结构"中,城市人口比率与第二产业经济量占比成正比,农村人口比率与第一产业经济量成反比,无论城市人口比率还是乡村人口比率都与第三产业经济量占比不成比例,城乡人均收入相差很大。

即在城乡二元结构中,城市人口越多,工业化程度就越高,农村人口众多但农业产值很低即效率很低,第三产业发展滞后,与城市化、工业化不相适应。在城乡一元化的发达国家,城乡人均收入较均等,城市化、工业化水平很高,城市人口量大,城市第三产业发达,农业人口极少而农业产值高即农业效率高。

5. 财富再分配定律

财富再分配有多种直接间接宏观微观途径。

国家全民福利化,国企股份民有化,产业结构多元化,社会分工精细化,消费结构合理化,全民竞争公正化,全民收入公平化,宏观调控法制化,富税贫济差异化,慈善事业社会化,就业保障常态化,内需外需均衡化,分配制度公义化,人才流动自由化,产权结构明晰化,财产收入合法化,官员财产透明化,民生决策民主化,公共服务人性化,公共管理现代化,这"二十化",是财富再分配的有效办法。

财富再分配是对生产成果或社会资源的二次分配,一般基于一次分配不公或不合理而必须实施的补救或补充举措。其目标是经济再发展,扩大再生产,刺激需求,扩大内需,拉动消费,削富济贫,追求社会公平公正,保障公民基本权益,维系社会和谐稳定,构建物质精神文明。

6. 房地产平衡定律

总量与局部平衡。一国或地区的房地产业,首先是要满足所有公民作为生活必需品消费需求"居者有其屋"的总量平衡;其次可以满足拥有"剩余"资本的不同诉求的资本品投资者"地能尽其利"的投资(和投机)需求,这可以是一种局部平衡。总量平衡是前提,局部平衡是后续。

性质、数量及比重平衡。要满足房地产业总量平衡和局部平衡,就得满足消费需求平衡与投资需求平衡,注重和把握对房地产所有制分门别类的平衡,即:公产廉租房(无力购房的社会弱势群体租住房)、成本定价房(居民自购第一套基本住房)和奢侈消费(富人阶层的第二套以上豪宅)与投资增值房(投机炒房者买卖赚钱的商品房）三者的性质、数量和比重平衡。满足这三种不同性质、功能与效用的房地产消费与投资平衡，就须对相应的土地划拨或者有偿、无偿与限价、放价出让，分别严格制定不同的取得方式和使用办法。

用地平衡。满足房地产业总量平衡和局部平衡、消费平衡与投资平衡，还须调整和把控商业办公与店铺房地产和基本住宅、奢侈住宅与流通房屋的地段、数量和比重平衡，以及商住混用与商住分用房地产的用地布局平衡。从全局讲，需有耕地与城市建设用地平衡。

产业平衡。房地产业在地方经济总量的占比平衡也非常重要，房地产业在 GDP 中有一个上限即泡沫危机临界线，有一个下限为实际基本需求临界线，不同国家和地区的下限不同，上限则一致。房地产业开发经营量额，只有在这个上下限之间找到平衡，才能良性发展。

7. 阶层收入比率定律

社会各阶层收入比率调整，依据"提低"、"扩中"、"调高"的总体原则，提高低收入阶层社会弱势群体的基本生活保障底线，扩大中产阶层的人口规模并普遍提高其收入，调整高收入人群所占有的过多财富。

阶层收入的人数与财产"中性比"，有"二分法"和"三分法"两种。

二分法，是"犹太黄金律"即：28：82。犹太人认为，世界上 28% 的人群长期掌握着 82% 的财富，而 82% 的人群只持有 28% 的财富。这是传统经济社会的人数与财产"中性比"。

三分法，是传统经济社会的新的人口数量与财富占有的另一种"中性比"，即：25/60：40/30：35/10。即低收入阶层 60% 人群共持有社会总财富量的 25%，中产阶层 30% 人群共拥有社会财富总量的 40%，高收入阶层 10% 人群共占有社会财富总量的 35%。

这个三分法的人口财富比率,仍然不能反映出分配合理与社会公平。其中产阶层人数太少。现代社会比较理想化的阶层收入比率应是:低25/35∶中55/55∶高20/10,即低收入阶层的财富指数为0.7,中产阶层的财富指数为1,富人阶层的财富指数为2,亦即35%低收入人群共占有社会财富的25%,55%的中产阶层占有社会财富的55%,10%的富人阶层占有社会财富的20%这才趋近公平。要实现这个公平,必须深化改革和推进社会改良与变革。

当前中国的贫富不均表现为富人阶层收入太高,占有财富太多,而社会缺乏公平竞争机制和公平分配制度。中国富人阶层10%人群共占有全社会财富的41.4%的现状,可以说极不正常,贫富两极分化十分严重。调整阶层人数与财富比率已迫在眉睫。

8. 货币弹性定律

市场经济要求国家较长期地保持积极的财政政策和适度宽松的货币政策,以给货币化的现代经济留有较大的自由流动的弹性空间。在虚拟经济与实体经济混存的现代市场经济中,金本位地位降减,固定汇率解体,通行不再与黄金挂钩的"纸币本位制",货币进入"符号化时代",货币与准货币、货币替代物并存。这种货币符号化时代"有管理的通货制度",需要政府宏观调控"从紧"与"放宽"的弹性。传统的经济理论认为货币也是商品,并认为经济可分为实物经济与货币经济两部分,一般经济理论分析实际变量,货币理论分析价格决定,两者可以相对分离。新经济时代的货币不再具备货币原始定义上的"也是商品"性质,现代货币只是"计算货币",只有作为计算货币、充当交换媒介和作为财富积累、充当储存手段两种职能,只表述价值及价格波动、传延信用和描写消费预期,不具有实质价值,只是用于债务支付和商品交换的一种符号。凯恩斯通过总量分析法把经济理论与货币理论相结合建立了一套新的"生产货币理论",以分析货币、利率的关系及其对整个宏观经济的影响。

所谓货币从紧,是非常时期的做法。如果市场物价上涨,需求过度,被认为社会总需求大于社会总供给,就减少货币供应量,提高利率,加强信贷控制。

所谓货币适度放松,应是市场经济高速增长时期较长期的政策,尤其发展中国家在出口主导型增长、经济对外依存度过大而内需严重不足的情形下,商品出口物价可能还稍低于同样商品的国内物价,社会总需求小于社会总供给,可在与经济增长相适应的幅度同时提高全民工资收入及其他收入和安排福利待遇,在适量增加货币供应量,降低利率,适度放松信贷控制,刺激"微通胀",以增加需求。

还有一种特殊情形,就是应对巨大经济危机,临时或短期增加货币放量,要求对外币汇率的本币贬值,转移、转嫁危机。

但是,深究告别金本位进入纸币本位的现代货币本身的性质特征,货币的生产弹性为零,货币的替换弹性几近于零,具有保藏费用低的周转灵活性,现代货币有着政策弹性,货币供应可以是央行控制的外生变量,它的变化影响经济运行但其自身并不受经济因素制约,可以通过证券市场业务运行来决定如何调整货币供应量,这些特性为政府宏观调控运用积极的财政政策和适度宽松的货币政策提供了充足理由。

9. 通货微膨胀定律

发展中国家和地区经济高速发展,如果加之经济对外依存度较大,则可以维持通胀率小于3%的"微通胀",以刺激经济长期增长。"微通胀"可来自于货币的"微升值"。货币微升值之后,境外资金为升值预期而涌入,投入到潜在赢利空间较大的领域,增强了货币流动性和经济活跃度。国内民间消费也可能因升值预期而拉动。但有一个先决条件,就是在经济总量大增长的同时,需以全民收入同步增长和适度增加货币放量的随之配合,才能刺激和满足有效需求。否则,效应适得其反。

　　有一种理论甚至推导,解决通货紧缩,亦可以使用刺激"微通胀"的办法。

　　通货微膨胀定律可简称为"微通胀定律"。

　　"微通胀",对于生产商、营销商来说是"永恒的微笑"。微笑致美,大笑则癫。必须有机把握"微通胀"的度。

　　通货微膨胀定律可简称为"微通胀定律"。

　　10. 新奥肯定律

　　新奥肯定律,是对奥肯定律的否定之否定,重新界定和确立失业率与经济增长率的比率关系。

　　奥肯定律认为,失业就意味着生产要素的非充分利用,失业率的上升会伴随着实际 GDP 的下降。它描述了失业率与经济增长之间存在一定的相对稳定的关系之经验性规律。但是,奥肯定律只适用于当代美国等发达的资本主义国家,失业率主要受经济增长的影响,而受其他变数影响很少,当经济高度发达和高度城市化,经济增长幅度减缓并相对稳定,国内人口及劳动力数量居中,既不稀缺也不过量,失业率统计包括城乡总失业率在内,而且是在实际 GDP 与潜在 GDP 增长几乎相等的前提下,奥肯定律才会有效显示出可行性与合宜性。

　　"潜在 GDP"概念由奥肯首度提出。GDP 是指一国在一年或一季度内在本国内所生产的最终产品与服务(劳务)的市场价值之总和。潜在 GDP 是在保持价格稳定前提下,一国经济所生产的最大产值。潜在 GDP 亦称为"充分就业 GDP"。所谓充分就业,即指所有愿意在现行工资条件下就业的人都就业。

　　在当今经济超速发展的中国,奥肯定律所得结论前半部分"为防止失业率上升,实际 GDP 增长必须与潜在 GDP 增长同样快",似乎尚可印证一些道理,而奥肯定律所得后半部分结论"为使失业率下降,实际 GDP 增长必须快于潜在 GDP 增长"就显然失灵了。

　　当今中国,经济高速增长,即实际 GDP 增长远快于潜在 GDP

增长,但失业率还在持续上升。中国失业率与国内经济生产总值增长率恰恰与奥肯的反向变化规律相反,而失业率变化与经济增长率变化成正比,出现全然背反。

改革开放三十多年,中国经济保持年均增长率9.4%以上,但并未带来就业的相应增长,失业率反而随经济增长而上升,就业率随经济增长而下降。这就是中国发展的"奥肯悖论"或"奥肯迷惘"。

其实,失业率与潜在GDP增长成反比,与实际GDP增长不成比例;就业率与潜在GDP增长成正比。这就是"新奥肯定律"。

四、求同存异,共创和谐

经济学作为一种意识形态,应该是自有人类经济活动以来,就始渐萌生,迄今已惯看数千年变幻风云。经济学正式作为一门专业科学,也已历经数百年经济社会发展史的诸多变迁。东西方各种经济理论林林总总,蔚为大观,盖因经济快速增长,社会形态千变万化,有些变数是始料未及的,甚至令人难以捉摸。一代又一代经济学者追根溯源,继承传统,独辟蹊径,大胆扬弃,否定之否定,不断开拓出新的流派,纷纷树立新的学说,以不同眼界,从不同角度,解读经济现象,探究发展规律,发现财富本质,体悟创新玄机,百代陶铸,千家争鸣。西方古典的和现代的、主流和非主流、宏观和微观的经济学说,皆尤重理性思辨,哲理性、系统性极强。无论是倡导放任的自由主义经济还是政府干预市场经济宏观调控,都因地制宜,与时俱进。

经济学不仅是经济史的总结,经济现状的分析,经济繁荣的演进,经济危机的警示,更是经济走向的预测和社会和谐的追求。

新体制经济学是中国特色社会主义市场经济发展到新阶段和深化改革扩大开放步入新时期应运而生的最新经济社会发展学

说。新体制经济学向一切过去的和现在的经济学学习、借鉴与分享前人的思维方法和思想精华,并珍视之为宝贵的文明财富,求同而存异。它的建立因为刚刚开始,所以有着旺盛的生命力,为继续改革更加开放而求索,将在改革开放新实践中不断得以完善。

未来百年的世界,是和谐大同的世界。第四次浪潮是东西方文明的大交会,实则是人类社会智慧的大整合。竞争与需求是人类社会发展的内在动力和根本动因。人类在国与国、区域与区域之间的竞争中寻找共同的需求。

萨马兰奇说,人类有五种共同语言或通用语:金钱、体育、艺术、战争和性。经济学所追求的人类共同语言是:自然与社会人文资源优化配置,经济社会可持续发展与国家和平崛起,**社会财富共享和经济效益最大化,物质文明和精神文明。**

东西方在纷争中自觉渺小,在认同中感悟博大。经济学以科学解构经济现象、优化调配稀缺资源、敏锐发现人与物的价值、努力激发有效需求和倾力推进经济社会健康运行为己任,但不是庸俗的误国误民损人肥己的或敷衍塞责的经济政策解释学。经济学正以其难能可贵的前瞻性,成就推进长足发展的未来学。

2010 年 7—8 月完稿于成都

责任编辑:孙 牧 陈鹏鸣
封面设计:徐 晖
责任校对:王 惠

图书在版编目(CIP)数据

新体制经济学泛论/刘斌夫 著. 一北京:人民出版社,2010.12
ISBN 978 - 7 - 01 - 009322 - 2

Ⅰ.①新⋯ Ⅱ.①刘⋯ Ⅲ.①经济体制-研究 Ⅳ.①F20

中国版本图书馆 CIP 数据核字(2010)第 192117 号

新体制经济学泛论
XINTIZHI JINGJI XUE FANLUN

刘斌夫 著

人民出版社 出版发行
(100706 北京朝阳门内大街 166 号)

北京龙之冉印务有限公司印刷 新华书店经销

2010 年 12 月第 1 版 2010 年 12 月北京第 1 次印刷
开本:710 毫米×1000 毫米 1/16
印张:22 字数:290 千字

ISBN 978 - 7 - 01 - 009322 - 2 定价:45.00 元

邮购地址 100706 北京朝阳门内大街 166 号
人民东方图书销售中心 电话 (010)65250042 65289539